Kathrin Rehfeld

Zum Einfluss eines sportiven Tanz- und eines multimodalen Bewegungstrainings
auf die Gehirnstruktur sowie auf kognitive und motorische Leistungen bei Senioren

www.mptv.de/books

Bibliografische Information der Deutschen Nationalbibliothek:
Die Deutsche Nationalbibliothek verzeichnet diese Publikation
In der deutschen Nationalbibliografie; detailierte bibliografische
Daten sind im Internet über http:///dnb.d-nb.de abrufbar.

Erstauflage
Printed in Germany

Graphik: Marcel Niehoff
Coverdesign: Ron Müller

ISBN-13: 978-3-945882-15-3

Kathrin Rehfeld

Zum Einfluss eines sportiven Tanz- und eines multimodalen Bewegungstrainings auf die Gehirnstruktur sowie auf kognitive und motorische Leistungen bei Senioren

punkt um FILM

Bei diesem Buch handelt es sich um die Dissertationsschrift der Autorin:

Zum Einfluss eines sportiven Tanztrainings und eines multimodalen Bewegungstrainings auf die Gehirnstruktur sowie auf kognitive und motorische Leistungen bei Senioren

Dissertation

zur Erlangung des akademischen Grades

Doctor philosophiae (Dr. phil.)

genehmigt durch die

Fakultät für Humanwissenschaften

der Otto-von-Guericke-Universität Magdeburg

von Master of Arts Kathrin Rehfeld

geb. am 18.03.1985 in Bad Saarow

Gutachter: Prof. Dr. Anita Hökelmann

Gutachter: Prof. Dr. Notger Müller

Eingereicht am: 23.09.2015

Verteidigung der Dissertation am: 19.01.2016

Zusammenfassung

Körperliche Aktivität leistet einen ganzheitlichen Beitrag zum erfolgreichen Altern und wirkt sich positiv auf die bio-psycho-soziale Gesundheit des Menschen aus. Besonders aerobe, zyklische Ausdauersportarten wie Laufen oder Fahrrad fahren stehen primär im Fokus des Alterssports. Die Steigerung der kardio-respiratorischen Fitness wirkt sich gesundheitsfördernd auf das Gehirn und die damit verbundenen kognitiven und motorischen Leistungen aus. Aktuelle Untersuchungen deuten darauf hin, dass sportliche Aktivitäten, die Anforderungen an das Arbeitsgedächtnis und an die räumliche Wahrnehmungsfähigkeit stellen, einer reinen aerob-physischen Intervention überlegen sind und somit zu einem gesunden Altern beitragen können. Das Tanzen stellt derartige Anforderungen und verbindet konditionelle, koordinative und kognitive Fähigkeiten in einem sozial-emotionalen Kontext. Ziel dieser Studie war es, die Auswirkungen eines sechsmonatigen sportiven Tanztrainings und eines multimodalen Bewegungstrainings (Ausdauer-, Kraftausdauer- und Beweglichkeitstraining) auf die Hirnstruktur, auf den molekularen Wirkmechanismus des Neurotrophins Brain-Derived Neurotrophic Factor (BDNF) sowie auf kognitive und motorische Leistungen zu untersuchen und miteinander vergleichend zu analysieren. Zu diesem Zweck wurden neurostrukturelle, kognitive und motorische Daten von 57 gesunden Senioren/-innen im Alter von 63 bis 80 Jahren vor und nach der Intervention erhoben. Die Ergebnisse der vorliegenden Studie zeigen, dass unterschiedliche Trainingsarten (Tanzen vs. multimodales Bewegungstraining) mit Zuwächsen in unterschiedlichen Hirnregionen assoziiert sind. Diejenigen Hirnregionen, die vom Alterungsprozess am stärksten betroffen sind, werden am stärksten durch das Tanzen beeinflusst. So können für die Tänzer im Vergleich zu den Sportlern größere Volumenzunahmen in anterioren, temporalen und cingulären Regionen belegt werden. Demgegenüber wiesen die Sportler primär im visuellen Kortex und im Kleinhirn vergrößerte Volumen auf. Im Prä-Post Vergleich der Aufmerksamkeits- und der Arbeitsgedächtnisleistungen können sowohl für die Gruppe der Tänzer als auch für die Gruppe der Sportler signifikante Leistungszuwächse belegt werden. Beide Gruppen verbesserten sich gleichermaßen im visuell-räumlichen Gedächtnis und in der Aufmerksamkeit.

Bezüglich der motorischen Fähigkeiten und des zellulären Wirkmechanismusses (BDNF) zeichnete sich ein ähnliches Bild ab: Sowohl beiden Tänzern als auch den Sportlern verbesserten sich die Gleichgewichtsleistungen, jedoch zeigten nur die Tänzer einen überzufälligen Anstieg beim neurotrophen Wachstumsfaktor BDNF. Gruppenunterschiede liegen nicht vor.

Die Ergebnisse dieser Studie bestätigen erstmalig die positive Auswirkung eines Tanztrainings auf die Hirnstruktur bei gesunden Senioren. Darüber hinaus konnte gezeigt werden, dass ein qualitativ hochwertiges multimodales Bewegungstraining gleichermassen die altersbedingten Abbauprozesse in den Aufmerksamkeits-, Arbeitsgedächtnis- und Gleichgewichtsleistungen reduziert. Trainingsprogramme für Seniorinnen und Senioren sollten abwechslungsreich gestaltet sein, um maximale Effekte auf die Neuroplastizität zu erzielen.

Inhaltsverzeichnis

Abkürzungsverzeichnis

ACC	Anteriorer cingulärer Cortex
AP	Anterior-Posterior
BDNF	Brain-Derived Neurotrophic Factor
BDI-II	Beck Depressions Inventar II
BMI	Body-Mass-Index
CB	Combination (Tanzprogramm)
CERAD	Consortium to Establish a Registry for Alzheimer's Disease
CDP	Computerized Dynamic Posturography
CMA	Cinguläres motorisches Areal
COG	Center of Gravity
DARTEL	Diffeomorphic Anatomical Registration Through Exponentiated Lie Algebra
DG	Durchgang
DMS	Delayed Matching to Sample
DTI	Diffusion Tensor Imaging
ECQ	Everyday Competence Questionary
FA	Fraktionelle Anisotropie
FDR	False Discovery Rate
fMRI	Functional Magnetic Resonance Imaging
FR	Free Style (Tanzprogramm)
FWE	Family-Wise Error
FWHM	Full Width at Half Maximum
HDL-Cholesterol	High-Density Lipoprotein
LOS	Limits of Stability (Stabilitätsgrenzentest)
NAA/Cr	N-Acetylasparatate/Creatine
MATLAB	Matrix Laboratory (numerische Berechnungen mi Hilfe von Matrizen)
MD	Mean Diffusity = mittlere Diffusion
MMSE	Mini Mental Status Examination
MNI	Montreal Neurological Institute
MT/V5	Mediotemporaler Cortex/Visueller Cortex
MTS	Matching to Sample
MWT-B	Mehrfachwahl-Wortschatz-Test Version B
PAL	Paired Associated Learning
PET	Positronen-Emissions-Tomographie (bildgebendes Verfahren)
PFC	Präfrontalkortex/ präfrontaler Kortex
PWC	Physical Working Capacity
ROI	Region of Interest
ROCF	Rey-Osterrieth-Complex-Figure Test
RWT	Regensburger Wortflüssigkeitstest
SMA	Supplementär-Motorisches Areal
SOT	Sensorischer Organisationstest
SPM	Statistical Parametric Mapping
SSP	Spatial Span
SPSS	Programm zur statistischen Datenanalyse
TAP	Testbatterie zur Aufmerksamkeitsprüfung
TBSS	Track-Based-Spatial-Statistic
TE	Echozeit
TI	Inversionszeit
TR	Repetitionszeit
VBM	Voxelbasierte Morphometrie
VLMT	Verbaler Lern- und Merkfähigkeitstest
WE	Wiedererkennung
WMS-R	Wechsler-Memory-Scale- Revised
ZSP	Zahlenspanne
ZVT	Zahlen-Verbindungs-Test

Abbildungsverzeichnis

Tabellenverzeichnis

1   Einleitung

Das Gehirn ist Schalt- und Steuerorgan sämtlicher intrapersoneller Prozesse, sei es Laufen, Denken oder Fühlen. Es selektiert für uns die wichtigsten Informationen, veranlasst uns, Entscheidungen zu treffen und ermöglicht uns, selbstständig zu leben. Das Gehirn lässt uns aber auch stürzen, wichtige Informationen vergessen und degradiert uns zu Pflegebedürftigen. Besonders im späten Erwachsenenalter spielt die Vulnerabilität des Gehirns eine zentrale Rolle für motorische und kognitive Defizite, was sich in zunehmenden Sturzraten, verlangsamten Reaktionszeiten sowie zunehmenden Gedächtnis- und Aufmerksamkeitsdefiziten äußert. Motorische Defizite sind nicht nur mit dem Verlust der Muskelmasse und mit der Abnahme der Elastizität von Knochen, Sehnen und Bänder zu erklären, sondern gründen sich vor allem auf den altersbedingten Abbau relevanter Gehirnstrukturen, die an der Verarbeitung motorischer Handlungen beteiligt sind. Nach Hacker (1978) sind motorische Handlungen eine Einheit aus kognitiven, volitiven und motorischen Prozessen, die durch Empfindungen, Wahrnehmungen, Vorstellungen, Gedächtnis- und Denkleistungen beeinflusst werden. Sie verfolgen immer ein bestimmtes Ziel bzw. einen Zweck, wobei im Vorfeld eine kognitive Repräsentation über die Bewegung abläuft (Hacker, 1978). Im höheren Alter ist die Ausführung zielgerichteter motorischer Handlungen störanfällig. Diese erhöhte Störanfälligkeit könnte sich auf die nachlassenden kognitiven Prozesse der exekutiven Funktionen gründen. Diese umfassen Leistungen zur Planung, Initiierung, Ausführung und Inhibierung zielgerichteter Handlungen (Drechsler, 2007). An dieser Stelle wird bereits deutlich, dass motorische und kognitive Prozesse miteinander interagieren. In diesem Zusammenhang müssen die psychobiologischen Regulationsebenen motorischer Handlungen betrachtet werden, die auf verschiedenen hierarchisch angeordneten Gehirnstrukturen ablaufen, da diese Schnittstellen zu jenen Strukturen aufweisen, die mit kognitiven Fähigkeiten assoziiert sind. Die Regulationsebenen motorischer Handlungen gliedern sich in spinale, supraspinale, subkortikale und kortikale Bereiche, denen verschiedene Bewusstseinsgrade und neuronale Korrelate zugeordnet sind. Zum kortikalen Bereich gehört der sensorische Kortex, der Assoziationskortex und der motorische Kortex, die zur intellektuellen Regulationsebene zusammen gefasst werden und bewusstseinspflichtig sind. Im Assoziationskortex liegt der Handlungsplan vor und im Motorkortex das Bewegungsprogramm (Hacker, 1978). Zu dem subkortikalen Bereich zählen der Thalamus, der Hypothalamus und die Basalganglien (Striatum und Pallidum), die zur bewusstseinsfähigen und teilweise bewusstseinspflichtigen perzeptiv-begrifflichen Regulationsebene summiert werden. Auf dieser Ebene spielen sich unterbewusste Leistungen ab, wie das Handlungsschema. Der supraspinale Bereich umfasst unbewusste psychische Leistungen und setzt sich aus Kleinhirn, Hirnstamm, Mittelhirn, Brücke und verlängertem Mark zusammen. Dieser Bereich wird auch als sensomotorische Regulationsebene beschrieben, da Informationen aus dem visuellen, akustischen und vestibulären System eingehen und verarbeitet werden. Auf dieser Ebene, zu der das limbische System und die Formatio Reticularis zählen, entsteht der Handlungsentwurf. Einzig physiologische Leistungen werden über den vierten Bereich, dem spinalen Bereich, unbewusst auf der Rückenmarksebene ausgeführt. Es wird ersichtlich, dass Motorik und Kognition nicht isoliert voneinander betrachtet werden können, sie interagieren miteinander: Der altersbedingte Abbau der Gehirnstrukturen wirkt sich auf kognitive Funktionen und auf motorische Fähigkeiten aus.

Noch deutlicher wird die Verbindung bei der simultanen Bewältigung zweier Aufgaben, den sogenannten Doppeltätigkeitsaufgaben oder „dual tasks" (Janke, 2003). Durch kognitive und somatosensorische Funktionseinbußen im Alter werden bei eigentlich hochautomatisierten Fähigkeiten wie dem Gehen verstärkt Aufmerksamkeitsressourcen aktiviert. Zusätzliche kognitive oder motorische Aufgaben, die weitere Aufmerksamkeitsleistungen voraussetzen, können die bereits aktivierten Strukturen überlasten, was zu einem Sturz führt (Granacher, Mühlbauer, Bridenbaugh, Wehrle & Kressig, 2010). Erste Bildgebungsstudien belegen, dass Aufmerksamkeitsdefizite und der Verlust der Gleichgewichtsfähigkeit zusammenhängen, so dass anzunehmen ist, dass gleiche Hirnregionen einer altersbezogenen Atrophie unterliegen (Johnson, Mitchel, Raye & Green, 2004; Whitman et al., 2001). Warum es zum Abbau bestimmter Hirnregionen und somit zum Funktionsverlust kommt, ist mit einer verminderten zerebrovaskulären Durchblutung zu erklären. Da sich im Alter physiologische Parameter verschlechtern (Abnahme der maximalen Herzfrequenz, Abnahme der Ruheherzfrequenz sowie Ansteigen des systolischen Blutdrucks), verringert sich die körperliche Leistungsfähigkeit. Zurückzuführen sind diese Veränderungen auf eine vermehrte Einlagerung von Bindegewebe und Fett in den Muskeln, sowie einem Flüssigkeits- und Elastizitätsverlust von Knorpel, Sehnen, Bändern und Knochen (Bachl, Schwarz & Zeibig, 2006). Daraus resultiert ein Ausdauer-, Kraft- und Beweglichkeitsverlust im Alter, was unter anderem auch zu einer Minderdurchblutung des Gehirns führt. Dadurch wird eine vermehrte Einlagerung von Stoffwechselendprodukten wie ß-Amyloid-Plaques sowie die Anhäufung neurofibriller Bündel begünstigt (Reisberg & Saeed, 2004). Dieser erste Ansatz zur Erklärung von motorischen und kognitiven Defiziten im späten Erwachsenenalter stellt nur einen Bruchteil von dem dar, was im Gehirn abläuft. Die Erforschung komplexer Systeme wie dem Gehirn und der damit globalen, quantitativen Beschreibung von Gehirnstrukturen und Gehirnaktivitäten ist nur eingeschränkt möglich. Das Gehirn stellt ein offenes System dar, dass mittels Sinnesorganen, Muskeln, Gliazellen, Blutgefäßen und weiteren Systemen mit seiner Umwelt permanent interagiert. Um Veränderungen der Gehirnstruktur und seiner Funktion vollständig beschreiben zu können, müsste man alle internen und externen Reize und deren Wechselwirkung mit dem Gehirn erfassen. Diese Komplexität der Wechselwirkungen lässt sich nur eingeschränkt im Rahmen von Chaostheorie und Synergetik beschreiben. Zwei Ansätze, der reduktionistische und der holistische, versuchen, die Wechselwirkungen zwischen der Gehirnstruktur und der Hirnfunktion einerseits unde der Verhaltensweisen andererseitszu erforschen (Lexikon der Neurowissenschaft, 2000). Der reduktionistische Ansatz betrachtet dabei Eigenschaften, Funktionen und Leistungen höherer Ebenen und führt diese auf die mikroskopische Ebene zurück. Man spricht hierbei vom „bottom up approach". Der holistische Ansatz versucht, zunächst die Gesetzmäßigkeiten der höheren Betrachtungsebenen zu erklären. Auf dieser Grundlage soll auf die zu Grunde liegenden Mechanismen geschlossen werden („top down approach"). Durch moderne Bildgebungsverfahren wie Positronen-Emission-Tomographie (PET), Magnet-Resonanz-Tomographie (MRT), Elektroenzephalografie (EEG) und Magnetoenzephalographie (EEG) ist es heutzutage möglich, das menschliche Gehirn in seiner Struktur und Funktion sowie dessen interagierenden Prozesse ansatzweise zu untersuchen. Durch die Messungen von Gehirnstrukturen und Gehirnaktivitäten kann man, über korrelative Aussagen bestimmter Hirnprozesse mit kognitiven und motorischen Leistungen hinaus, Einsichten in die Dynamik der neuronalen Verarbeitung erhalten. An dieser

Stelle ist auf die Theorie der Synergetik von Hermann Haken (1990) zu verweisen. Er beschrieb in der Lehre vom Zusammenwirken folgendes: Wenn ein bestimmter Kontrollparameter einer bestehenden makroskopischen Ordnung einen kritischen Wert erreicht, bricht diese zusammen und es entsteht durch Selbstorganisation ein neuer Ordnungszustand. An sogenannten Phasen-übergangspunkten, d.h., wenn der Kontrollparameter einen kritischen Wert annimmt, wird die Dynamik des gesamten Systems durch wenige Variablen dominiert, den sogenannten Ordnungs-parametern. Das bedeutet, dass die Anzahl an relevanten Variablen verringert wird. Diese Infor-mationsreduktion ermöglicht es, qualitative Änderungen komplexer Systeme (z.B. Gehirn) ma-thematisch zu erfassen (Haken, 1990). Das Gehirn stellt ein emergentes System dar und so sind die mit dem Altern eintretenden motorischen und kognitiven Veränderungen nicht nur einfach Folgen degenerativer Prozesse, sondern vielmehr komplexe plastische, adaptive und kompensa-torische Mechanismen, die durch bestimmte Lebensstilfaktoren modulierbar sind. Bildung, Stress, Ernährung und körperliche Aktivität sind wesentliche Einflussgrößen, die entweder zum sogenannten erfolgreichen oder beschleunigten Altern beitragen (Rowe & Kahn, 1997). Dass Plastizität die Grundlage jeglicher Anpassungsvorgänge darstellt und kognitive Strukturen sich ständig in der Einheit motorischer und sensorischer Prozesse ändern, liefert einen ersten Hinweis darauf, dass körperliche Aktivität eine besondere Rolle bezüglich der Reduzierung von Alte-rungsprozessen spielt (Pickenhain, 1996). Greift man nun die Theorie Hakens auf, so stellt die körperliche Aktivität den Kontrollparameter dar, der die makroskopischen Gehirnzustände und dementsprechend die Verhaltensmuster eines Menschen über die Lebensspanne hinweg zu än-dern vermag. In mehreren Studien, welche nachfolgend diskutiert werden, konnte belegt werden, dass körperliche Aktivität ein wichtiger Modulator für die Gehirngesundheit ist, da sowohl die Gehirnstruktur als auch die Funktion indirekt und direkt beeinflusst werden können. Indirekt kann körperliche Aktivität Einfluss auf das Gehirn nehmen, indem periphere Risikofaktoren re-duziert werden. Gleichzeitig werden direkt zelluläre und molekulare Bahnen im Gehirn modu-liert. Ein hohes Maß an kardio-respiratorischer Fitness scheint besonders die vaskuläre Gesund-heit zu erhalten und stellt möglicherweise die wichtigste Variable für erfolgreiches Altern dar (Thomas, Dennis, Bandettini & Johansen-Berg, 2012). Durch aerobes Training verbessert sich die kardio-vaskuläre Gesundheit, die Lipid- und Cholesterolbalance, der Energiestoffwechsel, die Glukoseverwertung, die Insulinsensitivität und die Immunfunktionen (Carroll & Dudfield, 2004; Pedersen, 2006; Shinkai, Konishi & Shephard, 1997; Steffen et al., 2001; Venkatraman & Fernandes, 1997). Auf der metabolischen Ebene erzeugt aerobes Training respiratorische und kardio-vaskuläre Veränderungen. Querschnitts- und Interventionsstudien zeigen, dass sich ein hohes Maß an aerober Fitness vorteilhaft auf kognitive Funktionen auswirkt. Dabei verlangsamen körperlich aktive Senioren, die ein hohe kardio-respiratorische Leistung aufweisen, nicht nur den Abbau kognitiver Leistungen, sondern können sogar ihre kognitiven Funktionen verbessern (Carral & Pérez, 2007; Cassilhas et al., 2007; Colcombe & Kramer, 2003; Hillman, Erickson & Kramer, 2008; Rusheweyh et al., 2011; Smiley-Oyen, Lowry, Francois, Kohut & Ekkekakis, 2008). Die Meta-Analyse von Smith et al. (2010) hebt die Wirksamkeit des aeroben Trainings auf kognitive Funktionen nochmals hervor. Dabei berichten die Autoren über signifikante Leistungs-steigerungen in der Aufmerksamkeit, in der Verarbeitungsgeschwindigkeit, in den exekutiven Funktionen und im Gedächtnis bei aerob trainierenden älteren Menschen. Und auch Bildgebungsstudien demonstrieren diesen Zusammenhang. Besonders ältere sporttreibende Menschen schützen durch die verstärkte zerebrale Durchblutung jene alterskorreliert atrophierten Gehirnregionen, die entscheidend für höhere kognitive Prozesse sind (Kramer, Erickson & Colcombe, 2006). Erickson et al. (2009) zeigten Korrelationen zwischen dem Hippocampusvolumen, einer wichtigen Gehirninstanz, die mit dem Gedächtnis, Lernen und Langzeitpotenzierung in Verbindung gebracht wird, und der kardio-vaskulären Fitness (VO_2max) bei einer Kohorte von 165 älteren Erwachsenen. Eine Nachfolgestudie der Autorengruppe demonstrierte, dass nach einem einjährigen aeroben Training das Hippocampusvolumen um 2% anstieg, während bei der Kontrollgruppe, die ein Dehnungsprogramm absolvierte, ein Abbau um 1,4% zu verzeichnen war (Erickson et al., 2011). In Tierstudien konnte der Nachweis erbracht werden, dass sich durch aerobes Training die synaptische Plastizität verbessert und die Neurogenese im Hippocampus stimuliert wird (Black, Isaacs, Anderson, Alcantara & Greenough, 1990; Carro, Trejo, Busiguina & Torres-Áleman, 2001; Ding, Young, Luan, Li, Rafols, Clark, McAllister & Ding, 2005; Isaacs, Anderson, Alcantara, Black & Greenough, 1992; Swain et al., 2003; van Praag, Shubert, Zhao & Gage, 2005;). Die Neurogenese, auch Nervenzellneubildung genannt, findet ausschließlich im Gyrus Dentatus der subventrikulären Zone des Hippocampus statt (Eriksson et al.,1998). Es wurde nachgewiesen, dass durch körperliches Training die Neurogeneserate gegenüber anderen Trainingsformen doppelt so hoch ausfällt (Ameri, 2001). Entscheidend ist dabei, dass diese Funktion über die Lebensspanne hinweg erhalten bleibt und somit auch im späten Erwachsenenalter neue Nervenzellen gebildet werden (Colucci-D'Amato & di Porzio, 2008). Bei der Neubildung von Nervenzellen ist es wichtig, dass diese in bestehende Neuronenverbände integriert werden und auch eine funktionelle Bedeutung in Form von Lernprozessen haben (Spitzer, 2002). Der biochemische Mechanismus zur Bildung neuer Neurone basiert auf neurotrophinen Wachstumsfaktoren, die die Zellvermehrung und Ausdifferenzierung der Neurone steuern. Die Ergebnisse weiterer Tierstudien belegten, dass durch sportive Bewegung nachweislich vermehrt neurotrophine Faktoren wie der Insulin-Like Growth Factor (IGF; Carro et al. 2001), der Fibroblast Growth Factor 2 (FGF-2; Gómez-Pinilla, Dao & So, 1997), der Vascular Endothelial Growth Factor (VEGF; Neeper, Gómez-Pinilla, Choi & Cotman, 1995) und der Brain-Derived Neurotrophic Factor (BDNF; Neeper, Gómez-Pinilla, Choi & Cotman, 1995) gebildet werden. Besonders das VEGF und BDNF gelten als Schlüsselmediatoren bei bewegungs-induzierten Gehirnreaktionen (Berchtold, Chinn, Chou, Kesslak & Cotman, 2005; Carro, Nuñez, Busiguina & Torres-Aleman, 2000; Gómez-Pinilla et al., 1997; Neeper et al. 1995). Von besonderer Bedeutung in dieser Arbeit ist das BDNF. Es fördert wie die anderen Neurotrophine die neuronale Plastizität, jedoch wird das BDNF im Hippocampus gebildet und mit Lern- und Gedächtnisprozessen assoziiert (Neeper, Gómez, Choi & Cotman, 1996; Russo-Neustadt, Beard, Huang & Cotman, 2000). Im Vergleich zu Nerve Growth Factor (NGF) oder Neurotrophin-drei (NT-3) spielt BDNF eine wichtige Rolle bei der Konsolidierung von Gedächtnisinhalten vom Kurzzeitgedächtnis in das Langzeitgedächtnis (Johnston & Rose, 2001). Die Erzeugung des BDNF durch körperliche Aktivität ist folglich ein weiterer Mediator für viele vorteilhafte Effekte besonders bei Lern- und Gedächtnisprozessen (Tang, Chu, Hui, Helmeste & Law, 2008; Woo & Lu, 2010). Allerdings stellt sich die Etablierung neuer Neurone als schwieriger Prozess dar, denn eine große Anzahl der neugebildeten Neurone überlebt nicht (Kempermann et al., 2010). Während körperliche Aktivität die

Neurogeneserate erhöht, soll eine vielfältig angereicherte Umgebung (enriched environment) dazu beitragen, dass eine höhere Rate neugebildeter Neurone überlebt und in das existierende neuronale Netzwerk eingebaut wird (Kroneberg et al., 2003; Kempermann et al., 2010). Diese Tatsache spricht für ein sensomotorisches Training, das multiple motorische und kognitive Stimuli vereint. Zwar reduziert ein aerobes Training wie Laufen und Fahrrad fahren verstärkt kardiovaskuläre Risikofaktoren, jedoch zeichnet sich diese Art des Trainings durch zyklische und repetitive Bewegungsmuster aus, die automatisiert ablaufen (Voelcker-Rehage & Niemann, 2013), im prozeduralen Gedächtnis verankert sind und keine zusätzlichen Aufmerksamkeitsprozesse zur Kontrolle der Bewegungsausführung benötigen. Dass die Steigerung der kardio-respiratorischen Leistung nicht ausschlaggebend zu sein scheint, um strukturelle und funktionelle Veränderungen im alternden Gehirn zu evozieren, belegen die nächsten Studien. Bildgebungsstudien berichten, dass ein sensorisches, motorisches und kognitives Training die Gehirnmorphologie moduliert (Gaser & May, 2006; Jäncke, 2009). Die Ergebnisse einer Jonglier-Studie (Boyke, Driemeyer, Gaser, Büchel & May, 2008) bekräftigen diese Aussage und demonstrierten strukturelle Plastizität bei älteren Erwachsenen. Dabei konnten volumetrische Veränderungen in der grauen Substanz in den mittleren temporalen Regionen des visuellen Kortex beobachtet werden. Zusätzlich zeigten Ältere, die das Jonglieren lernten, signifikante Volumenzunahmen im linken Hippocampus und im Nucleus accumbens. Die Volumenänderungen traten ohne jegliche Veränderungen der kardio-respiratorischen Leistung ein. Die Ergebnisse der Jonglier-Studie werden mit dem Neuerwerb der motorischen Fähigkeiten in der Akquisitionsphase des motorischen Lernens erklärt. Das erscheint auch plausibel, denn nach weiteren drei Monaten des Jonglierens traten keine weiteren Volumenzunahmen ein. Das lässt darauf schließen, dass die Automatisierungsphase im motorischen Lernen erreicht wurde. Weitere Studien deuten an, dass körperliches Training mit höheren kognitiven Ansprüchen an das Arbeitsgedächtnis und an die Raumwahrnehmung gegenüber einem reinen aeroben Training effektiver ist, um die altersbedingten kognitiven Abbauprozesse zu verlangsamen (Moreau & Conway, 2013). Ein Training, das sich aus koordinativ-kognitiven als auch konditionellen Anteilen zusammensetzt und mit einem kontinuierlichen Lernprozess in Verbindung gebracht werden kann, ist das Tanzen. Bereits Fitts und Posner postulierten 1967, dass beim Tanzenlernen maßgeblich kognitive Ressourcen wie die Aufmerksamkeit, exekutive Funktionen und das Gedächtnis, im besonderen in der Akquisitionsphase, involviert sind. Tanzen stellt multiple sensorische, motorische und kognitive Anforderungen (Kattenstroth, Kolankowska, Kalisch & Dinse, 2010). Beim Tanzen werden die rhythmisch-motorische Koordination, das Gleichgewicht sowie das Gedächtnis gefordert. Es zeichnet sich zusätzlich durch Emotionen, soziale Interaktionen und akustische Stimulierung aus. Tanzen scheint daher eine vielversprechende Methode zu sein, um neuroplastische Prozesse zu generieren (Kattenstroth, Kalisch, Holt, Tegenthoff & Dinse, 2013). Die ganzheitliche Wirkung des Tanzens auf physiologischer und kognitiver Ebene konnte vielfach bestätigt werden. In einer Querschnittstudie demonstrierten Ältere, die Gesellschaftstänze (Cha-Cha-Cha, Walzer, Rumba) ausübten, eine bessere Standgleichgewichtsfähigkeit, schnellere Ganggeschwindigkeiten, längere Schrittlängen und länger andauernde Schwungphasen pro Gangzyklus (Verghese, 2006). Der Autor interpretiert diese Veränderungen als Beleg für eine bessere Gleichgewichtsfähigkeit (Verghese, 2006). Eine achtwöchige Tanzintervention mit türkischer Folklore zeigte im Vergleich zu einer inaktiven Kontrollgruppe (Eyigor, Karapolat, Durmaz, Ibisoglu & Cakir, 2009) signifikante Verbesserungen im Gleichgewicht (Berg-Balance-Test), in der Ausdauer (6 Minuten Lauftest) und in der Kraft (stair climbing test). Weitere Studienergebnisse belegen, dass sich Tanzen positiv auf motorische Fähigkeiten wie dem Gleichgewicht, der Körperhaltung und der Muskelkraft auswirkt (Shigematsu et al., 2002; Sofianidis, Hatzitaki, Douka & Grouios, 2009) und auch kognitive Leistungen wie die Aufmerksamkeit, die Verarbeitungsgeschwindigkeit und das Arbeitsgedächtnis verbesserten sich signifikant nach einem Tanztraining, ohne dass sich die kardio-respiratorische Leistung änderte (Kattenstroth et al., 2013; Rehfeld, Hökelmann, Lehmann & Blaser, 2014). Die Studienlage verdeutlicht, dass sowohl aerobe als auch koordinative Trainingsinterventionen kognitive wie auch motorische Fähigkeiten bei Senioren stabilisieren und sogar begünstigen können. Jedoch bleibt unklar, inwieweit sich die Effekte eines aeroben, zyklischen Trainings von denen eines koordinativ kognitiven Trainings unterscheiden und ob daraus Trainingsempfehlungen für den Alterssport abzuleiten sind. Rehfeld et al. (2014) versuchten diese Frage zu beantworten. In einer sechzehnmonatigen Interventionsstudie wurden die Effekte eines Ausdauer- und Krafttrainings mit denen eines Tanztrainings verglichen. Dabei wurden signifikante Verbesserungen in der fluiden Intelligenz (Verarbeitungsgeschwindigkeit), der allgemeinen Intelligenz und dem Arbeitsgedächtnis in beiden Gruppen beobachtet. Obwohl die Tänzer stärkere Effekte in den gemessenen Variablen zeigten, waren die Gruppenunterschiede nicht signifikant. Ähnliche Ergebnisse waren auch in den Gleichgewichtsleistungen zu beobachten. Nach derzeitigen Recherchen stehen bildgebende Befunde zum Einfluss eines Tanztrainings auf strukturelle Hirnveränderungen bei Seniorinnen und Senioren aus.

Unsere Gesellschaft steht mit Blick auf den demographischen Wandel vor besonderen Herausforderungen. Wissenschaftliche Prognosen besagen, dass im Jahr 2050 38% der Bundesbürger über 60 Jahre alt sein werden (Lehr, 2006). Im Vergleich hierzu zählen derzeit lediglich 14% der Bürger zu dieser Altersgruppe. Neben der zunehmenden Langlebigkeit ist eine nachlassende Geburtenrate ein weiterer wichtiger Faktor, der unsere Gesellschaft altern lässt. Der Alterungsprozess verläuft interindividuell sehr heterogen, beschreibt Veränderungen in vielfacher Hinsicht und impliziert nicht nur die nachlassende physische Leistungsfähigkeit, sondern auch die kognitiven Leistungen, die einem alterskorrelierten Abbau unterliegen (Oswald & Gunzelmann, 1991). Veränderungen des Denkens und der Gedächtnisfunktionen können weitreichende Folgen für die Selbstständigkeit im Alter und Erkrankungen wie Demenz zur Folge haben. Forstmeier und Maercker (2008) veröffentlichten epidemiologische Daten zu Mild Cognitive Impairment (leichten kognitiven Einschränkungen), die besagen, dass die Prävalenzrate zwischen drei und neunzehn Prozentbei Menschen über 65 Jahren liegt. In der Berliner Altersstudie liegen die Prävalenzen der Demenzerkrankungen bei 70- bis 100-Jährigen bei 13,8 % (Wernicke, Linden, Gilberg & Helmchen, 2000); Dabei steigen die Prävalenzraten für Demenz im höheren Lebensalter exponentiell an (Forstmeier & Maercker, 2008). In Anbetracht der steigenden Lebenserwartung ist dieser Sachverhalt alarmierend. Daraus resultierend müssen Interventionsmaßnahmen zur Erhaltung von Kompetenz und einem erfolgreichen Altern die kognitive, die körperliche und die soziale Ebene ansteuern.

Studien belegen, dass Ältere, die körperlich aktiv sind, den Alterungsprozess verlangsamen. Körperliche Aktivität hat sich nicht nur als geeignete Maßnahme zum Erhalt des physischen Status bewährt, sondern trägt auch zum Erhalt der geistigen Fähigkeiten bei. Derzeit bilden vor allem Studien zum Einfluss von Ausdauerbelastungen auf kognitive und motorische Prozesse den Status Quo der Wissenschaft. Ausdauerstudien berichten über verbesserte kognitive Leistungen im Bereich der Konzentrationsfähigkeit, des Arbeitsgedächtnisses, des Setzens von Zielen und des Planungsvermögens (Colcombe et al., 2003; Hillman, Erickson & Kramer, 2008). Einhergehend mit den kognitiven Veränderungen belegen einige Bildgebungsstudien, dass durch aerobes Training eine Volumenzunahme des Gehirns zu verzeichnen ist und dem Abbauprozess des Gehirns, beginnend mit dem dritten Jahrzehnt, entgegengewirkt werden kann (Erickson et al., 2009). Jedoch herrscht ein regelrechter Mangel an Studien, die Trainingsmethoden mit einem koordinativen Schwerpunkt untersuchen, wobei gerade diese beim Neuerlernen motorischer Fertigkeiten verstärkt kognitiver Fähigkeiten bedürfen. Studien, die bereits Auswirkungen eines Koordinationstrainings untersuchten, zeichneten sich zudem durch Limitationen aus. So standen beim Koordinationstraining Aufgaben im Vordergrund, die sich nur auf die Auge-Hand-Koordination (Jonglieren; Boyke et al., 2008) oder die unteren Extremitäten beim Gleichgewichtstraining beschränkten (Taubert et al., 2010). Bewegungen, die den ganzen Körper einbeziehen und auch eine Ortsveränderung bzw. einen Platzwechsel mit sich bringen, die räumliche Orientierung trainieren, verschiedene Körperteile miteinander polyzentrisch und polyrhythmisch koppeln, wie es zum Beispiel beim Tanzen der Fall ist, wurden bisher außer Betracht gelassen. Obwohl neuste Forschungsergebnisse zeigen, dass bei Senioren, die eine Tanzintervention absolvierten, signifikante Verbesserungen in der Aufmerksamkeit, im Arbeitsgedächtnis und in der Informationsverarbeitungsgeschwindigkeit zu beobachten waren (Kattenstroth et al., 2013; Rehfeld et al., 2014) fehlen die Bezüge zu den neuronalen Mechanismen.

Ziel dieser Studie war es, die Auswirkungen eines sechsmonatigen aerob-zyklischen Ausdauer-, Kraft- und Beweglichkeitstrainings auf die Gehirnstruktur, sowie auf kognitive und motorische Leistungen bei gesunden Senioren zu untersuchen und mit denen eines koordinativ, kognitiv und konditionell akzentuierten Tanztrainings zu vergleichen. Dabei verfolgte diese Studie den holistischen Ansatz (top down approach). Mittels voxelbasierter Morphometrie sollen Volumenänderungen in der grauen und weißen Substanz, die sich durch Änderungen der Voxelintensitäten untersuchen lassen, beschrieben werden. Auf der Grundlage dieser Veränderungen werden biologische bzw. molekulare Ansätze der Neuroplastizität diskutiert und es wird versucht, korrelative Zusammenhänge zwischen kognitiven und motorischen Leistungen sowie den neuronalen Korrelaten herzustellen. Die voxelbasierten Daten wurden mit einem neuen Softwareprogrammpaket (SPM12) analysiert, das speziell für longitudinale Gruppenvergleiche entwickelt wurde (Ashburner & Ridgway, 2013).

2   Theoretischer Hintergrund

Im nachfolgenden Kapitel 2.1 werden in aller Kürze die strukturellen Veränderungen in der grauen und weißen Substanz beschrieben. Dabei wird ein Bezug zum altersbedingten Abbau kognitiver Funktionen hergestellt. Auf eine ausführliche Beschreibung zum Aufbau und zur Funktion des Gehirns soll auf die mannigfaltige Literatur verwiesen werden (siehe u.a. Trepel, 2012).

2.1   Strukturelle Gehirnveränderungen in Verbindung mit kognitiven Funktionen im Alterungsprozess

Das normal alternde Gehirn ist erheblichen morphologischen Veränderungen ausgesetzt. Hierzu zählen sowohl der Gewichtsverlust des Gehirns als auch eine Zunahme zerebrospinaler Flüssigkeit durch die ventrikuläre Ausdehnung der Sulci (Gehirnwindungen; Davis & Wright, 1997). Charakteristisch für das alternde Gehirn ist der Volumenverlust der grauen Substanz (Haug & Eggers, 1991; Resnick, Pham, Kraut, Zonderman & Davatzikos, 2003). Die graue Substanz ist der Ort, wo Signale verschiedener Nervenzellen miteinander verrechnet werden und setzt sich aus Zellkörpern, Dendriten und vorwiegend unmyelinisierten Axonen zusammen (Schmidt, 1995). Der Volumenverlust scheint nicht aus einem Zelltod zu resultieren, sondern ist mit einem Abbau der synaptischen Dichte zu begründen (Terry, 2000), der ab dem 20. Lebensjahr beginnt (Terry & Katzman, 2001). Volumenänderungen treten nicht gleichermaßen in den Hirnarealen auf. Regionen wie der präfrontale und temporale Kortex sind besonders vom Alterungsprozess betroffen, wohingegen Regionen wie der okzipitale Kortex weitestgehend unberührt bleiben (Raz et al., 2005; Resnick et al., 2003, siehe Abbildung eins).

Die Strukturen des präfrontalen Kortex (PFC), dargestellt in der Abbildung zwei, weisen die größten altersbedingten Volumenänderungen auf (Haug & Eggers, 1991; Raz, Gunning-Dixon, Head, Dupuis & Acker, 1998; Resnick et al., 2003) und unterliegen ab dem 20. Lebensjahr einem durchschnittlichen linearen Abbau von 5% pro Dekade (Raz et al., 2005).

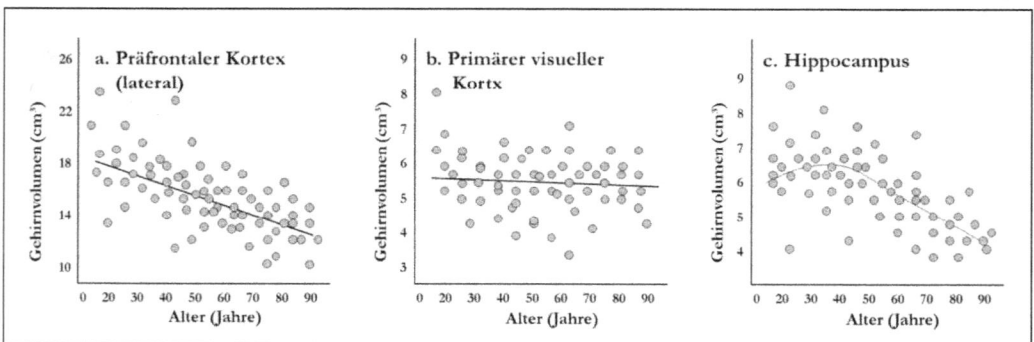

Abb. 1: Altersbedingte Volumenänderung im lateralen präfrontalen Kortex (a), Stabilität im primären visuellen Kortex (b) und Abnahmen im Hippocampus (c) (vgl. Raz et al., 2005).

Der Alterungsprozess im präfrontalen Kortex zeichnet sich durch Veränderungen im frontostriatalen System aus, die mit einer Neurotransmitterabnahme von Dopamin, Noradrenalin und Serotonin sowie Volumen- und Funktionsabnahmen einhergehen (Raz et al., 2005; Volkow et al., 2000). Veränderungen der Volumina und der Neurotransmitter im PFC und im Striatum stehen in unmittelbaren Zusammenhang mit einer altersbedingten Abnahme der kognitiven Leistung. Die Subregionen des PFC sind an exekutiven Prozessen, die vor allem höhere Anforderungen an das Arbeitsgedächtnis erfordern, beteiligt (Bunge, Ochsner, Desmond, Glover & Gabrieli, 2001; Rypma, Berger & D'Esposito, 2002). Aufgaben wie die Suppression irrelevanter Informationen (Interferenzen), das Auswählen konkurrierender Antwortalternativen (Bunge et al., 2001; D'Esposito, Postle, Jonides & Smith, 1999; Hazeltine, Bunge, Scanlon & Gabrieli, 2003), die Fähigkeit, zwischen multiplen Aufgabenzielen zu wechseln (Bunge, Kahn, Wallis, Miller & Wagner, 2005; Dreher & Grafman, 2003) und die strategische Abspeicherung in das Gedächtnis sowie der Abruf von Gedächtnisinhalten (Konishi, Wheeler, Donaldson & Buckner, 2000; Wagner, Maril, Bjork & Schacter, 2001) zählen zu den Leistungen der Subregionen des PFCs.

Altern wirkt sich nicht nur auf die graue Substanz aus, sondern auch auf die Dichte der weißen Substanz (Chen & Hindmarsh, 2001; Guttmann et al., 1998). Die weiße Substanz stellt die Verbindung zwischen den entfernt liegenden Gebieten der grauen Substanz her und enthält zum großen Anteil myelinisierte Axone. Die Myelinscheiden bestehen aus Zellmembranen, die Lipide enthalten. Areale mit vielen myelinisierten Axonen haben folglich einen höheren Fettanteil und erscheinen dadurch weißlich (Schmidt, 1995). Altern und Gehirnintegrität korrelieren mit einem Verlust der weißen Substanz in frontalen, okzipitalen, temporalen und parietalen Regionen sowie im Kleinhirn (Jernigan et al., 2001). Postmortem Studien gesunder Individuen offenbarten Störungen in der Mikrostruktur der weißen Substanz, wie zum Beispiel eine Abnahme myelinisierter (markscheidenhaltiger) Fasern im präzentralen Gyrus und im Corpus Callosum (Kemper, 1994; Meier-Ruge, 1992). Diffusionsgewichtete Bildgebungsstudien (DTI) verdeutlichen, dass die größten altersbedingten Veränderungen der weißen Substanz im PFC und im anterioren Corpus Callosum auftreten (Bartzokis et al., 2003; Kemper, 1994).

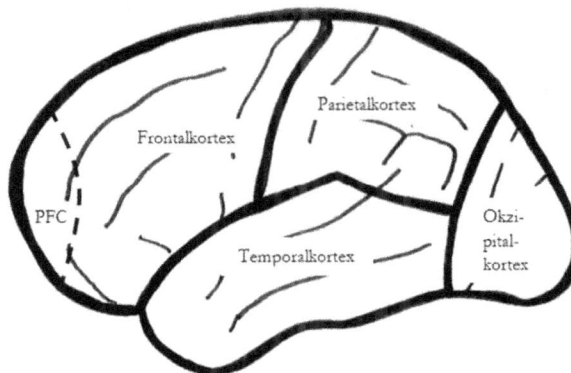

Abb. 2: Einteilung des Gehirns in einzelne Kortizes (vgl. Ziegner, 2013).

Darüber hinaus sind in allen Regionen altersbedingte Abnahmen registrierbar (Head et al., 2004; O'Sullivan et al., 2001). Allerdings erscheint hinsichtlich der Abnahme der weißen Substanz die Studienlage nicht eindeutig: So berichten Jernigan et al. (2001), Good et al. (2001) und Smith, Chebrolu, Wekstein, Schmitt & Markesber (2007), dass sie keine signifikanten Volumenabnahmen in der zerebralen weißen Substanz beobachten konnten. Ein Maß für die Integrität bzw. Leistungsfähigkeit der Faserbahnen der weißen Substanz bildet die fraktionelle Anisotropie (FA). Die FA sagt aus, wie stark eine bestimmte Diffusionsrichtung der Wassermoleküle vorherrscht. Die FA ist umso höher, je paralleler die Diffusionsbarrieren (Zellmembran) sind (Goebel & Zimmermann, 2011). Die Lage der Faserbahnen in der weißen Hirnsubstanz sowie der Aufbau und die Dichte des Geflechts sind entscheidend für zahlreiche motorische und kognitive Leistungen. Hsu et al. (2008) berichten, dass die durchschnittliche globale FA Veränderung mit dem Alter negativ korreliert ($r = -0.44$, $p < .001$). Diese Befunde decken sich mit jenen aus der Studie von Salat et al. (2005) und Abe et al. (2010). Regionale Analysen zeigen, dass das anteriore Corpus Callosum, die bilaterale anteriore und posteriore Capsula interna und die posteriore periventrikuläre Region die meisten altersbedingten FA-Abnahmen verzeichnen ($p < .01$). Eine Anomalie der weißen Substanz wirkt sich in Form von schlechteren Leistungen in der Verarbeitungsgeschwindigkeit, in den exekutiven Funktionen und im unmittelbaren und verzögerten Gedächtnisabruf aus (Gunning-Dixon & Raz, 2000). Weitere Studien postulieren, dass altersbedingte Abnahmen in der frontalen weißen Substanz mit verminderten Verarbeitungsgeschwindigkeiten und schlussfolgernden (reasoning) Fähigkeiten korrelieren (Hedden & Gabrieli, 2004). In Abbildung drei sind jene kognitiven Funktionen dargestellt, die einem altersbedingten Abbauprozess unterliegen.

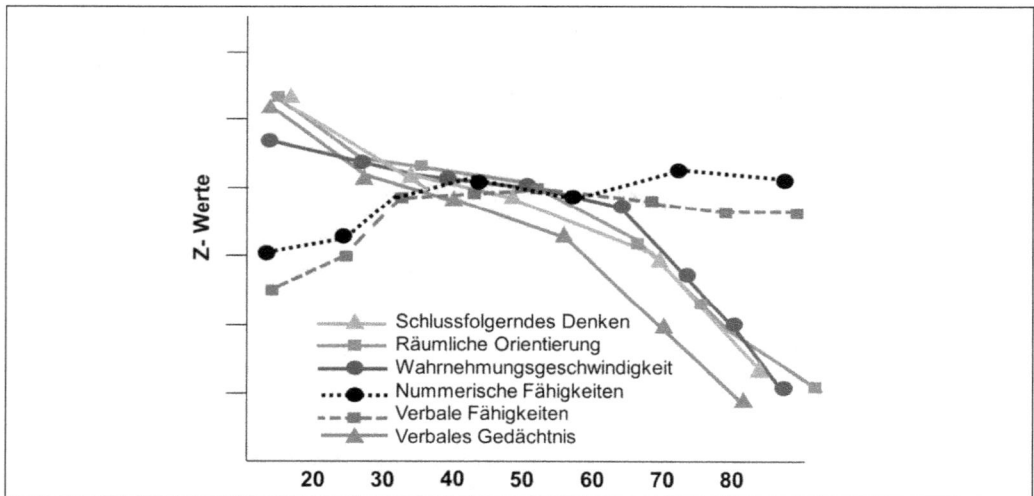

Abb. 3: Altersbedingte kognitive Veränderungen. Abbau im induktiven Denken, Raumorientierung, Wahrnehmungsgeschwindigkeit, verbales Gedächtnis. Stabilität in den Domänen der numerischen und verbalen Fähigkeiten (vgl. Park & Reuter-Lorenz, 2009).

Veränderungen im temporalen Kortex, die primär beim pathologischen Altern auftreten (wie bei der Alzheimer Demenz) beginnen mit einem Volumenverlust im entorhinalen Kortex, einer wichtigen Schnittstelle zwischen Hippocampus und Assoziationskortizes (Hedden & Gabriele, 2004). Dem Hippocampus und dem damit verbundenen medio-temporalen Lappen (MTL) werden wichtige Funktionen des deklarativen Gedächtnisses zugeordnet, welches beim altersbedingten Veränderungsprozess eine zentrale Rolle spielt (Erickson & Barnes, 2003). Kontrastierend zu den relativ großen Veränderungen, die im PFC und in den frontalen Faserverbindungen der weißen Substanz auftreten, sind die Veränderungen im Hippocampus und dem angrenzenden MTL gering (Raz, Rodrigue, Head, Kennedy & Acker, 2004). Ergebnisse aus strukturellen MR-Messungen zeigen einen Volumenverlust im Hippocampus und parahippocampalen Gyrus von 2-3% pro Dekade (Raz et al., 2005; Raz et al., 2004). Ab dem 70. Lebensjahr erhöht sich der Volumenverlust um 1% jährlich (Jack et al., 1998). Auch wenn die Volumenverluste in der Lebensspanne minimal sind, scheinen sich ab dem 60. Lebensjahr explizite Gedächtnisleistungen zu verschlechtern (Raz, Gunning-Dixon, Head, Dupuis & Acker, 1998; Rosen et al., 2003). Der hippocampale Volumenverlust scheint bei Älteren mit kognitiven Beeinträchtigungen einherzugehen; Ältere zwischen dem 60. und 85. Lebensjahr demonstrieren z. B. beeinträchtigte Leistungen in Gedächtnisaufgaben. Neben dem geringen Volumenverlust scheint hierbei auch eine geringe N-Acetyl-Aspartat/Kreatin (NAA/Cr)-Rate in der frontalen weißen Substanz und im Hippocampus eine Rolle zu spielen (Driscoll et al., 2003). NAA/Cr ist ein gehirnspezifisches Metabolit, der an der Bildung von Myelin beteiligt ist. Ein geringer Anteil des Metabolits ist bezeichnend für eine Neurodegeneration (Moffet, Arun, Madhavarao, Namboodiri, 2007). Die molekularen Mechanismen, die den Abbau des Gehirngewebes einleiten, sind jedoch nur wenig bekannt (Fjell & Walhovd, 2010). Fjell und Walhovd (2010) postulieren, dass nicht ein allgemeiner Faktor den Abbau des Gehirngewebes für alle Regionen erklärt. Das heißt, der molekulare Mechanismus, der zum Volumenverlust des Hippocampus führt, unterscheidet sich von dem im PFC. Man nimmt zum Beispiel an, dass die sinkende Konzentration des BDNF mit steigendem Alter das Schrumpfen des Hippocampuses bedingt (Lommatzsch et al., 2005). BDNF ist entscheidend für die Gedächtnisbildung und die Langzeitpotenzierung und reguliert auch die Neurogenese (Benraiss, Chmielnicki, Lerner, Roh & Goldman, 2001; Lee, Kermani, Teng & Hempstead, 2001). Jedoch sinkt die Konzentration des Serum- und Plasma-BDNFs im Alter (Lommatzsch et al., 2005), was wiederum in Bezug zum hippocampalen Volumenabbau steht und Gedächtnisdefizite begünstigt.

2.2 Neuroplastizität

Neuroplastizität beschreibt die Eigenschaft des Gehirns, auf Veränderungen in seiner Umwelt zu reagieren und sich anzupassen. Synapsen, Nervenzellen und ganze Gehirnareale verändern sich hierbei in Abhängigkeit ihrer Nutzung (Spitzer, 2002). Plastizität bildet somit die Grundlage aller Lernprozesse und bleibt über die Lebensspanne hinweg erhalten. Grundsätzlich sind zwei Arten der Neuroplastizität zu berücksichtigen: Zum einen die funktionelle Plastizität und zum anderen die strukturelle Plastizität (Abbildung 4). Erstere läuft auf der synaptischen Ebene ab. Hierbei spielt die Stärke der synaptischen Übertragung, d.h. die Veränderung der Menge des ausgeschütteten Botenstoffes oder die Rezeptordichte auf der Empfängerzelle, eine wesentliche Rolle. In diesem Zusammenhang wird oft von der synaptischen Plastizität oder Synaptogenese gesprochen, die darüber hinaus auch strukturelle Veränderungen bedingen kann. An dieser Stelle ist hervorzuheben, dass zwischen der Gehirnstruktur und der Gehirnfunktion eine Verbindung besteht, denn die neuronalen Verarbeitungsprozesse hängen sehr stark von der Größe, der Konfiguration und der Anordnung individueller Neurone, von der Anzahl und der Art der lokalen synaptischen Verbindungen, die sie eingehen, der Art, wie sie mit entfernten Neuronenpopulationen verschaltet sind und von den Eigenschaften der nicht-neuronalen Bestandteile (z.B. Gliazellen) ab. Die strukturelle Neuroplastizität bezieht sich nicht nur auf die Synapsen, sondern auch auf das Aussprießen (sog. sprouting) oder Zurückziehen ganzer Dendritenbäume oder Axone. Zudem zählt auch die Neurogenese, d.h. die Bildung neuer Nervenzellen im Gyrus dentatus des Hippocampus und im olfaktorischen Bulbus, zur strukturellen Plastizität (Schäfers, 2015).Nervenzellen können sich aufgrund ihrer Ausdifferenzierung nicht mehr teilen, d.h. neue Nervenzellen gehen nur aus undifferenzierten Stamm- oder Vorläuferzellen hervor und das nur im Gyrus Dentatus des Hippocampus und im olfaktorischen Bulbus. Nach der Zellproliferation und Reifung der Zelle (Differenzierung) wandert die neu entstandene Zelle (Migration) in das vorhandene Netzwerk (Integration). Wird die neue Nervenzelle nicht integriert, stirbt sie wieder ab. Alle Regulationsmechanismen der Neurogenese sind zwar noch nicht bekannt, man geht jedoch davon aus, dass die neuen Nervenzellen eine Funktion innerhalb der Gedächtnisbildung im Hippocampus haben. Die Integration der Nervenzellen erfordert einen Umbau bestehender Netzwerke, welcher wiederum andere Formen der strukturellen Plastizität (Umbau von Synapsen, Axone und Dendriten) initiiert (Schäfers, 2015).

Ein weiteres Unterscheidungsmerkmal der genannten Ebenen der Neuroplastizität ist der zeitliche Ablauf, in dem die Veränderungen eintreten. Der molekularbiologische Prozess der Langzeitpotenzierung an den Synapsen benötigt nur Sekunden und überdauert Stunden und bewegt sich auf einer Größenordnung von Nanometern bis Mikrometern (Spitzer, 2002).

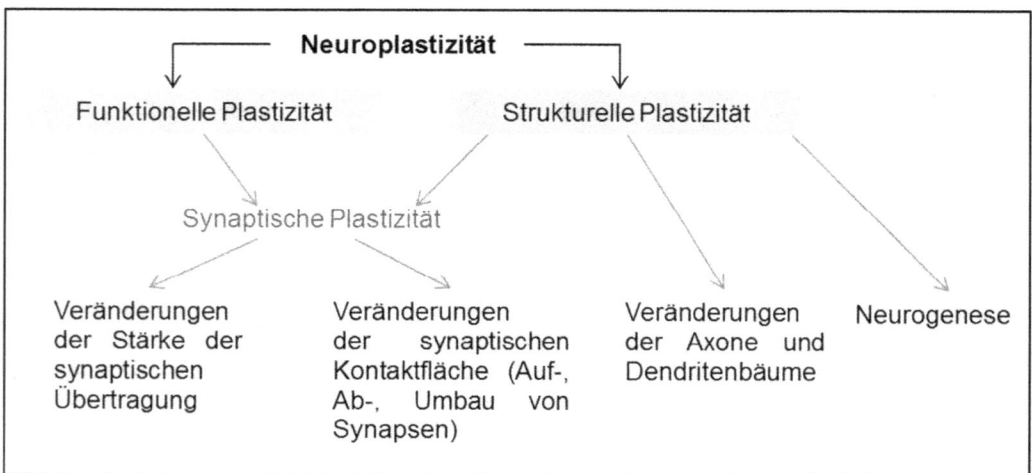

Abb. 4: Formen der Neuroplastizität (Schäfers, 2015, S.1)

„Das Wachstum von Neuronen beansprucht einen Zeitraum von Tagen und Wochen. In dieser Zeit wandern neugebildete Zellen zu ihrem Bestimmungsort" (Spitzer, 2002, S. 94). Diesem Prozess wird eine Größenordnung von Mikrometern zugeschrieben. Nur langsam hingegen ändern sich kortikale Karten, in denen ein bestimmtes Verhalten repräsentiert wird. Der zeitliche Rahmen beträgt dabei Wochen, wobei ausgeprägte Veränderungen bis zu einem Jahr andauern können. Veränderungen der kortikalen Karten bewegen sich im Bereich von Millimetern bis zu Zentimetern (Spitzer, 2002).

2.2.1 Plastizität in der grauen Substanz

Die Grundlagen für die Beschreibung der strukturellen Neuroplastizität in der grauen und weißen Substanz basieren hauptsächlich auf den Ergebnissen des Reviews von Zatorre, Fields und Johansen-Berg (2012). Die Autoren fassen die Befunde von Bildgebungsstudien beim Menschen zusammen und diskutieren die zellulären und molekularen Mechanismen, die den beobachteten Effekten zugrunde liegen könnten. Für ein umfassenderes Bild werden Erkenntnisse über erfahrungsabhängige mikrostrukturelle Veränderungen aus Studien zu Zellkulturen bis hin zu Tierverhaltensstudien integriert.

Die graue Substanz besteht zu 50% aus dem sogenannten Nervenfilz, bekannt auch als Neuropil (Schmidt, 1995). Dieser Nervenfilz setzt sich aus Axonen, Dendriten und Gliafortsätzen zusammen. Weitere 5% der grauen Substanz zählen zu den Blutgefäßen und 20% zu Zellkörpern. Der mit Flüssigkeit gefüllte Zellzwischenraum zwischen Zellen, Synapsen und Blutgefäßen macht weitere 20% der grauen Substanz aus und 5% sind Astrozyten (Thomas, Dennis, Bandettini & Johansen-Berg, 2012).

Änderungen der grauen Substanz beziehen die Neurogenese, die Synaptogenese sowie nicht-neuronale Bestandteile wie Blutgefäße und Gliazellen ein. Die genannten zellulären Veränderungen können zwar das MR-Signal beeinflussen, die Neurogenese soll, abgesehen vom Hippocampus, jedoch nur einen geringen Anteil an den MR-Signaländerungen in der grauen Substanz haben. Die Gliogenese ist eine weitere Erklärung für Volumenänderungen. Anders als ausgereifte Neuronen können sich nicht-neuronale Zellen wie Astrozyten und Oligodendrozyten teilen. Diese Fähigkeit bleibt über die Lebensspanne hinweg erhalten. In der menschlichen grauen Substanz sollen Gliazellen Neuronen zahlenmäßig übertreffen. Das Verhältnis wird mit 6:1 angegeben und variiert in den unterschiedlichen Gehirnregionen. Gliazellen spielen bei der Signalvermittlung und Stoffwechselsteuerung im Gehirn eine wichtige Rolle und setzen Transmitterstoffe wie Glutamat, Gamma-Amino-Buttersäure (GABA), Adenosintriphosphat (ATP), Wachstumsfaktoren und Laktat frei. Zur Glia des Gehirns zählen auch Astrozyten, Oligodendrozyten und Mikrogliazellen. Astrozyten kommunizieren stark mit Nervenzellen und Blutgefäßen (Abbildung 5). Über ihre sternförmigen Fortsätze liefern sie wichtige Nährstoffe und regulieren das Ionengleichgewicht (Schmidt, 1995). Oligodendrozyten bilden um Neuronen die Myelinscheide aus und erhöhen dadurch die Leitungsgeschwindigkeit. Mikrogliazellen bilden neurotrophe Substanzen und sind primär an der Reparatur von Gehirnschäden beteiligt. Im gesunden Nervengewebe kommen sie kaum vor (Schmidt, 1995). Gliogenese und die strukturelle Plastizität nicht-neuronaler Zellen werden durch Lernprozesse und Aktivität aktiviert und stellen somit eine weitere Möglichkeit für Volumenänderungen dar (Dong & Greenough, 2004). Mikrogliazellen sollen bei der funktionellen und strukturellen Plastizität von Synapsen und Dendriten involviert sein und sind daher für MR-Messungen bzw. der Interpretation von MR-Ergebnissen bedeutsam. Die Synaptogenese spielt für Volumenänderungen in der grauen Substanz eine wesentliche Rolle. So soll insbesondere motorisches Lernen mit der Synaptogenese (Kleim et al., 2008) und mit dem dendritischen Wachstum im Zusammenhang stehen (Kolb, Cioe & Comeau, 2008). Ergebnisse einer Tierstudie belegen, dass die gestiegene Anzahl der Synapsen durch ein Training noch vier Wochen nach Trainingsende zu beobachten war. Der trainingsinduzierte Anstieg der Astrozyten sank hingegen nach dem Training. Das weist darauf hin, dass es aktivitätsabhängige Unterschiede zwischen Gliazellen und neuronalen Reaktionen gibt (Kleim et al., 2007). Und auch die Veränderungen in der Ausdifferenzierung und dem Wachstum von Dendriten scheinen nach Lernprozessen zumindest bei Mäusen erhalten zu bleiben (Yang, Pan & Gan, 2009).

Trainingsstudien deuten an, dass besonders körperliche Aktivität Blutgefäße beeinflussen kann. Eine Tierstudie konnte nachweisen, dass körperliche Aktivität das Blutvolumen im zerebralen Kortex erhöhte und sich parallel dazu die kognitiven Leistungen verbesserten (Pereira et al., 2007). Strukturelle Veränderungen sind also auch einer verbesserten Durchblutung, einer Erhöhung des Blutvolumens oder einer Zunahme der Kapillarisierungsdichte zuschreibbar. Eine Reihe von Neurotransmittern, Cytokinen und Wachstumsfaktoren ist an der Regulierung der dendritischen Morphologie, der Entwicklung von Neuronen und auch von Gliazellen beteiligt. Der BDNF soll nicht nur bei der Neurogenese eine Rolle spielen, sondern auch an morphologischen Veränderungen der Dendriten beteiligt sein. Weiterhin soll BDNF die Entwicklung von Oligodendrozyten regulieren und sich auch auf die Myelinisierung auswirken (Xiao et al., 2010), jedoch konnte noch kein aktivitätsabhängiger Bezug zur Regulierung von Myelin hergestellt werden (Zatorre, Fields & Johansen-Berg, 2012).

2.2.2 *Plastizität in der weißen Substanz*

Myelin wird in vielen Diffusions-gewichteten Bildgebungsstudien als potentieller Faktor aktivitätsabhängiger Plastizität der weißen Substanz beschrieben. Die vollständige Myelinisierung des zerebralen Kortex ist erst im jungen Erwachsenenalter abgeschlossen. Der Frontallappen ist die letzte Region, die myelinisiert wird. Es ist noch nicht ganz klar, ob der Prozess über die Lebensspanne dynamisch, d.h. aktivitäts-abhängig, ist. Es wird angenommen, dass die Myelinisierung unmyelinisierter Axone oder die Modifikation der Myelinhülle von myelinisierten Axonen aktivitäts-abhängig ist und einhergehend mit einem synaptischen Umbau die Gehirnstruktur ändert. Oligodendrozyten sind an der Reparatur von Myelinschäden beteiligt und ihre Anzahl bleibt im erwachsenen Gehirn unverändert. Jedoch könnten sie theoretisch auch an der Myelinisierung unmyelinisierter Axone beteiligt sein, die durch funktionelle Aktivität stimuliert wird. Eine aktivitäts-abhängige Myelinänderung würde sich demnach auf die Impulsleitungs- bzw. Verarbeitungsgeschwindigkeit auswirken. Es ist bereits bekannt, dass körperliche Aktivität Auswirkungen auf die Leitungsgeschwindigkeit beim Menschen hat, wobei körperliche Inaktivität diese verlangsamt (Ruegg, Kakebeeke, Gabriel & Bennefeld, 2003). Tierstudien konnten zeigen, dass motorische Aktivität mit Veränderungen in der Myelindicke und im axonalen Durchschnitt peripherer Nerven einhergeht (Canu, Carnaud, Picquet & Goutebroze, 2009). Zwar konnte in einer Tierstudie durch eine anregende Umgebung (enriched environment) eine Volumenzunahme um 10% im

Splenium des Corpus Callosum bei Ratten festgestellt werden, jedoch zeigten histologische Analysen, dass diese Zunahmen auf eine Erhöhung astrozytischer Zellprozesse und Verästelungen unmyelinisierter Axone beruht und nicht auf einer Erhöhung des Myelins (Markham, Herting, Luszpak, Juraska & Greenough, 2009). Es bleibt also unklar, ob Myelinveränderungen den Mechanismus darstellen, der die strukturelle Plastizität der weißen Substanz aufklärt.

Untersuchungen zum Neurotransmitter ATP zeigten, dass dessen aktivitäts-abhängige Freisetzung am Axon die Myelinisierung sowohl im peripheren als auch im zentralen Nervensystem reguliert (Stevens & Fields, 2002; Stevens, Porta, Haak, Gallo & Fields, 2002). Die Organisation der Nervenfasern bezüglich der Axonverästelung, Dichte der Zellmembran, Durchschnitt der Axone, Anzahl der Axone sowie überkreuzende Fasern und die Richtung der Faserbahnen bedingen die strukturelle Plastizität der weißen Substanz. Weitere Faktoren der strukturellen Plastizität bilden die Veränderung der Anzahl und der Morphologie der Astrozyten sowie die Angiogenese.

Abschließend soll auf die Verflechtungen zwischen Glia-Zellen und Neuronen eingegangen werden. Beide Zelltypen sind sowohl in der grauen als auch in der weißen Substanz durch Interaktionen eng miteinander verbunden. Zum Beispiel können durch aktivitäts-bedingte Veränderungen des axonalen Durchschnitts Oligodendrozyten aktivieren werden. Diese bewirken eine Veränderung der Dicke der Myelinhülle. Umgekehrt kann durch Myelin beeinflusstes Glia den axonalen Durchschnitt regulieren und das Überleben von Axonen beeinflussen (Nave, 2010). Axone, die demyelinisiert werden, degenerieren, was zu einem Neuronenabbau führen kann (Dutta & Trapp, 2007). Axone und auch Glia könnten durch ihre enge Verbindung und durch die Reaktion auf Reize direkt oder indirekt beeinflusst werden. Neuroplastizität findet über das gesamte Leben statt, und insbesondere körperliche Aktivität scheint auf der mikroskopischen Ebene verschiedene metabolische Reaktionen auszulösen, die sich auf der makroskopischen Ebene in Volumenänderungen in der grauen und weißen Substanz quantifizieren lassen. Das folgende Kapitel beleuchtet nun, inwieweit sich verschiedene körperliche Trainingsarten auf die makroskopische Ebene und auf das Verhalten auswirken.

3 Aktueller Forschungsstand

Körperliches Training ist in seiner Ausübung und Wirkung vielfältig. Eine erste grobe Differenzierung lässt sich nach Training konditioneller Fähigkeiten wie Kraft, Ausdauer, Beweglichkeit und Schnelligkeit sowie nach Training koordinativer Fähigkeiten wie Orientierungs-, Reaktions-, Rhythmus-, Umstellungs-, Differenzierungs- und Kopplungsfähigkeit gliedern. Beide Trainingsarten und deren Effekte auf kognitive Fähigkeiten sowie zugrundeliegende neurophysiologische Parameter werden im Folgenden vorgestellt. Auf die Abbildung physiologischer Anpassungsprozesse wird aufgrund der Schwerpunktsetzung dieser Arbeit zugunsten der Veränderung der Hirnstruktur verzichtet. In zahlreichen Studien wurde bereits mehrfach über den positiven Zusammenhang von körperlichem Training und motorischen Fähigkeiten bei Senioren berichtet.

3.1 Konditionelles Training

Ein moderates bis intensives Ausdauer- und Krafttraining führt zu metabolischen Veränderungen. So nimmt das Blutvolumen, die Kapillarisierungsdichte, der Fettstoffwechsel sowie die Anzahl und die Dichte der Mitochondrien zu, was zu einer Steigerung der aeroben Fitness bzw. zur Steigerung der kardio-respiratorischen Fitness (VO_2max) führt (Thomas et al., 2012). Besonders die zerebrale Zirkulation scheint sehr wichtig für die Erbringung kognitiver Leistungen zu sein. Hamer und Chida (2009) berichten, dass bewegungsinduzierte metabolische Anpassungsprozesse den Blutfluss und die Sauerstoffversorgung in den Hirnregionen verbessern. Im Folgenden werden nun Studien zum Ausdauer- und Krafttraining hinsichtlich ihrer Effekte auf Hirnstruktur und Funktion sowie kognitive Funktionen vorgestellt. Zur besseren Übersicht werden die Studien strukturiert nach den Effekten in den einzelnen Hirnregionen (frontal, temporal, parietal und motorisch) eingeordnet und erläutert.

3.1.1 Auswirkungen auf die graue Substanz

- Graue Substanz im Frontallappen

Acht Studien (Bugg & Head, 2011; Colcombe et al., 2003; Colcombe et al., 2006; Erickson et al., 2010; Flöel et al., 2010; Gordon et al., 2008; Ruscheweyh et al., 2011; Weinstein et al., 2012) konnten einen positiven Zusammenhang zwischen körperlicher Fitness sowie kardiovaskulärem Training und Gehirnvolumen im frontalen Kortex demonstrieren. In einer longitudinalen prospektiven Studie von Erickson et al. (2010) konnte durch die Erhebung der körperlichen Aktivität, angegeben durch die Anzahl der zurückgelegten Blöcke beim Spazierengehen, die Volumenveränderung der grauen Substanz über neun Jahre prognostiziert werden. Auf der Grundlage von Ganzhirnanalysen konnte gezeigt werden, dass höhere körperliche Aktivität mit größeren Volumen im inferioren frontalen Gyrus assoziiert ist. Das führte wiederum zu einem reduzierten Risiko, kognitive Störungen zu entwickeln. Das Aktivitätsniveau wurde anhand eines Fragebogens erhoben. Die Studie verdeutlicht, dass ein Mindestmaß an körperlicher Aktivität erreicht werden muss, um das Volumen der grauen Substanz zu erhalten. Eine Laufstrecke von 72 Blöcken pro Woche war notwendig, um das Volumen der grauen Substanz zu beeinflussen. Längere Laufstrecken führten hingegen zu keinem zusätzlichen volumetrischen Zugewinn.

In einer sechsmonatigen Interventionsstudie von Ruscheweyh et al. (2011) konnte gezeigt werden, dass größere frontale Kortexvolumina wie der dorsale anteriore cinguläre Kortex (ACC) auf erhöhte körperliche Aktivität zurückzuführen sind, und mit verbesserten Gedächtnisleistungen (episodisches Gedächtnis) assoziiert werden können. Das gleiche trifft für die Ergebnisse der Querschnittsstudie von Weinstein et al. (2012) zu. Die leistungsstärksten Probanden zeigten größere Volumen im frontalen Bereich, was auch mit besseren kognitiven Leistungen korrelierte. Jedoch sei an dieser Stelle vermerkt, dass Querschnittsstudien keine Kausalitäten widerspiegeln und die besseren kognitiven Leistungen auf andere Faktoren wie Ernährung, Stress oder dem Wetter basieren könnten. Des Weiteren fanden die Autoren bei sehr leistungsstarken Personen größere Gehirnvolumen im dorsolateralen PFC und eine höhere Akkuranz/Genauigkeit in den Leistungen des räumlichen Gedächtnisses. Weitere Studien berichteten zwar über verbesserte kognitive Funktionen, postulierten aber keinen Zusammenhang zwischen aktivitätsabhängigen größeren Gehirnvolumen und kognitiven Leistungen (Flöel et al., 2010; Gordon et al., 2008).

- Graue Substanz im Temporallappen

Der Temporallappen beinhaltet den Gyrus temporalis, den parahippocampalen Gyrus und den Hippocampus. Fünf Studien gingen der Frage nach, ob die kognitive Leistung bei körperlich-aktiven Probanden mit Veränderungen im Gehirnvolumen in Verbindung gebracht werden können. In der Querschnittsstudie von Gordon et al. (2008) wurden keine Korrelationen zwischen einem größeren temporalen Gehirnvolumen (Ganzhirnanalyse), körperlicher Aktivität und kognitiven Leistungen festgestellt. Hingegen demonstrierten die Studien von Erickson et al. (2009) und Szabo et al. (2011), dass ein größeres hippocampales Volumen durch ein hohes Maß an körperlicher Leistungsfähigkeit (kardio-respiratorische bzw. aerobe Fitness) bestimmt wird. Die kardio-respiratorische Fitness, gemessen durch relative VO_2max, erwies sich als signifikanter Prädiktor des rechten und linken hippocampalen Volumens bei Älteren zwischen 59 - 81 Jahren (Erickson et al., 2009). Auch wenn eine höhere Fitness mit größeren rechtsseitigen und linksseitigen hippocampalen Volumen assoziiert wurde, scheint nur das linke hippocampale Volumen als signifikanter Mediator zwischen aerober Fitness und dem Gedächtnis zu fungieren (Erickson et al., 2009). Die bereits erwähnte longitudinale Studie von Erickson et al. (2010) zeigte auch, dass ein höheres Maß an körperlicher Aktivität in Verbindung mit größeren Volumen des Hippocampus steht. In der Interventionsstudie von Erickson, Voss, Praksah, Basak, Szabo et al. (2011) konnte nach einem zwölfmonatigen aeroben Training eine hippocampale Volumenzunahme von 2% beobachtet werden, die mit verbesserten Leistungen des räumlichen Gedächtnisses einherging. Der Zuwachs des hippocampalen Volumens korrelierte mit dem Anstieg der kardiovaskulären Fitness (VO_2max). Dadurch, dass in der Studie von Erickson et al. (2011) eine Regions of Interest-Analyse (ROI) durchgeführt wurde, weiß man jedoch nicht, ob sich weitere Veränderungen der grauen Substanz in anderen kortikalen Arealen manifestiert hatten. Das ist anzunehmen, denn die Studie zeigt auch, dass die Kontrollgruppe trotz hippocampaler Volumenabnahme bessere kognitive Leistungen erbrachte (Erickson et al., 2011). Die Interventionsstudie von Ruscheweyh et al. (2011) konnte trotz eines kardiovaskulären Trainings keine Volumenzunahmen im Hippocampus belegen. Die Autoren führen diesen Umstand auf die zu geringe Sensitivität der verwendeten Methode, der voxelbasierten Morphometrie (VBM), zurück.

- Graue Substanz im Parietallappen

Für diesen Bereich des Gehirns postulierten Colcombe et al. (2003); Gordon et al. (2008) und Weinstein et al. (2012) positive Verknüpfungen zwischen der körperlichen Aktivität und dem parietalen Kortexvolumen, jedoch wurden keine möglichen Zusammenhänge zwischen dem Gehirnvolumen und den entsprechenden kognitiven Leistungen analysiert. Derzeit beschreibt nur eine funktionelle Bildgebungsstudie eine positive Interaktion der parietalen Aktivierung mit Verhaltensleistungen (Prakash et al., 2011), so dass an dieser Stelle keine weiteren Bezüge zu den kognitiven Leistungen hergestellt werden können.

- Graue Substanz in motorischen Arealen

Gehirnregionen, die bei motorischen Prozessen eine Rolle spielen, wie zum Beispiel das supplementär-motorische Areal (SMA) und das Kleinhirn, werden durch körperliche Aktivität beeinflusst (Colcombe et al., 2006; Flöel et al., 2010). Die Ergebnisse sind jedoch nicht konsistent. Erickson et al. (2011) untersuchten in einer zwölfmonatigen aeroben Trainingsstudie unter anderem die Basalganglien und den Thalamus und konnten keine Korrelationen zwischen der kardiovaskulären Aktivität und dem Volumen dieser subkortikalen Strukturen feststellen. Obwohl den Basalganglien und dem insulären Kortex motorische sowie kognitive Funktionen zugeordnet werden, fehlen bis dato fundierte Studien zu den Zusammenhängen zwischen körperlicher Aktivität, volumetrischen Veränderungen des insulären Kortex und den Basalganglien hinsichtlich der dort verorteten kognitiven Funktionen (Voelcker-Rehage & Niemann, 2013).

3.1.2 Auswirkungen auf die weiße Substanz

Einige Studien zeigen einen positiven Zusammenhang zwischen dem Volumen der weißen Substanz und der körperlichen Aktivität (Colcombe et al., 2003; Colcombe et al., 2006; Ho et al., 2011). Nach einem sechsmonatigen kardiovaskulären Training konnten Volumenzunahmen der anterioren weißen Substanz mittels Ganzhirnanalysen bei Älteren, die eine hohe kardiovaskuläre Fitness aufwiesen, dargestellt werden (Colcombe et al., 2003; Colcombe et al., 2006). Ho et al. (2011) verdeutlichten, dass das körperliche Aktivitätsniveau mit dem Volumen der weißen Substanz in den temporalen Regionen zusammenhängt. Trotz dieser Ergebnisse konnten die Mehrzahl der Studien keinen Zusammenhang zwischen dem Volumen der weißen Substanz und der körperlichen Aktivität darlegen (Erickson et al., 2010; Flöel, 2010; Gordon et al., 2008; Ruscheweyh et al., 2011; Smith et al., 2011). Obwohl Veränderungen in der Informationsverarbeitungsgeschwindigkeit denkbar wären, konnte kein Zusammenhang mit kognitiven Leistungen festgestellt werden. Jedoch demonstrierten Nagamatsu, Handy, Hsu, Voss und Liu-Ambros (2012), dass das Gesamtvolumen der weißen Substanz mit einem reduzierten Sturzrisiko Älterer in Verbindung steht. Einige Studien weisen auch darauf hin, dass der altersbedingte Volumenverlust der weißen Substanz nicht nur mit einem Abbau der kognitiven Leistung zusammenhängt (Antonenko, Meinzer, Lindenberg, Witte & Flöel, 2012; Johansen-Berg, 2010), sondern sich auch in schlechter Gangleistung ausdrückt (Yogev-Seligmann, Hausdorff & Giladi, 2008).

- Die Integrität der weißen Substanz

Die Integrität der Mikrostruktur der zerebralen weißen Substanz ist für die Informationsübertragung zwischen den kortikalen Regionen essenziell. Es wird angenommen, dass die Integrität mit zunehmendem Alter abnimmt (Johansen-Berg, 2010), so dass sich die Informationsübertragung verlangsamt (Fjell & Walhovd, 2010). Die größten strukturellen Defizite wurden dabei im anterioren Bereich detektiert (Head et al., 2004).

Studien zur Diffusions-Tensor-Bildgebung (DTI; Johnson, Kim, Clasey, Bailey & Gold, 2012; Marks et al., 2007; Marks, Katz, Styner & Smith 2010; Voss et al., 2012;) visualisieren den Zusammenhang zwischen körperlicher Aktivität und der fraktionellen Anisotropie. Marks et al. (2007) untersuchten zum einen die Integrität des Fasciculus uncinatus, einem Nervenfaserbündel, das Teile des Temporallappens (Hippocampus, Amygdala) mit Teilen des präfrontalen Kortex verbindet und zum anderen des Cingulums, eines Nervenfaserbündels, das sich rostral des Corpus Callosum befindet. Das sind wichtige Bahnen der weißen Substanz, die verschiedene Gehirnregionen miteinander verbinden. Es konnten zwar positive Zusammenhänge zwischen der Integrität der weißen Substanz in diesen Regionen und dem Maß an körperlicher Aktivität beobachtet werden, kritisch ist jedoch, dass die kardiovaskuläre Fitness durch Selbstangaben via Fragebogen erhoben wurde. In einer darauffolgenden Studie untersuchten Marks et al. (2010), ob es einen Zusammenhang zwischen der aeroben Fitness und der fraktionalen Anisotropie (FA) im Cingulum gibt. Der Fitnessparameter wurde per VO_2max bestimmt, was ein objektives Maß zur Erfassung der aeroben Fitness darstellt. Die Ergebnisse demonstrieren, dass aerobe Fitness mäßig mit der FA im linken mittleren Cingulum zusammenhängt. Die Querschnittstudie von Johnson et al. (2012), die Ganzhirnuntersuchungen durchführten, zeigte in einem großen Bereich des Corpus Callosum positive Korrelationen zwischen aerober Fitness und der FA. Das Corpus Callosum ermöglicht die sensorische, motorische und kognitive Integration zwischen den Hemisphären (Gazzaniga, 1995). Allerdings ist die Aussagekraft von Ergebnissen aus Querschnittsstudien begrenzt und sie lassen keine allgemeinen Schlussfolgerungen über den Zusammenhang von aerober Fitness bzw. körperlicher Aktivität und der Integrität der weißen Substanz zu. Derzeit gibt es nur eine Interventionsstudie (Voss et al., 2012), welche die Auswirkungen eines zwölfmonatigen aeroben Lauftrainings bzgl. der Integrität der weißen Substanz und kognitiver Funktionen untersucht hat. Die Kontrollgruppe führte im gleichen Zeitraum Stretching-Übungen aus. Der Gruppenvergleich zeigte keine signifikanten Unterschiede in den kognitiven und neurophysiologischen Parametern. Jedoch wurden erhöhte VO_2max-Werte mit signifikanten Zunahmen der präfrontalen und temporalen FA in der Interventionsgruppe im Vergleich zur Kontrollgruppe beobachtet. Die Zunahmen der maximalen Sauerstoffaufnahmekapazität (VO_2max) konnte auch mit verbesserten Gedächtnisleistungen in der Laufgruppe assoziiert werden. Die Änderungen in der präfrontalen und temporalen FA scheinen aber nicht zu den Verbesserungen des Gedächtnisses beizutragen (Voss et al., 2012). Die Ergebnisse weisen darauf hin, dass kardiovaskuläres Training positive Effekte auf die Integrität der weißen Substanz bei Älteren hat. Allerdings gibt es keine Beweise, dass diese Veränderungen Verbesserungen der kognitiven Funktionen bewirken (Voelcker-Rehage & Niemann, 2013).

3.1.3 Auswirkungen auf kognitive Funktionen

- Exekutive Kontrolle

In einer Meta-Analyse (Smith et al., 2010), die 29 Interventionsstudien mit aeroben Trainingsinhalten umfasste, wurden signifikante Verbesserungen in der Aufmerksamkeit, in der Verarbeitungsgeschwindigkeit, in den exekutiven Funktionen und in den Gedächtnisleistungen bei aerob trainierenden Probanden berichtet. Ältere Probanden mit einer bewegungsarmen Lebensweise und leichten kognitiven Beeinträchtigungen führten ein sechsmonatiges aerobes Training durch. Sie trainierten vier Tage pro Woche bei einer Herzfrequenzreserve von 75% bis 85%. Im Vergleich zu der Kontrollgruppe, die Gleichgewichts- und Dehnungsübungen ausführte, konnte die Interventionsgruppe die Leistungen in einigen exekutiven Funktionen verbessern, jedoch nicht im Kurzzeitgedächtnis (Baker et al., 2010). Die kardiorespiratorische Fitness verbesserte sich auch in der Interventionsgruppe um 11%, wohingegen diese in der Kontrollgruppe um 7% abnahm. Bei kognitiv gesunden älteren Frauen und Männern verbesserte sich nach einem einjährigen aeroben Training das räumliche Gedächtnis (Erickson et al., 2011). Diese verbesserten Leistungen wurden aber auch in der Kontrollgruppe gefunden, die Dehnungsübungen durchführte. Die Korrelationsanalysen demonstrierten, dass die Erhöhung der aeroben Fitness nicht im Zusammenhang mit den verbesserten Gedächtnisleistungen stand.

In der Meta-Analyse von Colcombe und Kramer (2003) wurden 18 Interventionsstudien zusammengefasst, die den Einfluss körperlicher Aktivität auf die kognitive Leistung älterer Menschen ab dem 55. Lebensjahr untersuchten. Es stellte sich heraus, dass sich körperliche Aktivität positiv auf die Funktionen der exekutiven Kontrolle auswirkt. In einer nachfolgenden funktionellen MRT-Studie von Colcombe, Kramer, McAuley, Erickson und Scalf (2004) nahmen die Autoren an, dass diese kognitiven Verbesserungen auf kardiovaskulärem Training basieren. Unter Verwendung der modifizierten Flanker-Aufgabe, bei welcher irrelevante Reize unterdrückt und relevante Reize beantworten werden müssen, zeigten körperlich aktive Ältere im Vergleich zu inaktiven Älteren in verschiedenen frontalen und parietalen Regionen signifikant höhere Hirnaktivierungen und signifikant geringere Aktivierungen im anterioren cingulären Kortex (ACC). Die Ergebnisse konnten mit einem sechsmonatigen aeroben Walking-Training verifiziert werden (Colcombe et al., 2004). Weitere Studien konnten die Ergebnisse von Colcombe et al. (2004) bestätigen. In einer zwölfmonatigen Interventionsstudie (Rosano et al., 2010), die sich hauptsächlich aus einem aeroben Training und ergänzenden Kräftigungs-, Dehnungs- und Gleichgewichtsübungen zusammensetzte, wurden höhere Aktivierungen im dorsolateralen PFC während des Digit Symbol Substitution Tests zugunsten der Interventionsgruppe nachgewiesen. Eine weitere zwölfmonatige Interventionsstudie, die ein zweimal wöchentlich ausgeführtes Krafttraining zum Gegenstand hatte (Liu-Ambrose, Nagamatsu, Voss, Khan & Handy, 2012), führte zu höheren Aktivierungen im linken mittleren temporalen Gyrus und in der linken anterioren Insula sowie im lateralen orbitofrontalen Kortex während der Ausübung einer inkongruenten Flanker-Aufgabe. Es wurden keine Korrelationen zwischen der veränderten Hirnaktivität und den Veränderungen in der Flanker-Leistung gefunden. Interessanterweise postulierte dieselbe Autorengruppe (Liu-Ambrose et al., 2010) Veränderungen im Gehirnvolumen. So nahm nach einem zwölfmonatigen Krafttraining das Gesamtvolumen um 0,43% bis 0,32% ab. Diese Ergebnisse bestätigen vorherige Befunde anderer Interventionsstudien, welche die Auswirkungen eines Krafttrainings auf das Gehirnvolumen beschreiben (Cassilhas et al., 2007; Perrig-Chiello, Perrig, Ehrsam, Staehelin & Krings, 1998).

In einer funktionellen MRT-Studie (Prakash et al., 2011) wurden körperlich aktive mit weniger aktiven Teilnehmern, quantifiziert anhand VO_2max, verglichen. Im MR-Tomographen führten beide Gruppen eine kognitive Aufgabe (Stroop-Test) unter zwei Bedingungen durch: einer hohen und einer niedrigen kognitiven Beanspruchung. Probanden, die als körperlich leistungsstark klassifiziert wurden, rekrutierten bei einer hohen kognitiven Beanspruchung verstärkt präfrontale und parietale Regionen. War die kognitive Beanspruchung hingegen niedrig, zeigten die leistungsstärksten Probanden keine Aktivierungen in den genannten Regionen. Weniger leistungsstarke Probanden hingegen aktivierten zur Bewältigung der Aufgabe unter niedriger kognitiver Beanspruchung den präfrontalen und parietalen Kortex.

Es scheint zwar, dass eine höhere körperliche Leistungsfähigkeit die kognitiven Leistungen und Hirnaktivierungen in den frontalen, temporalen und parietalen Arealen begünstigt. Funktionelle Bildgebungsstudien zeichnen jedoch eine heterogene Befundlage. Studien von Voelcker-Rehage, Godde & Staudinger (2010, 2011) zeigten im Vergleich zu den oben genannten Studien differenzierte Aktivierungsmuster. Während der Ausführung einer inkongruenten Flanker-Aufgabe wurden für sehr leistungsstarke ältere Probanden im Vergleich zu weniger leistungsstarken älteren Personen geringere Aktivierungen im PFC und höhere Aktivierungen in den temporalen Regionen belegt. Vergleichbare Ergebnisse berichten auch kognitive Trainingsstudien. Nach einem kognitiven Training wurden reduzierte frontale Aktivierungen in jenen Regionen beobachtet, die a priori durch das kognitive Training aktiviert wurden (Lustig, Shah, Seidler & Reuter-Lorenz, 2009). Die Rekrutierungen und Aktivierungen verschiedener neuronaler Netzwerke sind nicht eindeutig und können schnell zu Missinterpretationen führen. Mit zunehmender Aufgabenschwierigkeit nimmt die Rekrutierung bis zu einem kritischen Punkt zu. Training führt zu einer erhöhten Aktivierung aufgabenspezifischer Regionen. Auf der anderen Seite führt die gestiegene Effizienz dieser Prozesse durch das Training zu einer reduzierten Aktivierung der erforderlichen Regionen (Voelcker-Rehage & Niemann, 2013). Darüber hinaus werden höhere Aktivierungen in frontalen Hirnregionen bei Älteren im Vergleich zu Jüngeren oft als Kompensation altersbedingter Veränderungen interpretiert (Reuter-Lorenz & Lustig, 2005). Eine reduzierte Aktivierung nach einem Training deutet auf ein funktionell effizientes Gehirn hin, das weniger Kompensation bedarf. Eine kompensatorische Überaktivierung zieht immer einen höheren Aufwand (cost) mit sich. So beschreibt die CRUNCH-Hypothese (Compensation-Related Utilization of Neural Circuits Hypothesis), dass Ältere, die mehr neuronale Netzwerke bei niedrigen Aufgabenanforderungen einbeziehen, verstärkt die kognitive Reserve rekrutieren (Scarmeas et al., 2003) und eher die Grenzen der verfügbaren Ressourcen erreichen, um Aufgaben zu bewältigen (DiGirolamo et al., 2001). Unterschiedliche Aktivierungsmuster bei leistungsschwachen und leistungsstarken älteren Probanden oder bei unterschiedlichen Trainingsinterventionen könnten aus den Aufgabenunterschieden bzgl. der kognitiven Last resultieren. Auch die Anwendung unterschiedlicher Strategien bei der Ausübung einer kognitiven Aufgabe stellt einen Erklärungsansatz dar. Sowohl ein erhöhtes als auch eine reduziertes Aktivierungsmuster stellen einen Indikator für eine verbesserte exekutive Kontrolle durch körperliche Aktivität dar (Voelcker-Rehage & Niemann, 2013).

- Gedächtnis- und räumliche Lernaufgaben

Auch hier ist die Studienlage sehr begrenzt und hinsichtlich des Studiendesigns und der Ergebnisse heterogen. Fünf Studien, die assoziative, deklarative oder semantische Gedächtnisaufgaben sowie räumliches Lernen mit Älteren einbeziehen, werden im Folgenden beschrieben:

Die erste Studie (Holzschneider, Wolbers, Röder & Hötting, 2012) stellte einer Gruppe, die ein sechsmonatiges aerobes Fahrradtraining absolvierte, einer Gruppe, die ein Stretchingtraining im selben Umfang erhielt, gegenüber. Beide Gruppen führten zusätzlich entweder ein räumliches Training oder ein Wahrnehmungstraining durch. In den funktionellen MR-Messungen mussten alle Gruppen eine räumliche Lernaufgabe absolvieren. Dabei zeigte die Gruppe, die ein zusätzliches räumliches Training erhielt, positive Korrelationen zwischen der kardiovaskulären Fitness und erhöhten Aktivierungen in denjenigen Hirnregionen, welche mit räumlichem Lernen assoziiert werden (wie dem Hippocampus sowie weiteren temporalen, frontal okzipitalen sowie cingulären Regionen). Zusätzlich korrelierten die longitudinalen Veränderungen der VO_2max positiv mit der Aktivierung im frontalen Kortex und im okzipitalen Lappen (Holzschneider et al., 2012).

Weitere Ergebnisse aus funktionellen Bildgebungsstudien (Smith et al., 2011) berichten, dass Ältere mit einer höheren aeroben Fitness im Vergleich zu körperlich wenig aktiven älteren Personen signifikant mehr Aktivierungen in frontalen, temporalen und parietalen Regionen während einer semantischen Gedächtnisaufgabe aufweisen. Auch ein Krafttraining (Nagamatsu et al., 2012), das zweimal pro Woche für 26 Wochen ausgeführt wurde, konnte verbesserte assoziative Gedächtnisleistungen konstatieren und führte zu höheren Aktivierungen im rechten lingualen und okzipitalen Gyrus Fusiformis und in frontalen Arealen.

Alle drei Studien postulierten, dass ein höheres Maß an körperlicher Aktivität mit höheren Hirnaktivierungen während einer (räumlichen) Gedächtnisaufgabe korreliert. Zwei Studien beobachteten bei sehr leistungsstarken Teilnehmern ebenfalls eine ausgeprägte Aktivierung im Hippocampus und im parahippocampalen Gyrus während einer räumlichen Lern- oder Gedächtnisaufgabe (Holzschneider et al., 2012; Smith et al., 2011). Besonders Aktivierungen im frontalen Lappen und im Hippocampus unterliegen altersbedingten funktionellen Veränderungen (Grady et al., 2006). Auch hier wird angenommen, dass eine bessere kardiovaskuläre Fitness oder ein aerobes Training sich besonders auf jene Hirnregionen auswirkt, die am ehesten einen altersbedingten Abbau aufweisen. Demnach wird eine hohe kardiovaskuläre Fitness mit einer besseren Funktionalität dieser Regionen assoziiert. Pereira et al. (2007) teilen diese Annahme: In ihrer Studie verbesserten sich nach einem dreimonatigen kardiovaskulären Training mit Erwachsenen im mittleren Alter die VO_2max und das zerebrale Blutvolumen im Gyrus Dentatus des Hippocampus. Das erhöhte zerebrale Blutvolumen stand im Einklang mit verbesserten Leistungen im deklarativen Gedächtnis (Pereira et al., 2007).

3.1.4 Zusammenfassung

Grundsätzlich deuten viele Interventionsstudien darauf hin, dass ein aerobes Training regionale Gehirnvolumen erhöhen und morphologische Anpassungsprozesse initiieren kann. Allgemein wird postuliert, dass die auf körperliches Training rückführbaren regionalen Volumenzunahmen in der grauen und weißen Substanz das relative Risiko der Gehirnatrophie bei nicht-dementen

Personen reduzieren könne (Colcombe et al., 2003, Colcombe et al., 2006; Flöel et al., 2010; Ho et al., 2011; Ruscheweyh et al., 2011; Weinstein et al., 2012). Die Ergebnisse vieler Studien sind nicht konsistent, was besonders in den starken Schwankungen der Ergebnisse zum hippocampalen Volumen deutlich wird. Diese sind wahrscheinlich den vielzähligen biologischen und umweltbedingten Faktoren, welche die menschliche Gehirnphysiologie beeinflussen, zuschreibbar. So zählen Gregory, Parker und Thompson (2012) den sozio-ökonomischen Status, die Ernährung, die Bildung, Stress und Emotionen, Medikation, familiäre Gegebenheiten, Genetik, Krankheiten sowie soziale Interaktionen neben der körperlichen Aktivität und dem Fitnesszustand zu den Faktoren, welche die Gehirngesundheit bedingen. Grundsätzlich scheint eine Beziehung zwischen Verbesserungen der Fitness und hippocampalen Volumenveränderungen durch körperliches Training zu bestehen. So berichten auch Williamson et al. (2009), dass nach einem einjährigen aeroben Training signifikante Verbesserungen der aeroben Fitness mit einer Zunahme des linken (r=0.37) und rechten (r=0.40) hippocampalen Volumens einhergingen. Da erhöhte regionale Gehirnvolumenwerte bei Älteren gleichzeitig mit signifikanten Verbesserungen der aeroben Fitness eintraten (Erickson et al. 2011; Pajonk et al., 2010), nahmen die Autoren an, dass Verbesserungen der kardiorespiratorischen Fitness durch körperliches Training ursächlich für Gehirnvolumeneffekte sind. Allerdings stehen diesen spekulativen Theorien zwei Meta-Analysen entgegen, welche die körperliche Aktivität und kognitive Leistungen untersuchten (Angevaren, Aufdemkampe, Verhaar, Aleman & Vanhees, 2008; Etnier, Nowell, Landers & Sibley, 2006). Beide Meta-Analysen schlussfolgerten, dass Veränderungen der aeroben Fitness keine Veränderungen der kognitiven Leistungen bewirken. Besonders konträr bleibt die derzeitige Studienlage zu den Auswirkungen körperlichen Trainings auf die weiße Substanz. Derzeit konnten nur zwei Studien über diesen Zusammenhang berichten, wobei die Mehrzahl der Studien diese Ergebnisse nicht verifizieren konnten (Erickson et al., 2010; Flöel, 2010; Gordon et al., 2008; Ruscheweyh et al., 2011; Smith et al., 2011). Der momentane Erkenntnisstand erweist sich aufgrund unterschiedlicher aerober Trainings- und Messmethoden als inkonsistent und lässt viele Fragen offen.

3.2   Koordinatives Training

Ein koordinatives Training umfasst groß- und feinmotorische Gleichgewichts-, Auge-Hand-Koordinations-, Bein-Arm-Koordinations-, räumliche Orientierungs- und Reaktionsübungen im Raum (Voelcker-Rehage et al., 2011). Diese Trainingsart fordert weniger den energetischen Metabolismus, aber verstärkt Wahrnehmungs- und höhere kognitive Prozesse. Die Abbildung motorischer Handlungen sowie die antizipatorischen und adaptiven Aspekte der Koordination erfordern Aufmerksamkeitsleistungen sowie differenzierte Sinnesempfindungen (Voelcker-Rehage & Niemann, 2013). Dadurch beziehen sich Veränderungen, die durch koordinatives Training erzeugt werden, wahrscheinlich auf Veränderungen der Informationsprozesse (Monno, Temprado, Zanone & Laurent, 2002) sowie auf kognitive Leistungen, die Anforderungen an visuelle und räumliche Informationsverarbeitung stellen (Smith & Baltes, 1999). Demgegenüber sind Wahrnehmungs- und höhere kognitive Prozesse weniger relevant bei hochautomatisierten Bewegungen wie dem Laufen oder dem Fahrrad fahren. Neben dem Koordinationstraining erfordert auch das motorische Lernen kognitive Prozesse. Das neuronale Substrat dieser Prozesse wird den frontalen und parietalen kortikalen Arealen zugeordnet, die während des motorischen Lernens aktiviert werden (Seidler, 2010). Motorisches Lernen wie auch koordinatives Training basieren auf höheren kognitiven Prozessen, so dass auch Studien zum motorischen Lernen mit in den aktuellen Forschungsstand einbezogen werden.

3.2.1 Auswirkungen auf die graue Substanz und kognitive Funktionen

Das Jonglieren zählt zu denjenigen motorischen Fertigkeiten, die am häufigsten hinsichtlich der strukturellen Neuroplastizität untersucht wurden. In diesem Zusammenhang wurde über verschiedene regionale Volumenzunahmen der grauen Substanz berichtet. Volumenzunahmen wurden im Frontallappen (Boyke, Driemeyer, Gaser, Büchel & May, 2008; Driemeyer, Boyke, Gaser, Büchel & May, 2008), Temporallappen (Draganski, Gaser, Busch, Schuierer, Bogdahn & May, 2004; Driemeyer et al., 2008), Hippocampus (Boyke et al., 2008), Parietallappen (Draganski et al., 2004; Driemeyer et al., 2008; Scholz, Klein, Behrens & Johansen-Berg, 2009), Okzipitallappen (Scholz et al., 2009) und im Nucleus accumbens (Boyke et al., 2008) verzeichnet. Im Vergleich zu den strukturellen Gehirnanalysen gibt es eine Vielzahl von Studien, die funktionelle Änderungen bei der Aktivierung verschiedener Hirnareale untersucht haben. Diese lassen auch Rückschlüsse auf strukturelle Veränderungen zu. Die Ergebnisse der Querschnittsstudie von Voelcker-Rehage et al. (2010) zeigen, dass die motorische Fitness, die sich aus Bewegungsgeschwindigkeit, Gleichgewicht und Fein-Koordination zusammensetzt, mit kognitiven Funktionen korreliert. Funktionelle Bildgebungsdaten zeigen, dass die motorische und die kardiovaskuläre Fitness unterschiedliche kognitive Prozesse betreffen. Neben einer geringeren kortikalen Aktivierung in den Arealen der exekutiven Kontrolle (superiorer und mittlerer frontaler Kortex) wird die motorische Fitness mit stärkeren Aktivierungen im posterioren parietalen Netzwerk, das bei visuell-räumlichen Prozessen und Handlungsinitiierung beteiligt ist, assoziiert (De Graaf, Roebroeck, Goebel & Sack 2010). Eine gute motorische Fitness scheint sich dahingehend auszuzeichnen, dass ablenkende Informationen mit einem geringeren Aufwand unterdrückt werden können. Zudem kennzeichnet eine gute motorische Fitness stärker automatisierte motorische Handlungen und eine effektivere Verarbeitung sowie Integration visuell-räumlicher Informationen (Voelcker-Rehage & Niemann, 2013).

Beim motorischen Lernen sind motorische Areale wie das cortico-striatale und cortico-cerebellare System involviert (Doyon et al., 2002; Gobel et al., 2011; Hamzei, Glauche, Schwarzwald & May, 2012; Kwon, Nam & Park, 2012; Xiong et al., 2009). Die Akquisitionsphase beim motorischen Lernen zeichnet sich dadurch aus, dass die intendierten Bewegungsabläufe nicht ogruder nur wenig automatisiert ausgeführt werden können. Während dieser Phase des motorischen Lernens sind besonders präfrontale und parietale Netzwerke aktiviert (Doyon et al., 2002; Gobel, Parrish & Reber, 2011; Hamzei et al., 2012). Diese präfrontalen und parietalen Aktivierungen deuten auf kognitive Anforderungen hin, die während der Akquisitionsphase gestellt werden (Doyon & Benali, 2005). Gehirnaktivierungen ändern sich mit wiederholter Ausführung der neugelernten Bewegung (Voelcker-Rehage & Niemann, 2013). Dabei nehmen die frontalen kortikalen Aktivierungen ab, diejenigen im Kleinhirn bleiben jedoch stabil. Diese Veränderung der Aktivierung konnte auch in der sechs- bzw. zwölfmonatigen Interventionsstudie von Voelcker-Rehage et al. (2011) gezeigt werden. Nach einem Koordinationstraining verbesserten sich die

Aufmerksamkeitsleistungen (Flanker-Aufgabe), was mit einer Abnahme der präfrontalen Aktivierung einherging (Voelcker-Rehage et al., 2011). Nach einem Koordinationstraining scheint die Aktivierung der Netzwerke effizienter und fokussierter zu erfolgen. Hierbei wurde beobachtet, dass diese veränderten Aktivierungsmuster mit verbesserten Verhaltensleistungen einhergehen (Voelcker-Rehage & Niemann, 2013). Diese Veränderungen in den Aktivierungsmustern weisen darauf hin, dass neu gelernte motorische Bewegungen mit der Zeit automatisiert ablaufen und weniger kognitive Ressourcen zur Ausführung einer Aufgabe erfordern (Doyon et al., 2002; Gobel et al., 2011; Toni, Rowe, Stephan & Passingham, 2002).

3.2.2   Auswirkungen auf die weiße Substanz und auf kognitive Funktionen

Baezner et al. (2008) sind die einzigen, die den Zusammenhang zwischen der motorischen Fitness und Störungen (Läsionen) der weißen Substanz bei Älteren in einer Querschnittsstudie betrachten. Motorische Leistungen wie die Gleichgewichtsfähigkeit und die Gehgeschwindigkeit wurden dem altersbedingten Abbau der weißen Substanz gegenüber gestellt. Ältere, die einen pathologischen Wert in den motorischen Leistungen zeigten, wiesen dabei größere Läsionen der weißen Substanz auf. Faktoren wie das Alter und das weibliche Geschlecht scheinen nach Baezner et al. (2008) negativ mit der weißen Substanz zu korrelieren. Bisher wurde noch nicht belegt, dass körperliche Aktivität ein Modulator für die weiße Substanz und den damit assoziierten Gleichgewichts- und Gangleistungen darstellt (Baezner et al., 2008).

•   Fraktionelle Anisotropie

Drei Studien zum motorischen Lernen untersuchten den Effekt des motorischen Fähigkeitserwerbs auf die FA bei jungen Erwachsenen. Die Ergebnisse sind jedoch sehr konträr. Kwon et al. (2012) konnten nach einem zweiwöchigen fortlaufendem Fingersequenz-Training keine Veränderungen der FA beobachten. Scholz et al. (2009) hingegen konnten nach einem sechswöchigem Jongliertraining eine erhöhte FA in den parietalen Regionen feststellen. Die Ergebnisse wurden mit der aktivitätsabhängigen Myelin-Modellierung erklärt. Taubert et al. (2010) zeigten für Studienteilnehmer nach einem sechswöchigen Körpergleichgewichtstraining auf einem Stabilometer eine Abnahme der FA in den präfrontalen Regionen und eine Zunahme der durchschnittlichen Diffusität (mean diffusivity) im parietalen Bereich sowie im Kleinhirn. Hierbei zeigten sich auch bessere Verhaltensleistungen. Die Autoren vermuten, dass ihre Ergebnisse durch eine lernbezogene Zunahme der Zelldichte (axonale und dendritische Verzweigungen) bedingt werden (Taubert et al., 2010). Auch die Gruppe um Zahr, Rohlfing, Pfefferbaum & Sullivan (2009) konnte in einer quantitativen Fiber-Tracking Studie verdeutlichen, dass der Rückgang kognitiver und motorischer Leistungen im Alter mit der Degeneration der Faserbahnen der weißen Substanz in Verbindung stehen. In einer Studie zum motorischen Lernen wurde ein Anstieg der FA im Bereich des Balkens (Corpus Callosum) und im vorderen Stirnhirn beobachtet. Diese präfrontalen Areale der Hirnrinde werden mit dem Arbeitsgedächtnis, der Verhaltenskontrolle und der Steuerung der Aufmerksamkeit in Verbindung gebracht. Den Anstieg der FA erklären die Forscher mit den neu erworbenen motorischen Fähigkeiten. Diese erfordern mehr Querverbindungen zwischen den Gehirnhälften (Zahr et al., 2009).

Zusammenfassend lässt sich konstatieren, dass die Ergebnisse zu den Auswirkungen eines Koordinationstrainings auf die Integrität der weißen Substanz sehr heterogen sind. Das liegt zum einen daran, dass die Interventionslänge von zwei bis 24 Wochen und die Art des motorischen Bewegens (Fingerbewegung versus. Ganzkörperbewegung) variierte. Erste Hinweise deuten jedoch darauf hin, dass sich eine längere körperlich-koordinative Aktivität positiv auf die Integrität der weißen Substanz auswirkt (Baezner et al., 2008).

3.3 Koordinatives und konditionelles Training beim Tanzen

Derzeit gibt es nur wenige Studien, welche die Effekte eines Tanztrainings auf kognitive Funktionen untersuchten. Die Mehrzahl der Studien, die Tanzen als Intervention zum Gegenstand haben, betrachtet nur physiologische bzw. motorische Parameter wie die kardiovaskuläre Leistung, die Muskelkraft, die Körperhaltung und das Gleichgewicht (Adiputra, Alex, Sutjana, Tirtayasa & Manuaba, 1996; Hui, Chui & Woo, 2009; Shigematsu et al., 2002; Sofianidis, Hatziaki, Douka & Grouios, 2009). Diese berichten, dass durch Tanzen die Ruhe-Herzfrequenz und der Blutdruck gesenkt werden und sich die maximale aerobe Leistungsfähigkeit verbessert (Adiputra et al. 1996). Shigematsu et al. (2002) zeigten, dass sich nach einem zwölfwöchigen aeroben Tanztraining das Gleichgewicht und die Gewandtheit bei gesunden älteren Frauen verbesserten. Hui et al. (2009) untersuchten 111 gesunde 60- bis 75-jährige Personen hinsichtlich der Wirksamkeit eines Tanztrainings mit geringer Belastung auf das physiologische und psychologische Wohlbefinden. Die Interventionsgruppe (N=57) tanzte über zwölf Wochen zweimal pro Woche zunächst für je 50 Minuten, nach der sechsten Woche wurde der Umfang auf 60 Minuten erhöht. Die Probanden der Kontrollgruppe (N=54) gingen ihren üblichen alltäglichen Aktivitäten nach. Es stellte sich heraus, dass sich die Interventionsgruppe in der kardiopulmonaren Leistung (erhoben mit 6 Minuten Walking Test), im dynamischen Gleichgewicht (timed up and go test), in der Kraftausdauer der unteren Extremitäten (sit- and stand-test) sowie in den Subkategorien des SF-36 (Short-Form 36 Health Survey) Gesundheit und körperbezogener Schmerz zur Lebenszufriedenheit signifikant zur Kontrollgruppe verbesserten. Die Ergebnisse wurden auf die aerobe Wirkung des Tanzens unter Einbeziehung großer Muskelgruppen zurück geführt. Diese Studien verdeutlichen, dass Tanzen nicht nur eine azyklische technisch-kompositorische Sportart ist, die nur koordinative Fähigkeiten trainiert, sondern dass Tanzen zudem ein wirkungsvolles aerobes Training darstellt. Tanzen scheint aufgrund multipler sensomotorischer Anforderungen nicht nur motorische Fähigkeiten zu fördern, sondern auch kognitive. Es erfordert die Bewegung des ganzen Körpers im Raum sowie die Kopplung von Arm- und Schrittmustern. Beim Tanzen werden verschiedene Sinne angesprochen und durch die vielfältige Trainingsgestaltung unter Zuhilfenahme des koordinativen Anforderungsprofils permanent neue Lernprozesse angeregt. Zusätzliche soziale Interaktionen und der Einsatz der Musik üben einen weiteren Einfluss auf kognitive Funktionen aus (Kattenstroth, Kolankowska, Kalisch & Dinse, 2010). Aus diesen Gründen scheint Tanzen im Vergleich zu aerob-zyklischen Trainings, aber auch zu Koordinationstrainings, die ab einen bestimmten Übungsgrad die Automatisierungsphase erreichen, eine effektivere Möglichkeit zu sein, kognitive Funktionen im Alter zu erhalten bzw. zu verbessern. Ein Mangel besteht an Bildgebungsstudien, welche die neuronalen Mechanismen des Tanzens darstellen. Im folgenden Abschnitt werden diese wenigen Studien beschrieben.

3.3.1 Auswirkungen auf die graue und weiße Substanz

Die erste Bildgebungsstudie zum Tanzen von Brown, Martinez & Parsons (2006) war funktionell ausgerichtet und ermittelte die neuronalen Korrelate des Tanzens, das Entrainment der Tanzschritte zur Musik, die Bewegungen zum metrischen Rhythmus und die räumliche Kognition. Durch die Positronen-Emissions-Tomographie (PET) konnten Aktivierungen im Putamen, im primären motorischen Kortex, im supplementären motorischen Areal (SMA) und im cingulären motorischen Areal (CMA) visualisiert werden (Brown et al., 2006). Derzeit liegen nur zwei Studien vor, die strukturelle Daten von professionellen Tänzern analysieren. Hänggi, Koeneke, Bezzola und Jäncke (2010) verglichen das Volumen der grauen und weißen Substanz sowie die FA und MD von zehn Balletttänzerinnen und zehn Nicht-Tänzerinnen. Es wurde vermutet, dass durch Balletttanzen Strukturen moduliert werden, die das sensomotorische Netzwerk bilden(wie Putamen, prämotorischer Kortex, supplementäres motorisches Areal und die kortiko-spinalen Trakte). Die Bildgebungsdaten zeigten bei den Balletttänzerinnen eine verminderte weiße Substanz in den kortiko-spinalen Trakten, in den Capsulae internae, im Corpus Callosum und im linken anterioren Cingulum. Auch in der grauen Substanz zeigten sich bei den Tänzerinnen geringere Volumen im linken prämotorischen Kortex, in der SMA, im Putamen und im superioren frontalen Gyrus. Die FA der weißen Substanz war im Bereich des linken und rechten prämotorischen Kortex bei den Tänzern im Vergleich zu Nicht-Tänzern geringer. Zwischen den beiden Gruppen gab es auch keine signifikanten Unterschiede in der MD. Die Autoren erklärten, dass trainingsinduzierte strukturelle Veränderungen vom Trainingsstadium abhängen. So treten zu Beginn des Trainings strukturelle Veränderungen ein, während in späteren Trainingsstadien keine weiteren Veränderungen festzustellen sind (Hänggi et al., 2010). Diese Annahme wird durch den Befund von Driemeyer et al. (2008) gestützt. Die Autoren konnten zwar zu einem frühen Lernstadium des Jonglierens Zunahmen der grauen Substanz demonstrieren, jedoch keine weiteren Zunahmen zu einem späteren Zeitpunkt. Die Studie von Jäncke et al. (2009) zeigte ebenfalls, dass professionelle Golfer und Amateur-Golfer sich hinsichtlich der anatomischen Strukturen nicht unterscheiden, obwohl die professionellen Golfer achtmal mehr trainierten. Jedoch wurden starke Unterschiede zwischen Amateur-Golfern und Novizen gezeigt, was wiederum die Hypothese stützt, dass strukturelle Veränderungen vornehmlich in frühen Trainingsstadien eintreten. Nach Hänggi et al. (2010) ist es ebenfalls vorstellbar, dass das Üben einer Aufgabe zu Zunahmen in der grauen Substanz führt, während das Üben einer anderen Aufgabe zu Abnahmen in der grauen Substanz führt. Das heißt, es kommt zu Interaktionen. Diese werden durch Variablen wie der Dauer des Trainings, dem Trainingsstadium und der Art der Trainingsstrategie verkompliziert (Hänggi et al., 2010). Weitere Studien berichten, dass die Summe der Zeit, die für das Üben fachspezifischer Aufgaben benötigt wird, positiv mit der Dichte der grauen Substanz korreliert (Aydin et al., 2007; Cannonieri, Bonilha, Fernandes, Cendes & Li, 2007; Maguire et al., 2000). Die zweite Querschnittsstudie zum Tanzen liegt von Hüfner et al. (2011) vor. Die Autoren untersuchten die strukturelle und funktionelle Plastizität der hippocampalen Formation bei professionellen Tänzern, Eiskunstläufern und Slacklinern. Vorangegangene Studien publizierten, dass der Erwerb spezifischer Fähigkeiten wie der Raumnavigation plastische Veränderungen im Hippocampus induzieren (Maguire et al., 2000) und dass Gleichgewichtsdefizite mit einer Atrophie des Hippocampus und dem räumlichen Gedächtnis einhergehen (Brandt et al., 2005).

Daraus folgerten Hüfner et al. (2011), dass das räumliche Gedächtnis auf vestibulärem Input beruhe. Sie untersuchten mittels voxel-basierter Morphometrie (VBM) sieben Balletttänzer, sieben Eiskunstläufer und sieben Slackliner, um festzustellen, inwiefern ein Gleichgewichtstraining mit extensiv vestibulär-visuellen Stimulationen mit Veränderungen im Volumen der hippocampalen Formation und des räumlichen Gedächtnisses assoziiert werden kann. Verglichen wurden die Daten mit 20 gematchten Kontrollprobanden, die zwar Freizeitsport ausübten, allerdings keine Erfahrungen im Slacklining, Eiskunstlauf oder Tanzen aufwiesen. Die Ergebnisse der VBM zeigten kleinere Volumen in der anterioren hippocampalen Formation und in Teilen des parieto-insulären vestibulären Kortex bei den Trainierenden. Trotz der berichteten geringeren Volumen in der grauen Substanz konnten auch größere Volumen mittels der ROI (p<.05) im mittleren posterioren und parahippocampalen Bereichen beidseitig beobachtet werden. Darüber hinaus zeigte die Ganzhirnanalyse (p<.05) bei den Trainierenden größere Volumen der grauen Substanz im Thalamus (beidseitig), in der Formatio hippocampalis, im Gyrus temporalis inferior, im Gyrus lingualis und fusiformis, im Cingulum, im Kleinhirn, im rechten Gyrus frontalis inferior und rechten Gyrus rectus sowie im Gyrus occipitalis inferior. Weitere höhere Volumina (p<.001, unkorrigiert) wurden im rechten mittleren temporalen Gyrus zugehörig zu den bewegungssensitiven Arealen MT/V5 und in der Region der linken temporo-parietalen Verbindung visualisiert. Unterschiede in den allgemeinen Gedächtnisleistungen oder im räumlichen Gedächtnis lagen nicht vor. Die Trainierenden zeigten nur signifikant bessere Leistungen bei Aufgaben zum nicht-räumlichen Gedächtnis (transverse patterning), die mit der hippocampalen Formation assoziiert waren. Die Gruppenunterschiede im Volumen der Hippocampus-Formation könnten nach Hüfner et al. (2011) Hinweise für plastische Veränderungen in denjenigen Hirnregionen sein, die mit multisensorischen Stimulationen assoziiert werden. Neben der vestibulären Stimulation werden auch vielfältige visuelle und somatosensorische Reize im Tanz-, Eiskunstlauf- und Slackline-Training integriert. Die multimodale Stimulation multisensorischer Neurone befördert im Vergleich zu unimodalen Stimulationen die Plastizität weitaus mehr (Lappe, Herholz, Trainor & Pantev, 2008). Im Besonderen reagieren die Neurone in der Hippocampus-Formation auf die Vielzahl sensorischer Reize (Dowman, Darcey, Barkan, Thadani & Roberts, 2007; Vitte et al.,1996). Hüfner et al. (2011) folgern, dass die kleineren Volumen der anterioren hippocampalen Formation bei den Trainierenden auf eine langjährige Unterdrückung des destabilisierenden vestibulären Inputs zurückzuführen seien. Diese Annahme wird durch das geringere Volumen in dem parieto-insulären vestibulären Kortex gestützt. Die Volumenvergrößerungen in der posterior hippocampalen Formation bei Trainierenden scheinen aus dem vermehrten Gebrauch visueller Hinweise beim Gleichgewicht zu resultieren. Diese Annahme wird durch die größeren Volumen in visuellen Arealen wie dem Gyrus lingualis und dem Gyrus fusiformis begleitet.

3.3.2 Auswirkungen auf kognitive Funktionen

Alpert et al. (2009) führten eine fünfzehnwöchige Jazzdance-Intervention mit 13 Frauen im Alter zwischen 52 und 88 Jahre durch, wobei es keine Kontrollgruppe gab. Zu den drei Messzeitpunkten zeigten sich keine signifikanten Verbesserungen in den Testleistungen der Mini Mental State Examination (MMSE). Kritisch anzumerken ist, dass die 13 Probandinnen aus einer bestehenden Seniorentanzgruppe in die Studie eingeschlossen wurden. Zudem scheint der MMSE als Messinstrument nicht sensitiv genug zu sein. Verghese (2006) konnte im Rahmen einer Querschnitts-studie mit 24 Tänzern (80 Jahre), die im Mittel 36,5 Jahre Tanzerfahrung aufwiesen (4,3 Tage/ Monat), im Vergleich zu Nicht-Tänzern (84 Jahre) ebenfalls keine signifikanten Unterschiede in den kognitiven Leistungen unter Einbeziehung der Aufmerksamkeit nachweisen (erhoben durch Verbal Fluency und Trail Making Test B). Im Gegensatz hierzu konnten Kattenstroth et al. (2010) bei 24 Amateurtänzern (71,69+/-1,15 Jahre, 19 weiblich), die im Durchschnitt 16,5 Jahre Gesellschaftstänze ausübten (1,33h/ Woche), im Vergleich zu 38 gematchten Nicht-Tänzern (71,66+/- 1,13 Jahre, 30 weiblich) bessere kognitive Leistungen, Reaktionszeiten und Gleichge-wichtsleistungen nachweisen. Hinsichtlich der Alltagskompetenz, gemessen mit dem ECQ (Everyday Competence Questionnaire, unveröffentlicht), wurden gegenüber der Kontrollgruppe signifikant höhere Werte berichtet. Auch im Bereich der allgemeinen und fluiden Intelligenz (er-hoben mit dem Raven Standard Progressive Matrices Test) sowie der selektiven Aufmerksamkeit und Konzentration (gemessen mit dem Geriatric Concentration Test A-K-T; Gatterer, 1990) er-reichten die Amateurtänzer signifikant höhere Testwerte im Vergleich zu Nicht-Tänzern. Die Au-toren belegen, dass eine langjährige Tanzaktivität zum Erhalt kognitiver, motorischer und senso-motorischer Leistungen beiträgt. Erklärt wurden die besseren Leistungen der Amateurtänzer mit der gebrauchsabhängigen Plastizität, der synaptischen Wirksamkeit und dem Erhalt synaptischer Verbindungen, die von Neurotrophinen wie BDNF kontrolliert und moduliert werden. Generell wird das BDNF durch verschiedene Faktoren erhöht: Körperliche Aktivität und soziale Interak-tion (Churchill et al., 2002; Kramer, Erickson, & Colcombe, 2006; Neeper et al. 1995; Vaynman, & Gomez-Pinilla, 2006). Zellbiologisch weist Mattson (2008) darauf hin, dass positiver Stress in den Zellen eine Reaktion auslöst und neurotrophe Wachstumsfaktoren generiert. Kattenstroth et al. (2010) heben hervor, dass gerade beim Tanzen positiver Stress durch die sensorische Stimula-tion, körperliche Aktivität und die kognitiven Herausforderungen erzeugt wird. Gazzaniga (2008) ergänzt, dass auch der emotionale Aspekt des Tanzens und seine enge Verbindung zur Musik ei-nen weiteren vorteilhaften Effekt haben könnten. In einer Pilotstudie von Kim et al. (2011) wur-den Effekte eines Tanztrainings auf kognitive Funktionen bei Älteren mit metabolischem Syn-drom untersucht. Die Studie wies einen Stichprobenumfang von 38 kognitiv unauffälligen Pro-banden auf. 26 Probanden bildeten die Interventionsgruppe, die für sechs Monate zweimal pro Woche an einem Tanztraining (Schwerpunkt Cha-Cha-Cha) teilnahm. Auch hier ergaben sich signifikante Effekte in den kognitiven Testleistungen wie der verbalen Flüssigkeit (F=4,21; p=0,048; n=0,11), dem verzögerten Abruf einer Wortliste (F=4,64; p=0,038; n=0,12), dem Wie-dererkennen einer Wortliste (F=8,35; p=0,007; n=0,12) und im Gesamtwert für kognitive Funk-tionen des CERAD (Consortium to Establish a Registry for Alzheimer Disease; F=4,71; p=0,037; n=0,122). Physiologische Parameter wie Body-Mass-Index (BMI), Blutdruck, Hüftum-fang und HDL-Cholesterol zeigten keine signifikanten Veränderungen. Kimura & Hozumi (2012) verglichen die Auswirkungen zwei verschiedener Tanzprogramme, einem Free Style (FR) und einem Combination Style (CB) Programm, auf Auswirkungen auf die exekutive Funktionen. Das erste ist charakterisiert durch ein einfaches Nachmachen der Schritte, die beliebig wiederholt werden. Im Gegensatz hierzu werden im CB-Programm verschiedene Schritte zu einer Choreo-graphie zusammengefasst, wobei sich der Schwierigkeitsgrad erhöht. Hierbei müssen sich die Probanden bestimmte Abfolgen merken, schnell und geschickt zwischen diesen wechseln, um eine lange, organisierte Choreographie zu erstellen. Dies erfordert einen vergleichsweise höheren kognitiven Einsatz. Das CB-Programm bezog also Handlungen ein, die unter Aufmerksamkeitskontrolle durchgeführt wurden und Gedächtnisprozesse involvierten. Beide Gruppen wurden von demselben Übungsleiter trainiert. Die Trainingsdauer umfasste 40 Minuten bei einer Herzfrequenzrate zwischen 40% und 50% der maximalen Herzfrequenz. Beide Programme richteten sich nach derselben Taktgeschwindigkeit von 120 Schlägen pro Minute und beinhalteten identische tänzerische Elemente (A-D). Im FR-Programm wurde jedes Element 16-mal wiederholt (ABCD). Die andere Gruppe (CB) baute die vier Elemente in verschiedenen Kombinationen zu einer Choreographie zusammen (A, AB, ABC, ABCD usw.). Die Ergebnisse spiegeln wider, dass durch das CB-Programm die Reaktionszeit zwischen den Bedingungen *Aufgabenwechsel* und *Aufgabenwiederholung* gesenkt werden konnte. Dies wird allgemein als „switch cost" bezeichnet. Die Autoren mutmaßen, dass die switch cost eventuell ein Maß für eine höhere kognitive Verarbeitungszeit ist, die benötigt wird, um von einer Stimulus-Antwort Konfiguration zu einer anderen zu wechseln. Insgesamt haben sich unter beiden Programmen die Reaktionszeiten und die Anzahl der korrekten Antworten verbessert. In einer weiteren Interventionsstudie von Coubard, Duretz, Lefebvre, Lapalus & Ferrufino (2011) wurden die Auswirkungen eines Tanztrainings, eines Sturzprophylaxetrainings und eines Tai Chi Chuan Trainings auf verschiedene Aspekte der Aufmerksamkeitskontrolle (setting, supressing, shifting = Fokussierung, Unterdrückung, Wechsel) untersucht. Die Trainingsprogramme wurden über sechs Monate einmal pro Woche für eine Stunde durchgeführt. Das Tanzprogramm fokussierte primär auf die Improvisation, weniger die Reproduktionen und Wiederholung von Bewegungen. Das Sturzprophylaxeprogramm zielte auf die Gleichgewichtsentwicklung und die Kräftigung der unteren Extremitäten. Dabei wurden die visuellen, vestibulären und kinästhetischen Funktionen stimuliert. Das Tai Chi Chuan Training setzte seinen Schwerpunkt auf die Entwicklung der inneren Energie und der dynamischen Kraft, des Gleichgewichts und der konzentrierten Aufmerksamkeit. Die Ergebnisse zeigten, dass nur das Tanztraining die Leistungen des Aufmerksamkeitswechsels verbessern konnte. In den weiteren Funktionen der Aufmerksamkeitskontrolle, zu der die Konzentration und die Fokussierung zählen („setting") sowie die Niederhaltung und Unterdrückung („supressing"), konnten in allen drei Gruppen keine signifikanten Veränderungen beobachtet werden. Eine weitere Studie von Kattenstroth et al. (2013) untersuchte auch die Auswirkungen eines sechsmonatigen Tanztrainings auf verschiedene kognitive und motorische Funktionen. Auf der Grundlage verschiedener Tests bildeten sie je nach funktioneller Kategorie sieben Domänen: „Kognition/ Aufmerksamkeit", „Reaktionszeit", „Hand/Motorische Leistung", „taktile Leistung", „Gleichgewicht", „Intelligenz", „kardio-pulmonare Leistung" und „Lebensstil". Die Interventionsgruppe (N = 25; Alter = 68,60 ± 1,45 Jahre) lernte einmal pro Woche für sechs Monate Schrittmuster, die in ihrer Komplexität zunahmen. Die Kontrollgruppe (N = 10; Alter = 72,30 ± 1,84 Jahre) blieb inaktiv. Die Ergebnisse zeigten, dass sich die Tänzer in den Domänen „Kognition und Aufmerksamkeit", „Reaktionszeit", „Hand/Motorische Leistung", „taktile Leistung", „Gleichgewicht" sowie „Lebensstil" signifikant verbessern. Die Domäne „Intelligenz" sowie die „kardio-pulmonale Leistung" blieben unverändert. Die Kontrollgruppe wies in keiner der genannten Domänen Veränderungen auf. Kattenstroth et al. (2013) schlussfolgerten, dass Tanzen eine wichtige Rolle bei dem Erhalt von Wahrnehmungsleistungen und kognitiven Fähigkeiten spielt.

3.4 Zusammenfassung des aktuellen Forschungsstandes

Körperliche Aktivität erweist sich als einer der Lebensstilfaktoren, die sich ab einer bestimmten Dosis positiv auf die strukturelle und funktionelle Plastizität des Gehirns, auf kognitive, konditionelle sowie koordinative Fähigkeiten des menschlichen Organismus auswirken. Insbesondere beim alternden Menschen sind diese Wirkmechanismen essentiell, um die altersbedingten Abbauprozesse zu reduzieren und ihnen entgegenzuwirken. Da die Neuroplastizität bis in das hohe Alter erhalten bleibt, stellt die körperliche Aktivität neben Ernährung, Bildung, Stress und Schlaf einen der wichtigsten Faktoren dar, um die Gesundheit und damit die Selbstständigkeit im Alter zu erhalten. Jedoch ist über die Dosis-Wirkungs-Beziehung von körperlichen Aktivitäten auf neuroplastischer Ebene bisher wenig bekannt, was auch in den konträren Forschungsergebnissen in Bezug zu strukturellen Hirnveränderungen zum Ausdruck kommt. Ein aerobes Training scheint insbesondere die graue Substanz im präfrontalen und medio-temporalen Bereich zu modulieren (Colcombe et al., 2004; Erickson et al., 2011). Allerdings stellt sich die Auswirkung eines aeroben Trainings auf die weiße Substanz, vor allem auf deren Integrität, als unzureichend dar. Studien zum motorischen Lernen zeigten zwar, dass beim Neuerwerb einer Fertigkeit in der Akquisitionsphase strukturelle Anpassungsprozesse in den präfrontalen sowie medio-frontalen Hirnregionen eintreten. Das sind jene Hirnregionen, die einem altersbedingtem Abbau unterliegen. Die Volumenzunahmen stagnieren jedoch ab einem gewissen Übungsgrad (Boyke et al., 2008; Driemeyer et al., 2008). Ein weiteres Defizit besteht darin, dass in Quer- und Längsschnittstudien nur die Auswirkungen von körperlicher Aktivität auf kognitive Fähigkeiten und die zugrundeliegenden neuronalen Mechanismen betrachtet wurden. Die motorischen Fähigkeiten wurden in diesem Zusammenhang nicht untersucht. Die motorischen Veränderungen, die im Alter hinsichtlich der erhöhten Sturzgefahr von Bedeutung sind, wurden in Bildgebungsstudien zwar thematisiert (Whitman et al., 2001), jedoch fehlt bis dato der Rückschluss zu den kognitiven Funktionen. Dabei spielt insbesondere die simultane Betrachtung kognitiver und motorischer Prozesse im Zusammenhang mit der Hirnstruktur und Hirnfunktion eine wichtige Rolle. Doppelaufgaben (dual tasks), die sich aus einer Erstaufgabe und einer motorischen oder kognitiven Zusatzaufgabe zusammensetzen, geben Aufschluss über den Zusammenhang zwischen motorischen und kognitiven Prozessen. Primär wird dabei das Gangbild unter der Ausführung einer kognitiven Aufgabe zu exekutiven Funktionen (Planung, Kontrolle, Ausführung, Aufmerksamkeitssteuerung und Planung komplexer, zielgerichteter Handlungen) beurteilt. Aufgaben wie das Rückwärtsrechnen bilden unter anderem die Leistungen des Arbeitsgedächtnisses ab und werden oft als kognitive Zusatzaufgabe in Doppelaufgabenparadigmen verwendet. Dabei stellt das Rechnen eine komplexe Fertigkeit dar, bei der im deklarativen Gedächtnis gespeicherte Rechenfakten und mathematische Verfahren abgerufen werden, um die Aufgabe im Arbeitsgedächtnis zu lösen (Karnath, Hartje & Ziegler, 2006). Einige Studien konnten über Defizite bei der Ausführung von Doppelaufgaben bei Senioren berichten. So untersuchten Priest, Salamon & Hollmann (2008) alterskorrelierte Unterschiede beim Gehen mit einer kognitiven Rechenaufgabe. Dazu wurden 23 Frauen im Alter zwischen 71 und 89 Jahren und 19 Frauen im Alter von 21 bis 25 Jahren mittels des GaitRite® Systems bei einer selbstgewählten Gehgeschwindigkeit mit und ohne Zusatzaufgabe (Rückwärtsrechnen) aufgenommen. Unter dem Einfluss der dual task verringerte sich in beiden

Altersgruppen die Gehgeschwindigkeit. Die Variabilität der Schrittgeschwindigkeit stieg hingegen an, wobei die Variabilität bei den Seniorinnen deutlich höher war. Eine weitere Querschnittsanalyse (Verrel, Lövdén, Schellenbach, Schäfer & Lindenberger, 2009) untersuchte die Variabilität des Gehens während der Ausführung verschiedener n-back tasks bei den Altersgruppen 20- bis 30-Jährige, 60- bis 70-Jährige und 70- bis 80-Jährige. Bei der n-back-task werden den Probanden hintereinander verschiedene Bilder präsentiert. Wiederholt sich ein Bild, das vor „n" Positionen schon einmal gezeigt wurde, muss reagiert werden. Die Ergebnisse demonstrierten, dass unter der Bedingung der 1-back task keine Unterschiede zwischen den Gruppen bestanden. Mit steigender Aufgabenschwierigkeit (2-back, 3-back, 4-back) zeigten sich bei den zwei älteren Gruppen ungleichmäßige Gangparameter, was bei den jüngeren Probanden nicht zu beobachten war. Die Reduzierung der Gehgeschwindigkeit ist als Kompensationsmechanismus zu verstehen, um die Gangsicherheit aufrechtzuerhalten (Verrel et al., 2009). Pellecchia (2005) hypothetisierte, dass nach einem mehrwöchigen kognitiven Training die posturale Schwankung beim Gehen durch eine zusätzliche kognitive Aufgabe nicht verstärkt wird. Die Probanden (18-46 Jahre) wurden in drei Gruppen eingeteilt. Die erste Gruppe trainierte eine kognitive Aufgabe, die zweite Gruppe erhielt ein kombiniertes Training, wobei die Teilnehmer während der kognitiven Aufgabe auf einer Plattform stehen mussten, und die dritte Gruppe fungierte als Kontrollgruppe und blieb inaktiv. Vor und nach dem Training wurde die Körperschwerpunktschwankung mittels des AMTI Accu-Swaysystems unter zwei Bedingungen erfasst: einmal nur stehend und zum anderen stehend mit einer kognitiven Aufgabe, dem Rückwärtsrechnen. Vor den Trainingseinheiten wiesen alle Teilnehmer unter der Dual-TaskBedingung (Stehen und Rechnen) im Vergleich zur Single-Task-Bedingung (nur Stehen) größere Schwankungen auf. Nach den Trainingseinheiten zeigte die inaktive Kontrollgruppe die größte Differenz der Schwankungen zwischen der Single- und der Dual-Task-Bedingung. Die Probanden, die ein Single-Task-Training erhalten hatten, reduzierten diesen Unterschied, und die Gruppe, die ein Dual-Task-Training erhalten hatte, zeigte so gut wie keine Unterschiede zwischen beiden Bedingungen. Pellecchia (2005) schlussfolgerte, dass ein gezieltes Training unter Dual-Task-Bedingungen vielfältige Alltagssituationen, die sowohl kognitive als auch motorische Ressourcen gleichzeitig beanspruchen, erleichtert. Im Vergleich zu aeroben Trainingsprogrammen wie Laufen, Fahrrad fahren, Schwimmen oder Wandern und Koordinationstrainings, die nur das Gleichgewicht oder die Auge-Hand-Koordination (Jonglieren) ansprechen, könnte sich Tanzen als geeignetes Doppelaufgabentraining erweisen. Kognitive und motorische Fähigkeiten werden bei Formationstänzen simultan integriert und verarbeitet. Die Potentiale des Alterssports wurden bisher zu einseitig betrachtet und fokussierten auf ausdauerbasierte Sportarten, die das Herz-Kreislauf-System stärken oder aber auch auf kraftbezogene Übungen, welche die Muskulatur des Stütz-und Bewegungsapparates kräftigen.

Ziel dieser Studie ist es, die Auswirkungen eines sportiven Tanztrainings mit einem nach gesundheitssportlichen Aspekten empfohlenen multimodalen Bewegungstraining (Ausdauer, Kraft, Beweglichkeit) hinsichtlich struktureller Hirnveränderungen, dem neurotrophen Wachstumsfaktor BDNF und kognitiver sowie motorischer Leistungen von gesunden Senioren vergleichend zu untersuchen, um weiterführende Empfehlungen für den Alterssport zu formulieren. Im nachfolgenden Abschnitt 3.5 werden hierzu die Fragestellungen und Hypothesen vorgestellt.

3.5 Fragestellungen und Hypothesen

Fragestellungen zu neurostrukturellen und molekularen Veränderungen:

1. Welchen Einfluss haben ein sechsmonatiges Tanz- und ein sechsmonatiges multimodales Bewegungstraining auf das Hirnvolumen der grauen und weißen Substanz?

a. Führt ein Tanztraining zu strukturellen Veränderungen in der grauen und weißen Substanz?

b. Führt ein multimodales Bewegungstraining zu strukturellen Veränderungen in der grauen und weißen Substanz?

c. Führen die verschiedenen Interventionen zu strukturellen Veränderungen in unterschiedlichen Hirnregionen?

2. Welchen Einfluss haben ein sechsmonatiges Tanz- und ein sechsmonatiges multimodales Bewegungstraining auf den neurotrophen Wachstumsfaktor BDNF?

a. Führt ein Tanztraining zu Veränderungen der BDNF-Konzentration?

b. Führt ein multimodales Bewegungstraining zu Veränderungen der BDNF - Konzentration?

c. Liegen nach einem Tanztraining, das sich durch permanent wechselnde Stimuli auszeichnet, und nach einem aerob-zyklischen, multimodalen Bewegungstraining unterschiedlich hohe BDNF-Konzentrationen vor?

Hypothesen zu neurostrukturellen und molekularen Veränderungen:

H1a: Ein sechsmonatiges Tanztraining führt zu strukturellen Veränderungen in der grauen und weißen Substanz bei Senioren.

H1b: Ein sechsmonatiges multimodales Bewegungstraining führt zu strukturellen Veränderungen in der grauen und weißen Substanz bei Senioren.

H1c: Ein koordinatives, kognitives und konditionelles Tanztraining und ein aerob-zyklisches multimodales Bewegungstraining führen zu strukturellen Veränderungen in unterschiedlichen Hirnregionen bei Senioren. Es ist anzunehmen, dass nach beiden Trainingsinterventionen strukturelle Veränderungen in motorischen Arealen wie dem supplementärmotorischen Areal, dem Gyrus präcentralis und postcentralis sowie dem Kleinhirn zu beobachten sind. Durch den koordinativen und kognitiven Aspekt des Tanzens werden zudem Veränderungen im Corpus Callosum und in (prä)frontalen und temporalen Regionen erwartet.

H2a: Ein koordinatives, kognitives und konditionelles Tanztraining führt zu einer Erhöhung der BDNF-Konzentration im Plasma, Serum und Vollblut bei Senioren.

H2b: Ein aerob-zyklisches multimodales Bewegungstraining führt zu einer Erhöhung der BDNF-Konzentration im Plasma, Serum und Vollblut bei Senioren

H2c: Ein koordinatives, kognitives und konditionelles Tanztraining führt im Vergleich zu einem aerob-zyklischen multimodalen Bewegungstraining zu einer höheren Steigerung der BDNF-Konzentration bei Senioren.

Fragestellungen zu kognitiven Veränderungen:

3. Welchen Einfluss haben ein sechsmonatiges Tanztraining und ein sechsmonatiges multimodales Bewegungstraining auf kognitive Funktionen wie der fluiden Intelligenz (Informationsverarbeitungsgeschwindigkeit), den Exekutivfunktionen, dem Gedächtnis und der Aufmerksamkeit?

a. Führt ein sechsmonatiges Tanztraining zu einer Steigerung der alterskorrelierten kognitiven Funktionen wie der fluiden Intelligenz, den Exekutivfunktionen, dem Gedächtnis und der Aufmerksamkeit?

b. Führt ein sechsmonatiges multimodales Bewegungstraining zu einer Steigerung der alterskorrelierten kognitiven Funktionen wie der fluiden Intelligenz, den Exekutivfunktionen, dem Gedächtnis und der Aufmerksamkeit?

c. Bestehen nach den verschiedenartigen Trainingsinterventionen Unterschiede in den Testleistungen der kognitiven Funktionen bei Senioren?

Hypothesen zu kognitiven Veränderungen:

H3a: Ein sechsmonatiges Tanztraining führt zu einer Steigerung der alterskorrelierten kognitiven Leistungen bei Senioren.

H3b: Ein sechsmonatiges multimodales Bewegungstraining führt zu einer Steigerung der alterskorrelierten kognitiven Leistungen bei Senioren.

H3c: Nach einem Tanztraining liegen hinsichtlich der kognitive Leistungen (Informationsverarbeitungsgeschwindigkeit, Exekutivfunktionen, Gedächtnis und Aufmerksamkeit) höhere Zuwächse als nach einem aerob-zyklischen Bewegungstraining vor.

Fragestellungen zu motorischen Veränderungen:

4. Welchen Einfluss haben ein Tanztraining und ein multimodales Bewegungstraining auf die Gleichgewichtsfähigkeit bei Senioren?

a. Führt ein sechsmonatiges Tanztraining zu verbesserten Gleichgewichtsleistungen bei Senioren?

b. Führt ein sechsmonatiges multimodales Bewegungstraining zu verbesserten Gleichgewichtsleistungen bei Senioren?

c. Bestehen nach den verschiedenartigen Trainingsinterventionen Unterschiede in den Testleistungen der Gleichgewichtsfähigkeit bei Senioren?

5. Welchen Einfluss haben ein Tanztraining und ein multimodales Bewegungstraining auf die körperliche Leistungsfähigkeit (Herzfrequenz und Blutdruck) bei Senioren?

a. Führt ein koordinatives, kognitives und konditionelles Tanztraining zu einer Änderung der körperlichen Leistungsfähigkeit (Herzfrequenz und Blutdruck) bei Senioren?

b. Führt ein aerob-zyklisches multimodales Bewegungstraining zu einer Veränderung der körperlichen Leistungsfähigkeit (Herzfrequenz und Blutdruck) bei Senioren?

c. Unterscheiden sich ein Tanz- und ein multimodales Bewegungstraining hinsichtlich der trainingsbedingten Veränderungen der körperlichen Leistungsfähigkeit (Herzfrequenz und Blutdruck)?

Hypothesen zu motorischen Veränderungen:

H4a: Ein sechsmonatiges Tanztraining verbessert die Gleichgewichtsfähigkeit von Senioren.

H4b: Ein sechsmonatiges multimodales Bewegungstraining führt zu einer Steigerung der Gleichgewichtsfähigkeit bei Senioren.

H4c: Die Gleichgewichtsleistungen der Senioren kennzeichnen nach multimodalem Bewegungstraining und nach Tanztraining unterschiedlich hohe übungsbedingte Leistungszuwächse.

H5a: Ein sechsmonatiges Tanztraining fördert anteilig konditionelle Fähigkeiten, jedoch nicht ausreichend, um die körperliche Leistungsfähigkeit bei Senioren zu steigern.

H5b: Ein sechsmonatiges multimodales Bewegungstraining führt zu einer Steigerung der körperlichen Leistungsfähigkeit bei Senioren.

H5c: Aufgrund der differenzierten Schwerpunktsetzung beider Trainingsinterventionen wirkt sich ein multimodales Bewegungstraining bestehend aus einem Ausdauer-, Kraft- und Beweglichkeitsanteil auf die körperliche Leistungsfähigkeit stärker aus als ein koordinatives, kognitives und konditionelles Tanztraining.

Fragestellungen zu motorischen und kognitiven Veränderungen bei Doppelaufgaben:

6. Welchen Einfluss haben ein sechsmonatiges Tanztraining und ein sechsmonatiges multimodales Bewegungstraining auf Doppelaufgaben (Dual Tasks) mit motorischer Erst- und kognitiver Zusatzaufgabe bei Senioren?

a. Führt ein sechsmonatiges Tanztraining zu Veränderungen von Dual-Task- Leistungen bei Senioren?

b. Führt ein sechsmonatiges multimodales Bewegungstraining zu Veränderungen in Dual-Task- Leistungen bei Senioren?

c. Gibt es Unterschiede bzgl. der Wirkung verschiedener Trainingsinterventionen auf die Dual-Task-Leistungen bei Senioren?

Hypothesen zu den motorischen und kognitiven Veränderungen bei Doppelaufgaben:

H6a: Ein sechsmonatiges Tanztraining führt zu verbesserten motorischen und kognitiven Leistungen unter Dual-Task-Bedingungen bei Senioren.

H6b: Ein sechsmonatiges multimodales Bewegungstraining führt zu verbesserten motorischen und kognitiven Leistungen unter Dual-Task-Bedingungen bei Senioren.

H6c: Da das Tanztraining gleichzeitig multiple Anforderungen auf kognitiver und motorischer Ebene an Senioren stellt, liegen gegenüber einem multimodalen Bewegungstraining höhere Zuwächse der Dual-Task-Leistungen vor.

Fragestellung und Hypothesen zu den Zusammenhängen zwischen neurostrukturellen, molekularen, kognitiven und motorischen Veränderungen:

7. Inwieweit bestehen Zusammenhänge zwischen möglichen strukturellen Veränderungen der grauen und weißen Substanz, Veränderungen in der BDNF-Konzentration und Veränderungen der kognitiven und motorischen Leistungen bei Senioren nach Beendigung der Trainingsinterventionen?

H7a: Strukturelle Veränderungen der grauen und weißen Substanz wirken sich auf kognitive Fähigkeiten, wie Aufmerksamkeit, Gedächtnis- und Exekutivfunktionen aus.

H7b: Zwischen den Strukturveränderungen der grauen und weißen Substanz und den motorischen Fähigkeiten wie dem Gleichgewicht besteht ein korrelativer Zusammenhang.

H7c: Mit den übungsbedingten Veränderungen des Gleichgewichts verändern sich auch die Aufmerksamkeitsleistungen.

H7d: Eine Erhöhung der BDNF-Konzentration geht mit verbesserten Gedächtnisleistungen einher.

4 Methoden

Die vorliegende Arbeit beschreibt eine Interventionsstudie im klassischen Prä-Post-Test-Design. Die Tänzer stellen hierbei die Interventionsgruppe und die Gesundheitssportler die aktive Kontrollgruppe dar. Auf eine inaktive Kontrollgruppe wurde bewusst verzichtet. Viele Studien belegen, dass körperliche Inaktivität zu weiteren physiologischen und kognitiven Abbauprozessen bei Älteren führt. Zudem ist es ethisch bedenklich, Ältere zur Inaktivität anzuhalten, wobei sich auch die Kontrolle des inaktiven Verhaltens als schwierig darstellt. In diesem Abschnitt werden die Stichprobe, die Interventionen sowie die Messinstrumente vorgestellt.

4.1 Stichprobe

Zunächst konnten über mehrere Zeitungsinserate 62 Seniorinnen und Senioren im Alter von 63 bis 80 Jahren für die Interventionsstudie gewonnen werden. Folgende Bedingungen führten zum Ausschluss der Studie: Metallische Implantate, Klaustrophobie, Tinnitus, Tätowierungen, Einnahme zentralwirkender Medikamente, bekannte neurologische Erkrankungen (z.B. Schlaganfall, Parkinson), behandelter Diabetes mellitus, Depressionen und die Ausübung sportlicher Aktivitäten (>1h/Woche). Verschiedene Screening-Verfahren wurden eingesetzt, um sicherzustellen, dass die Probanden körperlich und kognitiv gesund waren. Alle Screening-Instrumente zeichnen sich durch eine gute Validität, Reliabilität und Objektivität aus. Zur Erfassung der kognitiven Gesundheit kam der Mini Mental Status Test (MMST) von Folstein, Folstein & McHugh (1975) zum Einsatz, der die folgenden Items überprüft: Orientierung, Aufnahmefähigkeit, Aufmerksamkeit und Rechnen, Gedächtnis, Sprache, Ausführung einer Anweisung, Lesen, Schreiben sowie visuell-konstruktive Fähigkeiten. Ein MMSE-Wert unter 27 Punkte führte zum Ausschluss. Ein weiteres Screening-Instrument, der Becks Depression Inventar II (BDI) (Hautzinger, Bailer, Worall & Keller, 1995) gibt Auskunft über die Schwere depressiver Symptomatiken. Probanden mit einem BDI-Wert über 13 Punkte wurden aufgrund depressiver Auffälligkeiten von der Studie ausgeschlossen. Zur Ermittlung der körperlichen Leistungsfähigkeit wurde ein Stufentest, der Physical Working Capacity Test 130 (PWC130; Stemper, 1988) auf dem Fahrradergometer durchgeführt. Der PWC130 ist speziell für die körperlichen Bedingungen Älterer konzipiert und liefert Aussagen über das Verhalten physiologischer Werte, wie Herzfrequenz und Blutdruck, unter einer vorgegebenen Belastung. Auffällig hohe Blutdruckwerte führten zum Ausschluss aus der Studie. Durch die angewandten Screenings reduzierte sich die Stichprobengröße auf 57 Probanden. Auf der Grundlage eines anerkannten und computergestützten Randomisierungsverfahrens (www.randomization.com) konnten 28 Probanden randomisiert in die Tanzgruppe und 29 Probanden in die Gesundheitssportgruppe (kurz: Sportgruppe) aufgenommen werden (Abbildung 5). Die Gruppen unterschieden sich dabei nicht bzgl. Alter, Geschlecht, allgemeiner Intelligenz (MWT-B; Lehr, 2005), Depressivität (BDI-II), Bildungsjahre, kognitiver Gesundheit (MMSE) sowie körperlicher Leistungsfähigkeit (PWC130; siehe Kapitel 5.1).

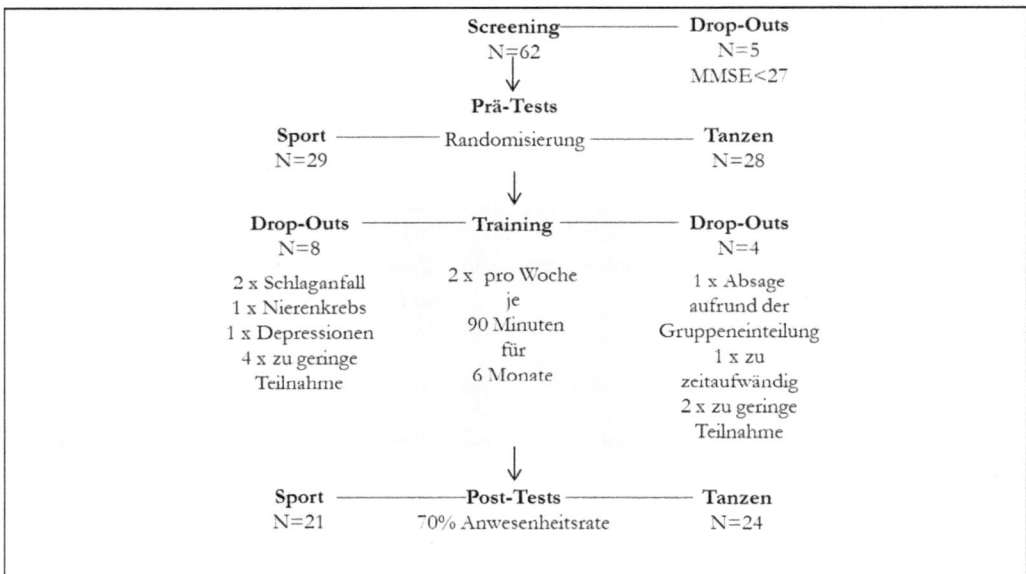

Abb. 5: Flussdiagramm zur Rekrutierung, zum Studiendesign und zu den Drop-Outs.

4.2   Interventionen

Sowohl die Tanzgruppe als auch die Sportgruppe trainierten zweimal pro Woche jeweils 90 Minuten für sechs Monate. Die Trainingsinhalte der Interventionen verfolgten differenzierte Schwerpunkte: Tanzen fokussierte die koordinativen Fähigkeiten, das Einspeichern und den Abruf nicht-automatisierter Bewegungskombinationen, Sport die konditionellen Fähigkeiten, primär die Ausdauer- und Kraftfähigkeit, die sich durch zyklische, automatisierte und alternierende Bewegungen auszeichnen. Trotz der differenzierten Schwerpunktsetzung wiesen die Programme die gleichen Bedingungsstrukturen auf. Die Interventionen wurden unter der Verwendung von Musik in der Gruppe durchgeführt, um mögliche psycho-soziale sowie emotionale Effekte in den Gruppen konstant zu halten. Die Trainingsbedingungen waren bezüglich der Dauer, Intensität und Frequenz in beiden Gruppen nahezu identisch. Die konditionelle Belastung wurde durch die Dokumentation der Pulswerte zu vier Zeitpunkten jeder Trainingseinheit erfasst. Jede Trainingseinheit begann mit einer 10-minütigen aeroben Erwärmung und endete mit einem 10-minütigen Cool Down. Im Folgenden werden nun die Schwerpunkte der Trainingsprogramme dargelegt.

4.2.1   Das sportive Tanztraining

Das Tanztraining (Abbildung 6) unterteilte sich in zwei Zyklen, wobei der erste Zyklus (Einsteiger) folgende Genres beinhaltete: Line Dance, Jazz Dance, Lateinamerikanischer Tanz, Rock'n'Roll und Square Dance. Das Trainingskonzept basierte auf dem Neulernen von Bewegungsmustern, die nicht wie zyklische Bewegungen (z.B. Laufen) automatisiert ablaufen. Dies gelang insbesondere durch den monatlich wechselnden Einsatz der verschiedenen Genres. Dabei mussten die zum größten Teil unbekannten Schrittmuster und Armbewegungen unter der Druckbedingung der dynamisch-rhythmischen Struktur der Zeit eingeprägt, abgerufen und wiedergegeben werden. Zusätzlich wies jedes Genre eine besondere Anforderung auf. Line Dance fokussierte insbesondere auf die Raumorientierung und die Gleichgewichtsfähigkeit, Square Dance die Orientierungsfähigkeit der Mittanzenden aufgrund häufiger Platz- und Richtungswechsel, der Lateinamerikanische Tanz insbesondere auf die Kopplungsfähigkeit von Arm- und Beinbewegungen und Rock'n'Roll akzentuierte die Geschwindigkeit als herausfordernde Komponente. Nach Beendigung des ersten Zyklus wurden die beschriebenen Genres im zweiten Zyklus (Fortgeschrittene) unter einem erhöhten Schwierigkeitsgrad bzw. Anforderungsprofil fortgesetzt. Gezielt wurden hierbei die Anzahl der Drehungen, Platzwechsel, der polyzentrischen und polyrhythmischen Elemente erhöht, die Taktgeschwindigkeit (das heißt, die Druckbedingung der Zeit) gesteigert oder einfach die Länge der einzuprägenden Choreografie angepasst.

4.2.2 Das multimodale Bewegungstraining

Das Trainingskonzept wurde nach gesundheitssportlichen Empfehlungen von Brehm, Janke, Sygusch & Wagner (2006) ausgerichtet, so dass sich der 60-minütige Hauptteil einer jeden Trainingseinheit zu gleichen Anteilen (je 20 Minuten) aus einem Ausdauertraining, einem Kraftausdauertraining und einem Beweglichkeitstraining zusammensetzte (Abbildung 7). Das Ausdauertraining wurde auf einem Fahrradergometer durchgeführt, wobei sich die Belastung nach der individuell berechneten Trainingsherzfrequenz nach Karvonen (1957) richtete. Das Kraftausdauertraining fokussierte die Kräftigung der großen Muskelgruppen durch alternierende Übungen (bspw. Bizeps Curls, Kniebeugen, Sit-ups). Es wurde bewusst darauf geachtet, den koordinativen Anspruch der Übungen gering zu halten; So wurden die Muskelgruppen der Beine, der Arme und des Bauches sowie des Rückens einzeln und nicht in Kombination trainiert. Der Trainingsumfang richtete sich nach dem Kraftausdauerprinzip, das bedeutet: viele Wiederholungen und kurze Pausenzeiten (3 x 15 Wiederholungen, 30 Sekunden Pause). Die Kraftausdauerübungen wurden mit unterschiedlichen Trainingsgeräten ausgeübt, die alle drei Wochen gewechselt wurden.

Abb. 6: Tanztraining. Darstellung verschiedener Formationen wie Reihenaufstellung (Line Dance), Kreisformation (Square Dance), Blockaufstellung (Jazz Dance).

Abb. 7: Multimodales Bewegungstraining: Ausdauer auf dem Fahrradergometer, Kraftausdauer mit Kleingeräten (Pezziball) und Beweglichkeit (Dehnung und Mobilisation).

Zunächst wurde das Training ohne Gerät nur mit dem eigenen Körpergewicht ausgeführt, um die richtige Technik zu vermitteln. Danach erfolgte das Training mit Kleinhanteln, Stab, Theraband, Redondoball, Pezziball sowie mit Alltagsgegenständen. Das Beweglichkeitstraining zielte auf die Mobilisation der Bänder, Sehnen und Muskeln, die an den Gelenken ansetzen, sowie auf die Dehnung der großen Muskelgruppen.

Im Nachfolgenden werden nun die Messinstrumente beschrieben. Zur Übersichtlichkeit der eingesetzten Mess- und Testverfahren werden diese unter den folgenden Abschnitten vorgestellt: Neurostrukturelle und molekulare Verfahren, neuropsychologische Testverfahren und motorische Mess- bzw. Testverfahren.

4.3 Neurostrukturelle und molekulare Verfahren

Morphologische Veränderungen des Gehirns, beispielsweise die strukturelle Volumenveränderung der grauen und weißen Substanz, lassen sich am besten mit der Magnet-Resonanz-Tomographie (MRT) quantifizieren. Die Grundlage der MR-Technik beruht auf einem starken Magnetfeld und hochfrequenten Radiowellen. Die Bildgebung basiert dabei auf den magnetischen Eigenschaften der Wasserstoffatome, welche unter der Wirkung eines äußeren Magnetfeldes im Körper in einer geeigneten Weise im Magnetfeld ausgerichtet werden, um sie dann mittels hochfrequenter Radiowellen in Resonanz zu bringen. Bei der strukturellen Messung wurden auf Grundlage der Daten die graue und weiße Substanz erfasst. In dieser Studie wurden die bildgebenden Daten mittels eines Siemens MAGNETOM Verio 3 Tesla Magnet-Resonanz-Tomographen (Syngo MR B17) erhoben. Die Gesamtdauer der MRT-Messung betrug 70 Minuten und gliederte sich in eine Vormessung, strukturelle Messung, funktionelle Messung und eine abschließende Diffusionsmessung. Die Ergebnisse zu den funktionellen Messungen werden in dieser Arbeit nicht beschrieben. Hauptschwerpunkt bildeten die Daten der strukturellen Messung, die mittels voxelbasierter Morphometrie (VBM) analysiert wurden, die VBM wird daher in diesem Abschnitt ausführlich vorgestellt. Die wichtigsten messtechnischen Kennziffern zur strukturellen und zur Diffusionsmessung werden in aller Kürze genannt.

4.3.1 Die strukturelle Bildgebung

Zunächst wurden T1-gewichtete Ganzhirn-MR-Bilder in einer Akquisitionszeit (TA) von 6 min 29 s aufgenommen. Es wurden 224 Schichten im 3-D-Block bei einer Voxelgröße von 0,8 x 0,8 x 0,8 mm³, einer Repetitionszeit (TR) von 2500 ms, einer Echozeit (TE) von 3,47 ms und einer Inversionszeit (TI) von 100 ms erfasst. Der Flipwinkel betrug 7°. Die Datenanalyse und -verarbeitung basierte auf der VBM-Methode und wird zunächst allgemein beschrieben. Die VBM ist ein statistisches Analyseverfahren, dass eine voxelweise (Bildpunkt) Erfassung räumlich normalisierter MR-Bilder erlaubt, um Gruppen hinsichtlich der Dichte der grauen und weißen Substanz miteinander zu vergleichen. Der Inter- und Intra-Subjektvergleich wird durch eine räumliche Normalisierung der Individualhirne auf ein Hirntemplate in einem standardisierten Raum ermöglicht. Die Grundlage der räumlichen Normalisierung bildet ein standardisierter Raum (Talairach-Raum oder MNI), der mit stereotaktischen Koordinaten versehen ist, d,.h.: in diesem Raum wird ein Nullpunkt bzw. Koordinatenursprung definiert, so dass alle Punkte des Bildes als normierte Koordinaten angegeben werden können. Den Nullpunkt bildet auch in dieser Arbeit die Commissura anterior (CA oder AC) und bezieht die Linie zwischen anteriorer und posteriorer Kommissur zur Ausrichtung des Koordinatenraumes mit ein. Das ermöglicht eine vergleichende Analyse mehrerer Gehirne (Gaser, 2008). Bei der Anpassung des individuellen Gehirns auf das Referenzhirn gibt es verschiedene Möglichkeiten. Handelt es sich um Bilder der gleichen Person (wie bei longitudinalen Messungen im Zeitverlauf), kommt die Verschiebung und Rotation zur Anwendung. Die Bild- bzw. Gehirngröße bleibt dabei unverändert, weshalb auch von einer rigiden oder starren Transformation gesprochen wird. Werden hingegen Bilder unterschiedlicher Personen verglichen, muss zusätzlich die Bildgröße durch eine Vergrößerung, Verkleinerung oder Scherung korrigiert werden. Neben der linearen Normalisierung können Bilder auch nicht-linear angepasst werden. Der Unterschied besteht darin, dass auch regionale Unterschiede zwischen zwei Gehirnen durch Verzerrung bzw. Deformierung minimiert werden. Hierdurch wird eine genauere Anpassung der Gehirne an das Referenzhirn erreicht.

In einem nächsten Schritt, der Segmentierung, werden die normalisierten Bilder in graue Substanz, weiße Substanz sowie Cerebrospinalflüssigkeit (CSF) unterteilt. Bei der Segmentierung wird zunächst ein Histogramm des Bildes bestimmt, dass sich aus den unterschiedlichen Häufigkeiten der Bildhelligkeit (Intensitäten) zusammensetzt. Die geringsten Bildintensitäten werden dem Hintergrund zugeordnet. Danach folgen die CSF und die graue Substanz. Die höchste Bildintensität hat die weiße Substanz. In diese Häufigkeitsverteilungen werden vier Gausskurven eingepasst. Jede Gausskurve hat einen Maximalwert, der den mittleren Helligkeitswert der jeweiligen Verteilung angibt (Gaser, 2008). Bildintensitäten, die nun dem Mittelwert der grauen Substanz entsprechen, stellen mit sehr großer Wahrscheinlichkeit diesen Gewebetyp dar. Als weitere Information wird die räumliche Verteilung der Gewebetypen einbezogen. Würde man nur die Intensität zur Beurteilung heranziehen, könnte es im Bereich des Schädels zur fehlerhaften Segmentierung kommen. Die Verbindung beider Informationen (Intensität und räumliche Verteilung) erfolgt über einen Bayes-Schätzer.

Nach diesen Verarbeitungsschritten kann ein statistischer Vergleich (siehe Kapitel 4.7.2 zur Statistik) auf einer voxelweisen Basis erfolgen. Das im Bereich VBM am häufigsten eingesetzte Software-Programmpaket ist das „Statistical Parametric Mapping", kurz SPM (Wellcome Trust

Centre for Neuroimaging, London, UK; www.fil.ion.ucl.ac.uk/spm), das ständig weiter entwickelt wird. In dieser Arbeit wurde die aktuellte Version SPM12 verwendet, die im Oktober 2014 veröffentlicht wurde. Im Vergleich zu den vorherigen, etablierten Versionen (SPM99, SPM5, SPM8) ist es nun möglich, longitudinale Studien im Gruppenvergleich auszuwerten (Ashburner & Ridgway, 2013). SPM12 zeichnet sich hierbei durch eine hohe interne Konsistenz aus. Sie kommt in dieser Arbeit zum Tragen, da bereits bei der Vorverarbeitung Fehlerquellen minimiert werden. Der Vorteil dieser Methode besteht darin, dass Bilder (Scans) von einem Probanden zu beiden Zeitpunkten (Prä und Post) paarweise registriert werden, somit verringert sich die Zwischen-Subjekt-Varianz. Konventionelle Methoden registrieren jedes Bild zum Prä- und Postzeitpunkt einzeln, was zu Interpolationsfehler führt. Die weiterführenden Verarbeitungsschritte wurden auch verbessert: Durch die Implementierung der Jacobi-Determinanten werden nun viel präzisere Differenzbilder eines jeden Probanden mit den segmentierten 3DKarten der grauen und weißen Substanz erstellt. Das führt wiederum zu genaueren Aussagen zur Volumenänderung über die Zeit (basierend auf Graustufenintensitäten). Die räumliche Normalisierung in dem standardisierten MNI-Raum erfolgte mit DARTEL (Diffeomorphic Anatomical Registration Through Exponentiated Lie Algebra; Ashburner, 2007). Abschließend wurden alle MRT-Bilder mit einem Gauß-Kernel von 8mm FWHM (full width at half maximum) geglättet.

4.3.2   Die Diffusions-Tensor-Bildgebung (DTI)

Die Messdauer belief sich auf 14 Minuten, wobei die Voxelgröße 2,0 x 2,0 x 2,0 mm^3 betrug. Insgesamt wurden 70 Schichten in 30 Richtungen bei einer TR von 12700ms und einer TE von 81ms aufgenommen. Die diffusionsgewichtete Bildgebung misst die Bewegung von Wassermolekülen im Gewebe. Dabei sendet der Tomograph Pulse elektromagnetischer Wellen aus, die das Gewebe je nach Geschwindigkeit der Wasserteilchen als verschieden starke Echos zurückwirft. Dadurch lassen sich große Faserbündel zuverlässig erkennen, da Flüssigkeit entlang der Axone rascher diffundiert als in anderen Richtungen (Goebel & Zimmermann, 2011). Bei der DTI gewinnt man also Informationen über die Lage der Faserbahnen in der weißen Hirnsubstanz. Der Aufbau sowie die Dichte des Geflechts sind entscheidend für zahlreiche motorische und kognitive Leistungen des Gehirns. Mit einer einzelnen Messung erfasst der Scanner die Diffusion an mehreren Millionen Orten im Gehirn. Bei den Aufnahmen wird das Gehirn in unzählige kleine Quader von wenigen Millimetern Kantenlänge eingeteilt. Man spricht dabei von Voxel (zusammengesetzt aus volumetric pixel). In jedem dieser Raumelement wird Schicht für Schicht die Bewegung der Wassermoleküle erfasst (Goebel & Zimmermann, 2011). Je Durchgang kann nur eine Diffusionsrichtung gemessen werden, deshalb wird die Aufnahme mehrmals für unterschiedliche Orientierungen durchgeführt. Für jeden Voxel erfährt man, „wie stark sich die Zellflüssigkeit in den untersuchten Richtungen bewegt" (Goebel & Zimmermann, 2011). Diese Werte werden als Ellipsoid visualisiert und mathematisch als dreidimensionaler Tensor ausgedrückt. Aus dem für jeden Voxel berechneten Tensor kann die durchschnittliche Diffusivität (MD) berechnet werden. Diese besagt, wie stark sich die Wassermoleküle bewegen, was davon abhängt, ob sie durch Hindernisse (Zellmembran) müssen. Der Tensor gibt auch Auskunft darüber, wie stark eine bestimmte Diffusionsrichtung vorherrscht. Man spricht hierbei von dem Maß der fraktionellen Anisotropie (FA). Die FA ist umso höher, je paralleler die Diffusionsbarrieren (Zellmembran) in einem Voxel sind (Goebel & Zimmermann, 2011). Zur Auswertung der diffusionsgewichtete MR-Bilder wird die Track-based spatial statistics (TBSS) verwendet. Diese Methode vereint die Vorteile der VBM und des pfadbasierten Ansatzes (tractography-based approach) und gleicht deren Nachteile aus. So besteht der Vorteil der VBM darin, dass sie vollautomatisiert und einfach in der Anwendung ist und das ganze Gehirn untersuchen kann, ohne sich auf bestimmte Regionen vorher festzulegen. Nachteilig erweisen sich die Ungenauigkeit der Anpassung der Gehirne und die fehlenden Richtwerte zur Datenglättung (Smith et al., 2006). Der pfadbasierte Ansatz erfordert dagegen keine Glättung und weist keine Anpassungsfehler auf, jedoch können bei dieser Methode nur vordefinierte Pfade analysiert werden und nicht das ganze Gehirn. Die TBSS setzt auf die Stärken beider Ansätze und versucht, die Anpassungs- und Glättungsprobleme zu lösen und weist sich durch eine vollautomatisierte Anwendung aus, um das ganze Gehirn zu untersuchen. Das wird erreicht, indem ein gemitteltes gruppenspezifisches FA-Skelett (group mean skeleton) berechnet wird, welches das Zentrum aller Faserbündel präsentiert, die grundsätzlich gemeinsam bei den Studienteilnehmern involviert sind. Die FA-Daten eines jeden Probanden werden auf das FA-Skelett so angepasst, dass jedes Skelett-Voxel den FA-Wert des lokalen Zentrums des nächstliegenden relevanten Nervenbündels annimmt. Eine detaillierte Beschreibung zu den Schritten der Vorverarbeitung, der nicht-linearen Registrierung, der Bildung der gemittelten FA-Bilder und dem Skelett sowie der Überführung der FA-Daten auf das Skelett, sind bei Smith et al. (2006) beschrieben.

4.3.3 Blutanalysen

Das BDNF spielt eine wichtige Rolle beim axonalen und dendritischen Wachstum von Neuronen sowie bei der Gehirnplastizität und ist mit Gedächtnis- und Lernprozessen assoziiert. Das BDNF wird im zentralen Nervensystem im Hippocampus exprimiert und weist in dieser Region die höchste Konzentration auf. Untersuchungen zeigten, dass die Bildung von BDNF ebenfalls in Leukozyten, Monozyten, Muskelzellen und Fibroblasten erfolgt (Cartwright et al., 1994). Es gibt Hinweise, dass BDNF die Blut-Hirn-Schranke passieren kann (Pan et al., 1998) und dass ca. 75% des im Blutplasma vorhandenen BDNF aus dem Gehirn stammen (Krabbe et al. 2007; Rasmussen et al., 2009). Obwohl T- und B-Lymphozyten sowie Monozyten BDNF synthetisieren und freisetzen können, ist der daraus resultierende BDNF-Gehalt im Blut vernachlässigbar gering (Kerschensteiner et al., 1999). Thrombozyten, die selber kein BDNF synthetisieren, speichern hingegen besonders viel BDNF. Sie können BDNF – vermutlich über Rezeptor-vermittelte Endozytose – aktiv aufnehmen und entleeren ihre BDNF-Speicher bei der Blutgerinnung oder bei der Einwirkung von Sekretionsstimulantien (Fujimura et al. 2002; Karege et al., 2005). Das im Blutserum nach der Gerinnung nachweisbare BDNF stammt zu mindestens 95% aus den Blutzellen der Thrombozyten (Brigadski & Lessmann, 2014). Nach Brigadski und Lessmann (2014) heißt es also, dass das Plasma-BDNF die BDNF-Konzentration im ZNS widerspiegelt und dass das Serum-BDNF ein Repräsentant für das peripher-gebildete BDNF in den Blutzellen darstellt. In der Tierstudie von Karege et al. (2002) konnte hingegen gezeigt werden, dass Serum-BDNF positiv mit dem BDNF im ZNS korreliert, so dass gemutmaßt wird, dass die Serum-Konzentration die Konzentration im ZNS reflektiert. Es ist also unklar, welcher Bestandteil des Blutes die BDNF-Konzentration im ZNS repräsentiert; deswegen wurden in dieser Studie sowohl das Plasma-BDNF, das Serum-BDNF und das Vollblut-BDNF analysiert. Die Blutabnahmen erfolgten zum Prä-Test und nach der Intervention zum Posttest. Die Probanden kamen vormittags in der Zeit zwischen 08:00 Uhr und 09:00 Uhr nüchtern (ohne Essen und Trinken) zur Blutabnahme. Das Blut wurde aus der Ellenbeuge der Armvene entnommen, wobei 9 ml Blut in ein Serum-Röhrchen (Serum), 4 ml Blut in ein EDTA-Röhrchen (Vollblut) und 4 ml Blut in ein Lithiumheparin-Röhrchen (Plasma) zur Weiterverarbeitung gefüllt wurden. Die Analyse des Plasma-, Serum- und Vollblut-BDNF erfolgte mit einem ELISA Kit (Enzyme Linked Immuno Sorbent Assay).

4.4   Neuropsychologische Verfahren

Eine erste Übersicht zu den neuropsychologischen Testverfahren ist in der Tabelle 1 dargestellt und informiert über die getesteten neuropsychologischen Funktionen. Die einzelnen Tests werden hierbei den einzelnen kognitiven Funktionen zugeordnet, wie den Exekutivfunktionen, dem Gedächtnis, der Aufmerksamkeit sowie der Verarbeitungsgeschwindigkeit. Insgesamt wurden 14 neuropsychologische Tests an zwei Testtagen durchgeführt. Ein Testtag dauerte dabei zwei Stunden.

4.4.1   Die Testbatterie zur Aufmerksamkeitsprüfung (TAP)

Die TAP setzt sich aus 13 Untertests zusammen, die auf einfachen Reaktionsparadigmen basieren. Es ist eine computerbasierte Testbatterie, in der auf gut unterscheidbare, meist sprachfreie Reize durch simple Betätigung der Computertastatur reagiert werden soll. Die für diese Studie relevanten Tests setzen sich aus Alertness, Go/Nogo, geteilte Aufmerksamkeit und Flexibilität zusammen. Zur Beurteilung der Leistung werden in allen vier Tests die Reaktionsgeschwindigkeit sowie die Anzahl der Fehler und Auslassungen gemessen (Zimmermann & Fimm, 2002). Die Tests werden nachfolgend kurz erläutert.

- Alertness

Die Alertness oder Wachheit gibt Auskunft über die allgemeine Verarbeitungsgeschwindigkeit und spiegelt mögliche Verlangsamungen wieder, die durch Alterungsprozesse eintreten (Zimmermann & Fimm, 2002). Hierbei wird die mittlere Reaktionszeit des Probanden unter zwei Bedingungen erfasst: Zum einen erfolgt eine einfache Reaktionszeitmessung, „bei der in zufällig variierenden Intervallen ein Kreuz auf dem Bildschirm erscheint, auf das so schnell wie möglich mit einem Tastendruck reagiert werden soll" (Zimmermann & Fimm, 2002, S.12). Erfasst wird dabei die intrinsische Alertness, da die Aufrechterhaltung der Reaktionsbereitschaft über einen längeren Zeitraum gemessen wird. Verlängern sich die Reaktionszeiten im Laufe des Tests, kann man von einer Ermüdung des Wachheitszustandes (tonisches Arousal) ausgehen.
In der zweiten Bedingung wird dem kritischen Reiz ein Hinweisreiz mittels eines Warntons vorausgesandt. Bei dieser Form wird die phasische Alertness oder die zeitliche Ausrichtung des

Aufmerksamkeitsfokus erfasst, indem die Aufmerksamkeit kurzzeitig auf ein erwartetes Ziel hingelenkt wird (Bartels-Bräkow, 2015). Insgesamt dauert der Test fünf Minuten und setzt sich aus vier Durchgängen mit jeweils 20 Zielreizen zusammen. Die vier Durchgänge entsprechen dem ABBA-Design, d.h., der erste Durchgang und der vierte Durchgang laufen ohne Warnton (Hinweisreiz), der zweite und dritte Durchgang werden mit Warnton präsentiert. Durch den Hinweisreiz (Warnton) wird die Konzentration der Aufmerksamkeit auf das Erscheinen eines einfachen visuellen Zielreizes gelenkt.

Tab. 1: Übersicht der durchgeführten neuropsychologischen Testverfahren (vgl. Lüders, 2013).

Neuropsychologisches Testverfahren	Neuropsychologische Funktion		Autoren
Regensburger Wortflüssig-keits-Test (RWT)	Verbale phonematische & semantische Flüssigkeit & Flexibilität	Exekutivfunktionen	Aschenbrenner et al. (2000)
Zahlennachsprechen rückwärts (WMS-R; ZSP rückwärts)	Verbales Arbeitsgedächtnis		Härting et al. (2000)
Zahlennachsprechen vorwärts (WMS-R; ZN vorwärts)	Verbales Kurzzeitgedächtnis	Gedächtnis	Härting et al. (2000)
Verbaler Lern- und Merkfähigkeitstest (VLMT)	Lernleistung, kurzfristiger und langfristiger Abruf, Wiedererkennung; Störanfälligkeit		Helmstaedter et al. (2001)
Paired Associates Learning (PAL-CANTAB)	Visuelles Gedächtnis und Lernen		Downes et al. (2006)
Spatial Span (SSP-CANTAB)	Arbeitsgedächtniskapazität		Downes et al. (2006)
Rey-Osterrieth-Complex-Figure Test (ROCF)	Visuo-konstruktive Fähigkeiten; verzögerte visuell-räumliche Gedächtnisleistungen	(Visuo-Konstruktion)	Shin (2006)
Alertness (Testbatterie zur Aufmerksamkeitsprüfung, TAP)	Tonische und phasische Alertness	Aufmerksamkeit	Zimmermann & Fimm (2002)
Go/Nogo (Testbatterie zur Aufmerksamkeitsprüfung, TAP)	Selektive Aufmerksamkeit, Inhibitionsfähigkeit		Zimmermann & Fimm (2002)
Geteilte Aufmerksamkeit (Testbatterie zur Aufmerksamkeitsprüfung, TAP)	Fähigkeit zur Aufmerksamkeitsteilung auf simultan ablaufende Prozesse		Zimmermann & Fimm (2002)
Flexibilität (Testbatterie zur Aufmerksamkeitsprüfung, TAP)	Fähigkeit zur flexiblen Kontrolle des Aufmerksamkeitsfokus		Zimmermann & Fimm (2002)
Delayed Matching to Sample (DMS-CANTAB)	Wiedererkennung/ Mustertrennung		Downes et al. (2006)
Zahlen-Verbindungs-Test (ZVT)	Visuomotorische Verarbeitungsgeschwindigkeit	Aufmerksamkeit/ Verarbeitungsgeschwindigkeit	Oswald & Roth (1987)
Match to Sample (MTS-CANTAB)	Wiedererkennung/ Mustertrennung		Downes et al. (2006)

- Go/Nogo

Bei diesem Paradigma werden besonders schnelle Reaktionen provoziert, indem man in scheinbar willkürlicher Reihenfolge Zielreize und Störreize darbietet, die aufgrund ihrer Ähnlichkeit (z.B. die Symbole „Plus" und „Kreuz") eine hohe Diskriminierungsleistung erfordern. Der Aufmerksamkeitsfokus wird auf das vorhersehbare Erscheinen von Reizen gerichtet, die dann eine selektive Reaktion erfordern, d.h., auf die entweder zu reagieren oder nicht zu reagieren ist (Zimmermann & Fimm, 2002). Bei der Unterform „1 aus 2" werden innerhalb von zwei Minuten 40 Reize präsentiert, wovon 50% kritisch zu beurteilen sind. Bei diesem Test wird, abgesehen von der Reaktionszeit (RT), die falsche Reaktion auf den Reiz gemessen und gezählt (Bartels-Bräkow, 2015).

- Geteilte Aufmerksamkeit

Das Doppelaufgabenparadigma besteht zum einen aus einer visuellen Aufgabe und zum anderen aus einer auditiven Aufgabe, die es simultan zu bewältigen gilt. Das Ziel besteht in der Detektion eines Zielreizes in beiden Aufgaben (Zimmermann & Fimm, 2002). Insgesamt werden 200 auditive Reize in Form von Tönen dargeboten, von denen 16 als kritisch zu betrachten sind. Die visuelle Aufgabe umfasst 100 Reize, wovon 17 kritisch sind. Der Test dauert drei Minuten. Gemessen werden die Fehler, die Auslassungen und die Reaktionszeiten.

- Flexibilität

Das Prinzip der Flexibilität beinhaltet die Fähigkeit, sich von einem Objekt oder einer Aufgabe abzuwenden, um sich wirksam mit einem neuen Objekt oder einer neuen Aufgabe auseinanderzusetzen. Diese Fähigkeit wird auch als „set shifting" bezeichnet. Bei dieser Aufgabe erscheinen auf dem Bildschirm immer gleichzeitig ein Buchstabe und eine Zahl. Der Proband soll per Tastendruck entscheiden, auf welcher Seite sich zunächst der Buchstabe befindet (rechts oder links auf dem Bildschirm) und beim nächsten Durchgang die Zahl. Dazu sind zwei Taster platziert, wobei der rechte Indexfinger auf dem rechten Taster liegt und der linke Indexfinger auf dem linken Taster. Der Proband muss nun immer zwischen Buchstabe und Zahl wechseln. Die Anordnung auf dem Bildschirm kann variieren.Es werden die Reaktionszeit und die Fehler gemessen.

4.4.2   Der Zahlen-Verbindungs-Test (ZVT)

Der ZVT von Oswald und Roth (1987) ist ein sprachfreier Test zur Messung der kognitiven Leistungs- sowie der Verarbeitungsgeschwindigkeit und erfasst die fluide Intelligenz. Das Testkonstrukt besteht aus vier parallelisierten Zahlen-Matrizen A, B, C und D, die sich hinsichtlich der Ziffernanordnung unterscheiden. Dabei stellt Matrize D eine Spiegelung der Matrize B dar (vgl. Oswald & Roth, 1987, S. 12). Jede der vier Matrizen besteht aus 90 Ziffern, die in 30 Sekunden miteinander verbunden werden müssen. „Die jeweils aufzusuchende nächste Ziffer befindet sich in unmittelbarer Nachbarschaft der zuletzt bearbeiteten Ziffer [...] und ist durch eine gerade Verbindungslinie erreichbar" (Oswald & Roth, S. 12). Durch das vorgegebene Zeitlimit von 30 Sekunden werden individuelle Ziffern erreicht, die Auskunft über das Verarbeitungstempo geben.

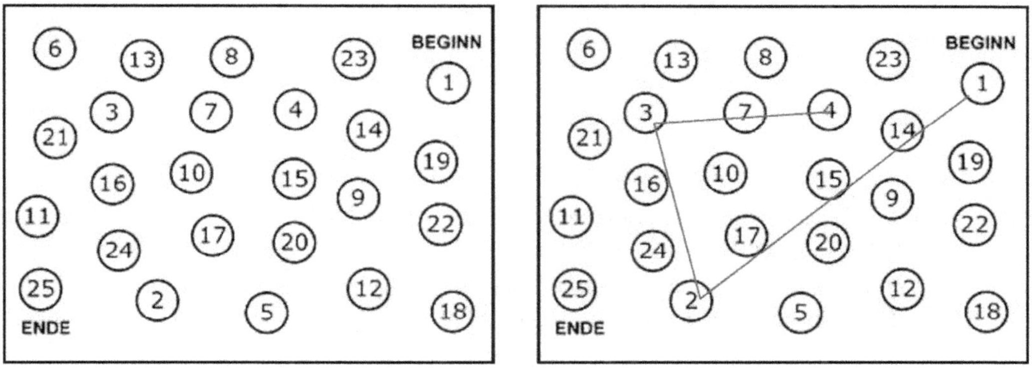

Abb. 8: Beispielmatrize des ZVT (links unbearbeitet und rechts bearbeitet).

Zur Auswertung wird die Testleistung insgesamt betrachtet. Das heißt, die Testleistungen der vier Matrizen werden summiert, gemittelt und dann in das Verarbeitungstempo (Bit pro Sekunde) umgerechnet. Die Umrechnungswerte sind aus der Tabelle des Testmanuals zu entnehmen (Oswald & Roth, 1987).

4.4.3   Der Regensburger Wortflüssigkeitstest (RWT)

Der RWT (Aschenbrenner, Tucha, & Lange, 2001) untersucht die semantische Wortflüssigkeit und die formallexikalische Wortflüssigkeit sowie den dazugehörigen Kategorienwechsel, der zu der kognitiven Fähigkeit des divergenten (kreativen) Denkens gehört. Bei der Überprüfung der formallexikalischen Wortflüssigkeit soll der Proband innerhalb von zwei Minuten so viel Wörter wie möglich mit einem vorgegebenen Anfangsbuchstaben aufsagen. Zur weiteren Aufgabe der formallexikalischen Erfassung zählt der Kategorienwechsel. Dabei wird stets zwischen zwei Anfangsbuchstaben gewechselt, wobei auch alle Substantive, Verben, Adjektive und Adverbien genannt werden dürfen. Ziel ist es, innerhalb von zwei Minuten so viel Wörter wie möglich mit zwei unterschiedlichen Anfangsbuchstaben zu nennen. Bei der semantischen Wortflüssigkeit sollen die Teilnehmer so viel Wörter wie möglich aus einer vorgegebenen Kategorie aufzählen und bei dem semantischen Kategorienwechsel sollten aus zwei entfernten Kategorien abwechselnd Wörter genannt werden (Tabelle 2).

Zu den Regelbrüchen zählen die Nennung von Namen, Eigennamen, Anglizismen sowie Wörtern mit demselben Wortstamm oder die Wiederholung von Wörtern.

Tab. 2: Überblick zu den verwendeten Untertests des RWT (Aschenbrenner et al., 2001).

Flüssigkeitsparadigma	Untertest
Formallexikalische Wortflüssigkeit	M-Wörter
Formallexikalischer Kategorienwechsel	Wechsel G-R-Wörter
Semantisch-kategorielle Flüssigkeit	Tiere
Semantischer Kategorienwechsel	Wechsel Kleidungsstücke-Blumen

Zu den weiteren Fehlern zählen Kategorienperseverationen, d.h. die Wiederholung desselben Anfangsbuchstabens oder derselben Kategorie. Zur Auswertung werden dann die Anzahl der genannten Wörter abzüglich der gemachten Fehler einbezogen, die zu einem Rohpunktwert addiert werden

4.4.4 Die Zahlenspanne vorwärts und rückwärts des WMS-R (ZSP)

Der Wechsler Gedächtnistest - Revidierte Fassung (Härting, Markowitsch, Neufeld, Calabrese, Deisinger, & Kessler, 2000) besteht aus 13 Untertests und erfasst ein breites Spektrum von verbalen und non-verbalen Kurz- und Langzeitgedächtnis-Aufgaben sowie Aufmerksamkeitsfunktionen. Die Zahlenspanne vorwärts und rückwärts zählt zu den Untertests. Bei der Zahlenspanne vorwärts wird dem Proband eine Zahlenfolge vorgelesen (z.B. 5-4-7), die im unmittelbaren Anschluss verbal wiederholt werden soll. Die zu reproduzierende Zahlenfolge steigert sich von drei (z.B. 4-8-1) bis zu acht (z.B. 8-3-5-1-2-7-4-9) Zahlen. Auch wenn der erste Versuch richtig wiedergegeben wird, muss der zweite Versuch durchgeführt werden. Der Test wird abgebrochen, wenn beide Versuche misslingen. Der Testkennwert bildet die Anzahl der Durchgänge der richtig reproduzierten Zahlenspanne, wobei der Maximalwert bei zwölf liegt. Die Zahlenspanne vorwärts bildet die Leistung des Kurzzeitgedächtnisses ab.

Auch bei der Zahlenspanne rückwärts werden dem Probanden Zahlen verbal dargeboten, die in der Länge der Abfolge zunehmen (von zwei bis zu sieben Zahlen). Die Zahlen werden vom Testleiter vorwärts vorgelesen und sollen vom Proband rückwärts verbal wiedergegeben werden. Mit diesem Test müssen die Zahlen also im Arbeitsgedächtnis gehalten und manipuliert werden. Auch hier werden immer beide Versuche dargeboten, wobei der Test abgebrochen wird, wenn beide Versuche fehlerhaft sind. Die Zahlenspanne rückwärts erfasst die Leistung bzw. die Kapazität des Arbeitsgedächtnisses. Die Retestreliabilität nach sechs Monaten liegt bei gesunden Probanden bei $r_{tt} = 0,83$ (Härting et al., 2000).

4.4.5 Der Rey-Osterrieth-Complex-Figure Test (ROCFT)

Der ROCFT (Meyers & Meyers, 1995) misst die visuell-räumlichen konstruktiven Fähigkeiten und das visuell-räumliche Gedächtnis. Der Test besteht aus einer Figur, die sich aus 18 geometrischen Elementen zusammensetzt. Abbildung 9 zeigt eine exemplarische Nachbildung der Figur.

Die Aufgabe besteht aus:

- dem Abzeichnen der komplexen Figur (Kopie)
- einem unmittelbaren Abruf der Figur aus dem Gedächtnis nach drei Minuten
- einem verzögerten Abruf der Figur aus dem Gedächtnis nach 30 Minuten
- einer Wiedererkennensaufgabe der einzelnen Bestandteile

Die Bewertungsgrundlage richtet sich nach der Qualität und Quantität. Das bedeutet, dass das Element zum einen richtig platziert und zum anderen vollständig gezeichnet sein muss. Zudem werden die benötigten Zeiten für die Kopie und die Reproduktion der Figur im unmittelbaren und verzögerten Abruf erfasst. In der nachfolgenden Tabelle 3 sind die Bewertungskriterien zusammengefasst. Aus der Tabelle 3 ist ersichtlich, dass pro Element null bis zwei Punkte vergeben

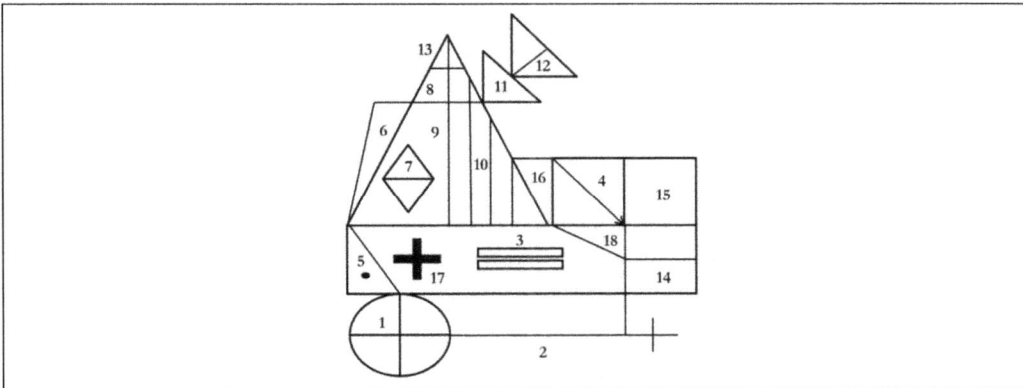

Abb. 9: Beispiel-Figur bestehend aus 18 geometrischen Elementen.

werden können, so dass eine maximale Gesamtpunktzahl von 36 Punkten erreicht werden kann. Da die Figur einmal abgezeichnet wird (Kopie) und zweimal aus dem Gedächtnis (ohne Kopiervorlage) reproduziert werden muss, kann dieser Rohpunktwert dreimal erreicht werden.

Die Wiedererkennungsleistung bezieht sich auf die Fähigkeit zur Nutzung von Hinweisen für den Informationsabruf. Bezüglich der ROCFT werden dem Probanden 24 Elemente gezeigt, wobei 12 davon tatsächlich Bestandteil der Figur sind und wiedererkannt werden sollten.

Tab. 3: Bewertungskriterien für das Zeichnen der Rey Figur (Meyers & Meyers, 1995).

Bewertung	Genauigkeit	Platzierung
2 Punkte	Richtig gezeichnet	Korrekt platziert
1 Punkt	Richtig gezeichnet	Inkorrekt platziert
1 Punkt	Ungenau gezeichnet	Korrekt platziert
0,5 Punkte	Ungenau gezeichnet, aber erkennbar	Inkorrekt platziert
0 Punkte	Ungenau gezeichnet und nicht erkennbar oder ausgelassen	Inkorrekt platziert

4.4.6 Der Verbale Lern- und Merkfähigkeitstest (VLMT)

Der VLMT erfasst die Leistungen des verbalen deklarativen episodischen Gedächtnisses (Helmstaedter et al., 2001). Der Test besteht aus einer Lernliste, die 15 semantisch unabhängige Wörter umfasst. In der Lernphase, bestehend aus 5 Durchgängen (DG), wird die Liste dem Probanden vorgelesen. Unmittelbar nach der Darbietung soll der Proband so viele Wörter wie möglich aus dem Gedächtnis abrufen, wobei die Reihenfolge keine Rolle spielt. Im Anschluss an die gesamten Lerndurchgänge erfolgt die Präsentation einer Interferenzliste als Störmechanismus, die aus 15 anderen Wörtern besteht, die dann unmittelbar wiedergegeben werden sollen. Ohne eine weitere Darbietung der Lernliste wird im Durchgang sechs die Wiedergabe der im Durchgang eins bis fünf gelernten Wörter gefordert. Diese Variable wird als unmittelbarer Abruf nach der

Interferenzliste bezeichnet. 30 Minuten nach der letzten Darbietung sollen erneut so viel Wörter wie möglich aus der Lernliste frei abgerufen werden. Diese Variable wird als verzögerter Abruf bezeichnet. Nach dieser verzögerten Reproduktion wird anhand der Wiedererkennensliste untersucht, welche Wörter aus der Lernliste wiedererkannt werden. Die Wiedererkennungsliste setzt sich aus allen Wörtern der Lern- und Interferenzliste zusammen sowie 20 zusätzlichen semantisch und phonologisch ähnlichen Wörtern.

Die für diese Arbeit relevanten Variablen betreffen die Gesamtleistung (DG1 bis DG5), den Verlust nach der Interferenz bzw. kurzzeitigen Verzögerung (DG 6 und DG 7) und die korrigierte Wiedererkennensleistung (WE-Fehler). Diese Variablen umfassen die folgenden kognitiven Fähigkeiten:

- das Lernen bzw. die Datenakquisition (Gesamtlernleistung DG1 bis DG5),

- die Konsolidierung des zu Lernenden ins Langzeitgedächtnis (Verlust nach Interferenz bzw. nach zeitlicher Verzögerung) und

- die Wiedererkennensleistung (korrigierte Wiedererkennensleistung)

4.4.7 Die CANTABeclipse

CANTABeclipse ist ein computerbasierter sprach- und kulturunabhängiger Test und beinhaltet 22 Tests, die u.a. die Leistungen der exekutiven Funktionen, der Aufmerksamkeit, des Arbeitsgedächtnisses sowie des visuellen und verbalen Gedächtnisses überprüfen. Die Tests können in zwei verschiedenen Modi durchgeführt werden: zum einen klinisch als einmalige Nutzung oder parallel, d.h. mit Testwiederholung. Im Rahmen dieser Studie wurden die nachfolgenden vier Tests durchgeführt, die mit den nebenstehenden kognitiven Funktionen assoziiert sind:

- Matching to sample (MTS) – Aufmerksamkeit

- Delayed matching to sample (DMS) – visuelles Gedächtnis

- Paired associates learning (PAL) – visuelles Gedächtnis

- Spatial span (SSP) – Arbeitsgedächtnis, exekutive Funktionen

Über einen Touch-Screen-Computer wird von dem Probanden durch Berührung des Bildschirmes die Antwort zur Aufgabe ausgeführt. Bei dem MTS wird zusätzlich ein Press-Pad verwendet, das aus zwei Knöpfen besteht, die vor der Berührung des Bildschirmes gedrückt werden müssen. Jedem Test ging eine kurze Übungsphase voraus, die nicht in die Auswertung mit einging.

- Matching to sample (MTS)

Bei diesem Test geht es um die Zuordnung von gleichen visuellen Mustern. Primär werden dabei die Handlungsgeschwindigkeit und die -genauigkeit erfasst. Dem Proband wird im Bildschirmmittelpunkt ein komplexes Muster präsentiert, das sich aus vier Teilformen und Farben zusammensetzt. Dieses Vorlagemuster ist von einem schwarzen Quadrat dick umrahmt. Zusätzlich sind acht weitere Quadrate kreisförmig um das Vorlagemuster angeordnet. Nach einem akustischen Signal werden zwei, vier oder acht Muster angezeigt, wobei nur eines identisch zum Vorlagemuster ist (Abbildung 10).

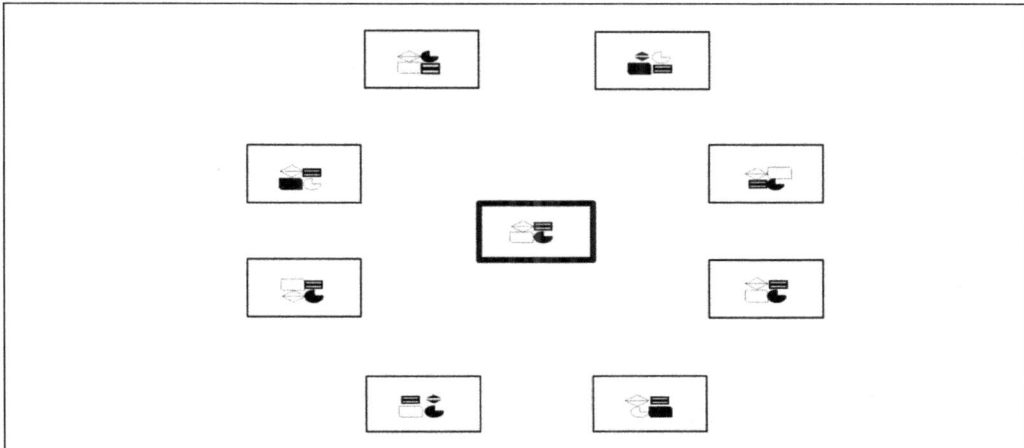

Abb. 10: Visuelle Suchaufgabe aus dem MTS (modifiziert).

Die anderen Muster, die in Form und Farbe der Vorlage ähneln, werden als Distraktoren bezeichnet, die es zu ignorieren gilt. Der Proband muss so schnell wie möglich das identische Muster identifizieren, indem er/sie es berührt. Die Reaktionszeit wird dabei auf Basis des Press-Pads gemessen. Dieses muss vor Beginn der Suchaufgabe gedrückt werden, bis der Proband den Zeigefinger löst, um das Muster auszuwählen. Der Test besteht aus zwölf Durchgängen, die Durchführung dauert neun Minuten. Zur Auswertung wird die Anzahl der richtigen Antworten in Zahl (MTS total correct) und Prozent (MTS percent correct) ausgegeben. Maximal können 48 Punkte erreicht werden. Zum anderen wird auf der Grundlage des Press Pads die Bewegungs- und Reaktionsgeschwindigkeit erfasst. Da der Test zusätzlich diese Zeitkomponente enthält, kann der Faktor der Genauigkeit zu Gunsten der Zeit variieren (oder umgekehrt). Der prozentuale Anteil der richtigen Antworten (unter Berücksichtigung der Zeitkomponente) wird vom MTS percent correct wiedergegeben (Downes et al., 2006).

• Delayed matching to sample (DMS)

Bei dieser Aufgabe wird dem Proband ein komplexes Muster, bestehend aus vier Teilformen und vier Farben, präsentiert (Vorlagemuster). Darauf folgend werden vier weitere Muster (Auswahlmuster) unter zwei unterschiedlichen Bedingungen dargeboten:

1. Simultan, d.h., das Vorlagemuster ist sichtbar (Abbildung 11).
2. Verzögert, d.h., das Vorlagemuster ist nicht mehr sichtbar und die Auswahlmuster erscheinen entweder unmittelbar, nach vier oder nach acht Sekunden nach dessen Ausblendung.

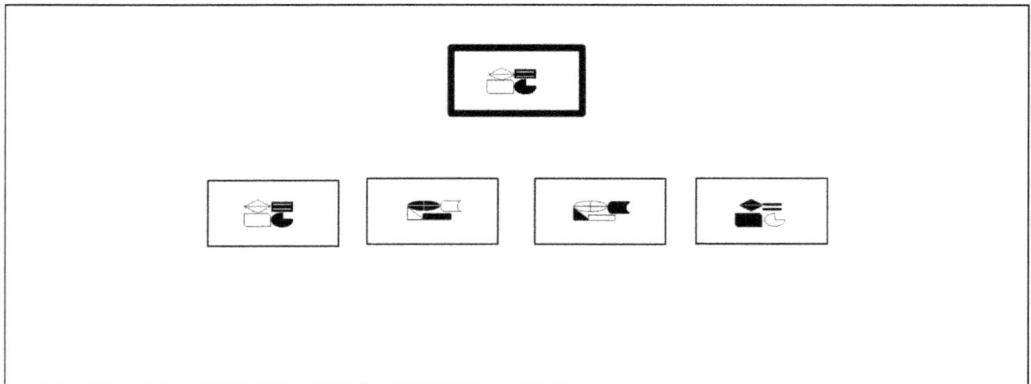

Abb. 11: Visuelle Suchaufgabe aus dem DMS (modifiziert).

Eines dieser vier Muster ist in Form und Farbe identisch zu dem Vorlagemuster und soll durch Bildschirmberührung so schnell wie möglich identifiziert werden. Der Test besteht aus 20 Durchgängen und setzt sich aus fünf simultanen Aufgaben, fünf Aufgaben mit unmittelbarem Abruf, fünf mit vier Sekunden und fünf mit 12 Sekunden Verzögerung zusammen (Dauer 10 Minuten). Ausgewertet werden alle simultan korrekten Antworten (DMS total correct - simultaneous) und alle verzögerten korrekten Antworten (DMS total correct - all delays). Erstere geben an, wie oft der Proband braucht, um das richtige Symbol anzutippen (Häufigkeit), letztere beschreiben, wie lange der Proband gebraucht hat, um das richtige Symbol zu finden (Downes et al., 2006).

- Paired associates learning (PAL)

Dieser Test erhebt die visuelle Merk- und Lernfähigkeit. Auf dem Bildschirm sind sechs Quadrate abgebildet.Unter jedem Quadrat befindet sich ein Symbol. In randomisierter Reihenfolge wird gezeigt, unter welchem Quadrat sich welches Symbol befindet, bevor diese wieder verschwinden. In der Bildschirmmitte erscheint nun ein Quadrat mit einem Symbol und der Proband muss nun durch Berührung des Bildschirmes zeigen, unter welchem der sechs Quadrate sich das gesuchte Symbol befindet. Der Schwierigkeitsgrad wird sukzessiv bis zu acht Quadrate, d.h. bis zum Memorieren der Lokalisation von acht Symbolen, gesteigert. Insgesamt dauert der Test 10 Minuten. Für die Beurteilung der Leistung wurden die Daten vom PAL Total errors (adjusted) und die vom PAL Total errors (6 shapes, adjusted) verwendet. Der PAL Total errors (adjusteted) Wert zeigt die Gesamtfehlerzahl an. Sie berechnet sich aus der Summe der falschen Antworten, subtrahiert die richtigen Antworten und multipliziert das Ergebnis mit der Anzahl der Versuche, die für die entsprechende Stufe benötigt wurden. Eine extra Berechnung der Gesamtfehlerzahl wurde ab Stufe 6 vorgenommen und durch den PAL Total errors (6 shapes adjusted) beschrieben. Die Berechnung ist identisch zu der oberen, jedoch wird erst ab Stufe 6 berechnet. Für Probanden, die diese Stufe nicht erreicht haben, wird der Wert 50 eingetragen (Downes et al., 2006).

- Spatial span (SSP)

Der SSP misst die Leistung der Arbeitsspeicherkapazität und korreliert mit der Zahlenspanne-Aufgabe des WMS-R. Auf dem Bildschirm sind wahllos neun weiße Quadrate angeordnet. Zunächst wechseln zwei der Quadrate nacheinander kurzzeitig ihre Farbe, bevor sie wieder weiß werden.Die Aufgabe besteht nun darin, die richtige Reihenfolge dieser vorher gesehen Farbquadrate nachzutippen. Kann der Proband die korrekte Reihenfolge nicht wiedergeben, so leuchten wieder zwei Quadrate nacheinander auf, die es nachzutippen gilt, bevor die nächste Stufe erreicht wird. Maximal können neun Stufen, komplementär zu der Anzahl der Quadrate, erreicht werden. Die Reihenfolge und die Farbe variieren dabei. Zur Auswertung wird die Variable Spatial length herangezogen, diese bezeichnet die maximale richtige Wiedergabe der Quadrate.

4.5   Motorische Verfahren

4.5.1   Gleichgewichtstestungen auf dem Balance Master

Der Balance Master der Firma Neurocom® zeichnet sich durch die Fähigkeit zur Erfassung der einzelnen Analysesysteme (somatosensorisch, visuell und vestibulär), die für den Erhalt des Gleichgewichts erforderlich sind, aus. Das System verwendet hierzu die sogenannte computerisierte dynamische Posturographie (CDP). Bei der CDP steht der Proband auf einer Doppel-Kraftmessplatte, die ruhig stehen, sich in einer zum Boden horizontalen Ebene neigen oder sich anterior/-posterior verschieben kann. Das Gesichtsfeld des Probanden ist durch einen Rundhorizont eingeschränkt, der sich ebenfalls in anterior-posteriorer Richtung neigen kann. Die Kraftsensoren unter der Doppel-Kraftmessplatte messen die vertikalen und horizontalen (Scher-) Kräfte, die von den Füßen des Probanden ausgeübt werden. Basierend auf einer entsprechenden Software kann das Druckzentrum im bipedalen Stand quantitativ dargestellt werden. Weiterführende technische Details sind in der Gebrauchsanweisung des Smart EqiTest® der Firma Neurocom® nachzulesen (Nicolet Biomedical GmbH, 2001).

4.5.1.1   Der Sensorische Organisationstest (SOT)

Bei diesem Test werden die somatosensorische und die visuelle Umgebung systematisch geändert und dabei die Reaktionen des Probanden gemessen. Die ausschlaggebende Komponente des Tests ist die sogenannte Pendelreferenz, d.h., die Kraftmessplatte, der Rundhorizont oder beide,bewegen sich derart, dass sie dem anteroposterioren Schwanken des Probanden folgen. Die Pendelreferenz liefert dabei ungenaue Orientierungsinformationen an die Augen, die Füße und an die Gelenke, auf die der Proband zum Erhalt des Gleichgewichtes reagieren muss. Die Anteiligkeit der am Gleichgewichtserhalt beteiligten Analysatoren (somatosensorisch, visuell und vestibulär) können hierbei bestimmt werden. Zur Erfassung der drei Afferenzsysteme bietet das EquiTest ® -System folgende sechs sensomotorische Konditionen:

1. Stehen mit geöffneten Augen, normaler Sicht und fester Standfläche
2. Stehen mit geschlossenen Augen, keine Sicht und fester Standfläche
3. Stehen mit geöffneten Augen, Sicht mit Pendelreferenz (Rundhorizont) und fester Standfläche
4. Stehen mit geöffneten Augen, normaler Sicht und Standfläche mit Pendelreferenz
5. Stehen mit geschlossenen Augen, keine Sicht und Standfläche mit Pendelreferenz
6. Stehen mit geöffneten Augen, Sicht mit Pendelreferenz und Standfläche mit Pendelreferenz.

Pro Bedingung gibt es drei Versuche, der Proband muss hierbei jeweils für 20 Sekunden das Gleichgewicht halten.

Basierend auf der Funktion der Doppel-Kraftmessplatte und den Ausführungen der einzelnen Bedingungen des SOT werden Daten zum zusammengesetzten Gleichgewicht, zur sensorischen Analyse, zur Strategie (Hüfte oder Knöchel) sowie zur COG-Ausrichtung ausgegeben. Der Gleichgewichtswert spiegelt die Körperschwankung des Probanden während der einzelnen Versuche je Bedingung wider. Die sensorische Analyse basiert auf bestimmten Paaren der gemittelten Gleichgewichtswerte und berechnet die sensorischen Anteile (somatisch, visuell und vestibulär, siehe Tabelle 4).

Tab. 4: Paare von sensorischen Testbedingungen zur Ermittlung des sensorischen Anteils (Nicolet Biomedical GmbH, 2001, S.SOT-8).

Somatosensorisch (SOM)	Bedingung 2 Bedingung 1	Die Fähigkeit des Probanden, Eingangssignale des somatosensorischen Systems zum Erhalt des Gleichgewichtes zu verwenden.
Visuell (VIS)	Bedingung 4 Bedingung 1	Die Fähigkeit des Probanden, Eingangssignale des visuellen Systems zum Erhalt des Gleichgewichtes zu verwenden.
Vestibulär (VES)	Bedingung 5 Bedingung 1	Die Fähigkeit des Probanden, Eingangssignale des vestibulären Systems zum Erhalt des Gleichgewichtes zu verwenden.
Präferenz (PRÄF)	Bedingung 3+6 Bedingung 2+5	Ausmaß, indem sich der Proband auf visuelle Informationen verlässt, um das Gleichgewicht zu halten, auch wenn die Information falsch ist.

4.5.1.2 Limits of Stability (LOS)

Der Limits of Stability oder Stabilitätsgrenzen-Test ermittelt die dynamische stehende Komponente der Gleichgewichtsfähigkeit, indem die willkürliche Steuerung des COG gemessen wird. Der Test gibt Auskunft, inwieweit der Proband sein COG bewegen kann, ohne seine Standposition zu verlassen. Die Aufgabe des Probanden besteht darin, auf ein optisches Signal (Kreis) hin so schnell wie möglich an verschiedene Positionen im Raum zu schwingen, ohne den bipedalen Stand zu lösen. Die Zielposition soll dann für acht Sekunden gehalten werden, bevor der Proband zur Ausgangsposition zurückkehrt (Abbildung 12).

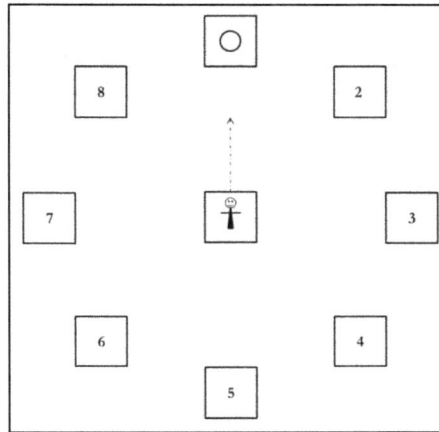

Abb. 12: Ausgangsposition des LOS. Der Cursor (Mitte) repräsentiert das COG des Probanden (Nicolet Biomedical GmbH, 2001, modifiziert).

Folgende Parameter werden dabei erfasst: Reaktionszeit (RZ), Schwinggeschwindigkeit (MVL), Richtungskontrolle (DC), Abweichungen vom Endpunkt (Endpunktauslenkung) (EPE) und die maximale Auslenkung (MXE). Der Test setzt sich aus acht Einzeltests zusammen, die in vorgegebener Reihenfolge nacheinander automatisch ablaufen:

Tab. 5: Reihenfolge des LOS.

1. vorwärts	5. rückwärts
2. vorwärts rechts	6. rückwärts links
3. rechts	7. links
4. rückwärts rechts	8. vorwärts links

Diese acht Einzeltests werden zur Weiterverarbeitung der statistischen Auswertung auf die nachstehenden vier Leistungen subsummiert: rückwärts, rechts seitwärts, links seitwärts und vorwärts.

4.5.2 Das Steppbrett-Messverfahren

Das Steppbrett-Messverfahren (Hökelmann & Blaser, unveröffentlicht) ist ein Belastungs-Beanspruchungstest zur Quantifizierung der Ausdauerfähigkeit und erfasst die physiologischen Parameter der Herzfrequenz und des Blutdruckes. Das Messverfahren setzt sich aus drei Belastungs- und drei Erholungsphasen zusammen, wobei erstere einen Umfang von zwei Minuten je Phase und letztere eine Minute je Phase aufweisen. Die Intensität der Belastungsphase richtet sich nach der vorgegebenen Taktgeschwindigkeit (116 Schläge pro Minute, Metronom Korg KDM2) und der standardisierten Steppbrett-Höhe von 20 cm. Vor Testbeginn wurde der Ruhepuls sowie der Blutdruck (aponorm) protokolliert. Der Puls wurde mittels eines Herzfrequenzmessers auf EKG-Basis (POLAR) erfasst. Während der Testausführung wurde der Puls direkt nach Belastungsende dokumentiert, sowie zehn Sekunden vor Beginn der neuen Belastungsphase, was als Erholungsphase deklariert wird. Um etwaige Verfälschungen der Pulswerte zu vermeiden, wurde der Proband angehalten, während der gesamten Testdauer nicht zu reden. Nach der ersten, dritten und fünften Minute der dritten Belastungsphase wurden jeweils Puls- und Blutdruckwerte ermittelt. Diese Phase wird auch als Regenerationsphase bezeichnet und gibt Auskunft darüber, wie schnell der Proband in der Lage ist, sich nach einer Belastung zu erholen. Tabelle 6 fasst die Belastungsstruktur des Messverfahrenes zusammen.

Tab. 6: Übersicht zur Belastungsstruktur des Steppbrett-Messverfahrens.

Belastungsdauer	Drei mal zwei Minuten
Belastungsdichte	Zwischen den Belastungen eine Minute Pause
Belastungsausführung	Taktgeschwindigkeitsvorgabe = 116 bpm
Belastungsintensität	Steppbrett-Höhe = 20 cm
Belastungsumfang	Insgesamt 13 Minuten

4.6 Dual Task: Erfassung simultaner kognitiver und motorischer Leistungen

Die Dual Task setzte sich aus einer motorischen und einer kognitiven Aufgabe zusammen. Die motorische Aufgabe bestand darin, bei einer selbstgewählten Geschwindigkeit auf einem Laufband zu gehen. Als kognitive Zusatzaufgabe wurde die Subtraktion einer dreistelligen Zahl in Dreierschritten gestellt. Ermittelt wurde die Körperschwerpunktschwankung vorwärts und rückwärts (X-Schwankung), nach rechts und links (Y-Schwankung) sowie die Gesamtschwankung, welche sich aus der Resultierenden der X- und Y-Schwankung ergibt. Zur Datenerfassung wurde das 3D-Bewegungsanalysesystem der Firma VICON genutzt, das mittels zwölf Infrarotkameras Bewegungen mit 200Hz registrierte. Zur Erfassung der Bewegungen der Probanden wurden nach dem „Full Body Plug and Gait Model" (VICON, Oxford Metrics, UK) 39 reflektierende Marker an definierten anatomischen Punkten appliziert.

Insgesamt wurden je Proband drei mal 30-sekündige Aufnahmen während des Gehens und Rückwärtsrechnens erstellt und mit Nexus Vicon Version 10 bearbeitet. Zur Auswertung der kognitiven Aufgabe wurde die Fehleranzahl beim Rückwärtsrechnen erhoben. Diese Daten lagen als Audiodatei vor. Als Fehlerpunkte wurden die falsche Berechnung, die Wiederholung des vorher genannten Ergebnisses sowie die Verzögerungen im Abruf durch zu langes Nachdenken definiert. Die ersten beiden Regelbrüche wurden mit zwei Fehlerpunkten bewertet und letzterer mit einem Fehlerpunkt.

4.7 Statistik

Basierend auf den unterschiedlichen Analysesystemen werden nachfolgend die Methoden zur Datenauswertung beschrieben. Zunächst werden die demographischen Daten und dann die Me thoden zur strukturellen Datenauswertung mittels VBM und DTI vorgestellt, deren Daten mit Hilfe der Track-Based-Spatial-Statistics (TBSS) ausgewertet wurde. Im Anschluss erfolgt die Erläuterung der Auswertung zu den Verhaltensdaten einschließlich der neuropsychologischen und motorischen Tests.

4.7.1 Demographische Daten

Für die Beschreibung der Gruppen Tanz und Sport wurden die Variablen Alter, Geschlecht, BMI, Bildungsjahre, allgemeine Intelligenz (MWT-B), Depressivität (BDI-II), kognitive Gesundheit (MMSE) sowie die körperliche Leistungsfähigkeit (PWC130) erfasst und unter Verwendung von IBM SPSS Statistics 22 ausgewertet. Normalverteilte Variablen wurden mittels T-Test für unabhängige Stichproben auf Gruppenunterschiede überprüft. Gruppenunterschiede für nicht-normalverteilte Variablen wurden mit dem Mann-Whitney-U-Test berechnet. Der Chi-Quadrat-Test kam zur Prüfung auf Gruppenunterschiede bzgl. des Geschlechts zum Einsatz.

4.7.2 Voxelbasierte Morphometrie (VBM)

Die normalisierten und geglätteten Bilder für die graue und weiße Substanz bildeten die Grundlage für die statistische Auswertung. Auf der Basis des T-Tests für unabhängige Stichproben wurden die Volumenänderungen der Tanzgruppe mit denen der Sportgruppe verglichen. Der Einfluss von Alter, Geschlecht und intrakraniellem Volumen wurde mittels der Kovarianzanalyse kontrolliert. Für beide Gruppen wurden gerichtete t-Kontraste (Tanzen>Sport, Sport>Tanzen) gerechnet. Wie auch in weiteren longitudinalen Studien zum körperlichen Training (Boyke et al., 2008; Draganski et al., 2005) lag der Fokus auf unkorrigierten Daten, sodass die t-Kontraste mit einem Voxel-Schwellenwert von p<.001 (unkorrigiert) und einer Clustergröße von 50 Voxeln berechnet wurden. Die resultierenden Wahrscheinlichkeitskarten für die graue und weiße Substanz wurden mit xjView (Cui & Song, 2010) visualisiert.

4.7.3 Track-Based-Spatial-Statistics (TBSS)

Zur statistischen Auswertung wurde die multiple Permutation von Nichols und Holmes (2002) angewandt. Bei einer Permutation (Zufallsstichproben und Kombinatorik) stimmt der Stichprobenumfang mit dem Umfang der Grundgesamtheit überein (Fahrmeir, Künstler, Pigeot, & Tutz, 2011), d.h., die Anzahl der möglichen Stichproben ist gleich der Anzahl der möglichen Anordnungen von N möglichen Objekten unter Berücksichtigung der Reihenfolge, also der Anzahl der Permutationen von N Objekten. Zur Bestimmung dieser Anzahl wird die nachstehende Formel verwendet, wobei n gleich N gesetzt werden muss. Die Anzahl der Permutationen ist demnach gleich.

$$\frac{N!}{(N-N)!} = \frac{N!}{0!} = N!$$

Anmerkung: Es gibt *N! Permutationen* von *N* unterscheidbaren Objekten (Fahrmeir, Künstler, Pigeot, & Tutz, 2011).

Anders als parametrische Testverfahren setzen Permutationsverfahren nicht voraus, dass die zu untersuchenden Stichproben einer bekannten Verteilung entstammen. Vielmehr beruhen sie darauf, eine für die jeweilige Stichprobe spezifische Verteilung zu ermitteln. Dies geschieht durch geeignetes wiederholtes zufälliges Vertauschen oder Rekombinieren der Messwerte. Diese (Permutations-) Verteilung wird dann verwendet, um statistische Schlüsse hinsichtlich der (Über-) Zufälligkeit der tatsächlich beobachteten Werte zu ziehen. Zur Anwendung auf Daten bildgebender Verfahren bieten sich nicht-parametrische statistische Tests an. Während bei parametrischen Verfahren die Behandlung des Problems multipler Vergleiche durch eine Anpassung der Irrtumswahrscheinlichkeit erfolgt, ermöglichen Permutationsverfahren die Integration der Kontrolle des Fehlers erster Art in das Verfahren. Permutationstests werden daher routinemäßig in Bereichen der bildgebenden neurowissenschaftlichen Verfahren wie z.B. der funktionellen Magnetoresonanztomographie genutzt (Krause, 2010). In der vorliegenden Arbeit wurde der FA-Skelett-Schwellenwert bei 0,20 festgelegt. Die statistische Analyse wurde mit 5000 Permutationen und einem Cluster-Schwellenwert von $t > 3$ und $p \leq 0,05$ durchgeführt.

4.7.4 Neuropsychologische und motorische Verhaltensdaten

Die Analyse der neuropsychologischen sowie der motorischen Daten und damit die Wahl des adäquaten statistischen Verfahrens setzt eine Prüfung der Daten auf Normalverteilung voraus. Dazu wurde der Kolmogorov-Smirnov-Test verwendet. Dieser Test zeichnet sich gegenüber anderen Testverfahren durch eine Robustheit gegenüber Ausreißern aus und ist auch für kleine Stichprobengrößen anwendbar. Mit diesem Test wurde geprüft, ob zwei Zufallsvariablen die gleiche Verteilung besitzen ($p > 0,05$). Zur weiteren Beurteilung der Form einer Verteilung wurden die Werte der Schiefe (skewness) und der Wölbung (kurtosis, excess) betrachtet. Dabei ist die Verteilung symmetrisch, wenn der Wert der Schiefe gleich null ist (z.B. bei der Normalverteilung). „Je unsymmetrischer oder schiefer die empirische Werte-Verteilung, desto größer wird der berechnete Schiefe-Wert" (Schlumprecht, 2015, S. 1). Die Wölbung ist ein Maß für die Steilheit bestimmter Funktionen und nimmt bei einer Normalverteilung den Wert drei an. „Um die Wölbung mit der Normalverteilung besser vergleichen zu können, wird ein Abweichungsmaß (Excess) gebildet, das bei einer Normalverteilung den Wert null annimmt (Excess = Wölbung minus drei)" (Schlumprecht, 2015, S. 1). Eine signifikante Abweichung von der Normalverteilung liegt vor, wenn der Wert von Schiefe oder Excess größer ist als das Zweifache des zugehörigen Standardfehlers. Nach Miles & Shevlin (2001) kommt es aber zunächst auf die absoluten Werte von Schiefe und Excess an, um die Normalverteilung zu beurteilen. Nehmen die absoluten Werte von Schiefe und Excess einen Wert von bis zu zwei an, wird noch von einer Normalverteilung ausgegangen (Miles & Shevlin, 2001).

Lag unter Berücksichtigung der oben genannten Kriterien eine Normalverteilung der Daten vor, wurde für den Prä-Post-Testverlauf innerhalb der Gruppe der T-Test für abhängige Stichproben gewählt und für den Gruppenvergleich der T-Test für unabhängige Stichproben. Bei nicht gegebener Normalverteilung der Daten wurde für den Prä-Post-Testverlauf einer Gruppe der Wilcoxon-Test angewendet und für den Gruppenvergleich der Mann-Whitney-U-Test.

Mit dem T-Test für abhängige und unabhängige Stichproben wird untersucht, ob ein Unterschied zwischen zwei Mittelwerten zufällig oder statistisch bedeutsam, sprich signifikant, ist. Ein Signifikanzniveau (Irrtumswahrscheinlichkeit) von $\alpha = 0{,}05$ (5%) bzw. eine statistische Sicherheit (Sicherheitswahrscheinlichkeit) von $1-\alpha = 0{,}95$ (95%) gibt Auskunft über die Signifikanz. Aussagen, denen ein Signifikanzniveau von 5% zugrunde liegt, werden als signifikant bezeichnet. Sie liegen auf dem „5-Prozent-Niveau der Verlässlichkeit" (Bühl, 2012, S. 171).

Die statistische Signifikanz sagt etwas über die Existenz eines Effektes, nicht jedoch über die Bedeutung und die Relevanz im Kontext der Fragestellung aus. Dahingehend müssen signifikante Ergebnisse auch praktisch bedeutsam sein (Bortz & Döring, 2006). Effektstärken geben an, inwiefern ein Unterschied in den Ergebnissen relevant und wie groß dieser Unterschied ist.

Die Effektstärke d (nach Cohen, 1977) ist ein statistisches Maß, welches die relative Größe eines Effektes angibt. So kann nicht nur nachgewiesen werden, ob ein Effekt (d.h. eine Wirkung) gegeben ist, sondern auch, wie groß dieser Effekt ausfällt. Daher kann die Effektstärke bei signifikanten Ergebnissen herangezogen werden, um eine praktische Relevanz darzustellen. Als vorteilig erweist sich, dass diese kaum von der Stichprobengröße N beeinflusst wird (Bortz & Döring, 2006).

Die Effektstärken für abhängige Stichproben werden wie folgt berechnet:

$$d = \frac{M2 - M1}{s1 + s2}$$

Anmerkung: M1, s1: arithmetischer Mittelwert und Standardabweichung aus Prä-Test; M2, s2: arithmetischer Mittelwert und Standardabweichung aus Post-Test einer Gruppe

Für abhängige Stichproben gilt nach Bortz & Döring (2006) und Cohen (1977): $d > 0{,}20$ – schwacher Effekt, $d > 0{,}50$ – mittlerer Effekt, $d > 0{,}80$ – starker Effekt.

4.7.5 Korrelationsanalysen

Entsprechend der Fragestellungen und Hypothesen aus Kapitel 3.5 sollen die Zusammenhänge zwischen zwei Variablen ermittelt werden. Die Stärke des Zusammenhangs wird als Korrelationskoeffizient angegeben. Dieser Koeffizient wird mit r symbolisiert und liegt zwischen -1 und +1. Ist der Betrag nahe bei 1, spricht man von einem starken und bei einem Betrag nahe bei 0 von einem schwachen Zusammenhang. Ist der Korrelationskoeffizient negativ, bedeutet dies einen gegenläufigen Zusammenhang (Bühl, 2012). Folgende Abstufungen des Korrelationskoeffizienten dienen zur Interpretation: bis 0,2 = sehr geringe Korrelation; bis 0,5 = geringe Korrelation; bis 0,7 = mittlere Korrelation; bis 0,9 = hohe Korrelation, über 0,9 = sehr hohe Korrelation. Die Berechnung des Korrelationskoeffizienten hängt vom Skalenniveau der Variablen ab. Mit der Produkt-Moment-Korrelation nach Pearson werden intervallskalierte und normalverteilte Variablen berechnet. Die Rangkorrelation nach Spearman oder Kendalls Tau wird bei ordinalskalierten und nicht normalverteilten Variablen verwendet.

5 Ergebnisse

5.1 Stichprobencharakteristik

In die Datenauswertung wurden 44 Probanden von den ursprünglich 57 eingeschlossen. Die Stichproben umfassen 23 Tänzer und 21 Sportler. In der Tabelle 7 sind die statistischen Kennwerte zur Stichprobencharakteristik dargestellt. Es wird deutlich, dass sich die Gruppen Tanz und Sport in den überprüften Variablen Alter, Geschlecht, Bildungsstand, allgemeine Intelligenz (MWT-B), Depressivität (BDI-II), kognitive Gesundheit (MMSE) und körperliche Leistungsfähigkeit (PWC130) nicht signifikant voneinander unterscheiden. Der dazu entsprechende Prüfwert p beträgt für alle Variablen > 0,05, dasas heißt, dass beide Gruppen aus der gleichen Grundgesamtheit stammen.

Tab. 7: Stichprobencharakteristik der Interventions- und Kontrollgruppe Tanz und Sport.

	Tanz			Sport				
	N	M	SD	N	M	SD	Kennwert	p-Wert
Alter [Jahre]	23	67,96	4,16	21	68,62	2,62	-1,292	0,196
Geschlecht [%]	23	47,8% Männer		21	57,1% Männer		,0382	0,537
BMI [kg/m²]	23	26,75	3,39	21	27,72	3,33	-1,213	0,225
Bildungsstand [Jahre]	23	15,35	2,23	21	16,05	1,75	-1,109	0,267
MWT-B [Punkte]	23	31,13	3,31	21	31,62	2,60	-0,541	0,591
BDI-II [Punkte]	23	5,52	3,09	21	5,14	4,03	0,352	0,727
MMSE [Punkte]	23	28,26	0,96	21	28,76	0,89	-1,731	0,084
PWC 130 [Watt/kg]	23	1,458	0,334	18	1,18	1,363	0,354	0,385

Anmerkung: Die Kennwerte entsprechen je nach angewandtem Verfahren den t-, z- bzw. χ^2- Werten.

5.2 Neurostrukturelle und molekulare Daten

Es werden die volumetrischen Veränderungen im Gruppenvergleich für die Segmente der grauen Substanz und nachfolgend für die weiße Substanz vorgestellt. Zur Vervollständigung wird auch die Entwicklung der CSF dargestellt. Weiterführend werden die Ergebnisse zur Integrität (FA) sowie zum neurotrophen Wachstumsfaktor BDNF beschrieben.

5.2.1 Entwicklung des globalen Gehirnvolumens der grauen und weißen Substanz

Um einen ersten Überblick über die allgemeine Entwicklung der grauen und weißen Substanz zu erhalten, wurden die globalen Volumenwerte analysiert. Die Volumendaten der grauen und weißen Substanz weisen vor und nach den Interventionen eine Normalverteilung auf, sodass für die longitudinale Entwicklung innerhalb einer Gruppe der T-Test für abhängige Stichproben verwendet werden konnte. Für den Gruppenvergleich zum Prä- und zum Post-Test kam der t-Test für unabhängige Stichproben zum Einsatz. Aus der Abbildung 13 geht hervor, dass sowohl bei den Tänzern als auch bei den Sportlern das Volumen der grauen Substanz abnahm. Der Mittelwert (MW) des Volumens der grauen Substanz betrug bei den Tänzern zum Prä-Test 595,59 cm^3 und verringerte sich signifikant auf 589 cm^3 (T = 2,808; df = 19; p = 0,011). Ein signifikanter Volumenverlust der grauen Substanz ist auch bei den Sportlern beobachtbar; Diese zeigten zum Prä-Test einen MW von 611,80 cm^3, der zum Post-Test auf MW = 604,63 cm^3 sank (T = 2,895; df = 17; p = 0,010).

Demgegenüber bestätigt der Gruppenvergleich, dass sich die Tanz- und die Sportgruppe weder zum Prä-Test (T = -1,021; df = 36; p = 0,346) noch zum Post-Test (T = -0,983; df = 36; p = 0,332) im Volumen der grauen Substanz unterschieden.

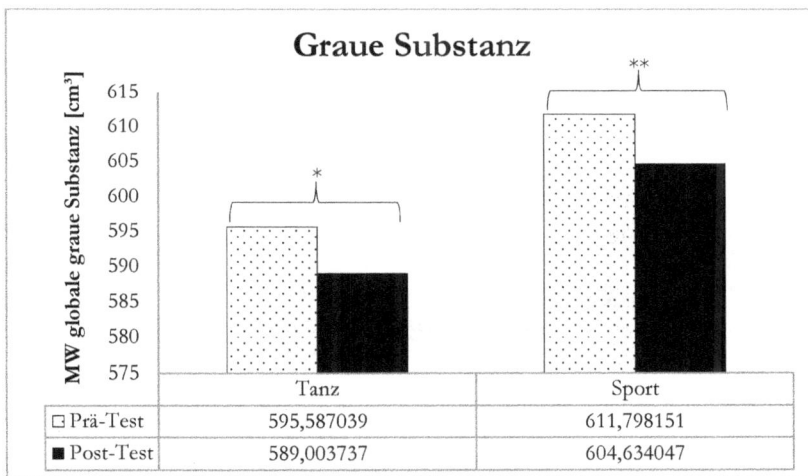

	Graue Substanz	
	Tanz	Sport
☐ Prä-Test	595,587039	611,798151
■ Post-Test	589,003737	604,634047

Anmerkung. p ≤ 0,050 = signifikant [*], p ≤ 0,010 = hoch signifikant [**].

Abb. 13: Entwicklung des Volumens der grauen Substanz in der Tanz- und Sportgruppe.

In der Abbildung 14 ist die Entwicklung des Volumens der weißen Substanz dargestellt. Auf den ersten Blick ist zu erkennen, dass diese für beide Gruppen leicht anstieg. Der Anstieg der weißen Substanz bei den Tänzern von MW = 437,79 cm^3 auf MW = 439,01 cm^3 ist jedoch nicht signifikant (T = -0,869; df = 19; p = 0,396).

Und auch die Volumenwerte der Sportler nahmen von MW = 451,14 cm^3 auf MW = 452,00 cm^3 zu. Diese Zunahme ist wie bei den Tänzern zufällig (T = -0,543; df = 17; p = 0,594). Im Volumen der weißen Substanz unterschieden sich die beiden Gruppen weder zum Prä-Test (T=-0,686; df = 36; p = 0,497) noch zum Post-Test (T = -0,655; df = 36; p = 0.516).

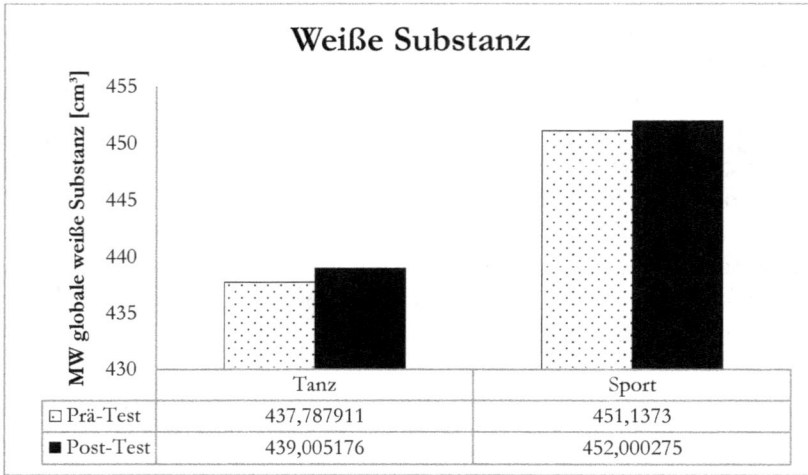

Abb. 14: Entwicklung des Volumens der weißen Substanz in der Tanz- und Sportgruppe.

In der Cerebrospinalen Flüssigkeit (CSF) ist bei den Tänzern zwar ein geringer Volumenanstieg von Prä-Test (MW = 414,84 cm^3) zu Post-Test (MW = 415,16 cm^3) erkennbar, der jedoch nicht signifikant ist (T = -0,160; df = 19; p= 0,875). Die Sportgruppe zeigte im Zwischen-Subjekt-Vergleich auch einen geringeren Anstieg der CSF von MW = 443,75 cm^3 auf MW = 444,42 cm^3, der wie bei der Tanzgruppe zufällig ist (T =-0,232; df = 17; p = 0,819).

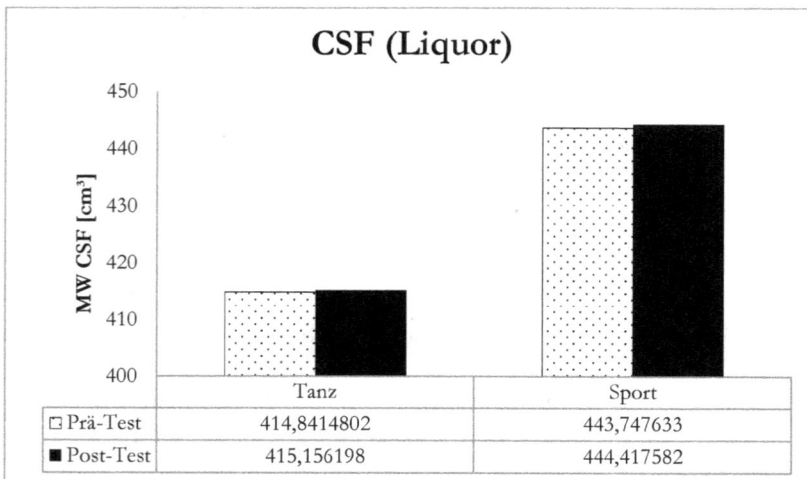

Abb. 15: Entwicklung der Cerebrospinalen Flüssigkeit (CSF) in der Tanz- und Sportgruppe.

Auch wenn in Abbildung 15 der augenscheinliche Unterschied zwischen den Gruppen groß erscheint, unterscheiden sich die Gruppen Tanz und Sport weder zum Prä-Test (T = -0,937; df = 36; p= 0,355) noch zum Post-Test (T = -0,941; df = 36; p = 0,353).

5.2.2 Strukturelle Veränderungen der grauen und weißen Substanz im paarweisen longitudinalen Gruppenvergleich (VBM)

Die Ergebnisse der weiterführenden Analyse mittels des paarweisen longitudinalen Gruppenvergleichs nach Ashburner & Ridgway (2013) visualisieren je Gruppe diejenigen Areale, die nach dem Training höhere Volumen aufweisen (im Vergleich zur Kontrollgruppe). Nach einem sechsmonatigen Training konnten bei der Tanzgruppe im Vergleich zu der Sportgruppe signifikante Volumenveränderungen im anterioren und medialen cingulären Kortex, dem linken supplementär-motorischen Areal, dem linken Gyrus präcentralis und dem linken Gyrus frontalis medius beobachtet werden. Weitere Volumenänderung traten im linken Gyrus temporalis superior, in der linken Insula sowie im linken Gyrus postcentralis auf. In Abbildung 16 sind die Volumenänderung für die Tänzer visualisiert. Die entsprechenden MNI-Koordinaten und die statistischen Kennwerte für den Kontrast Tanz>Sport sind in der Tabelle 8 dargelegt.

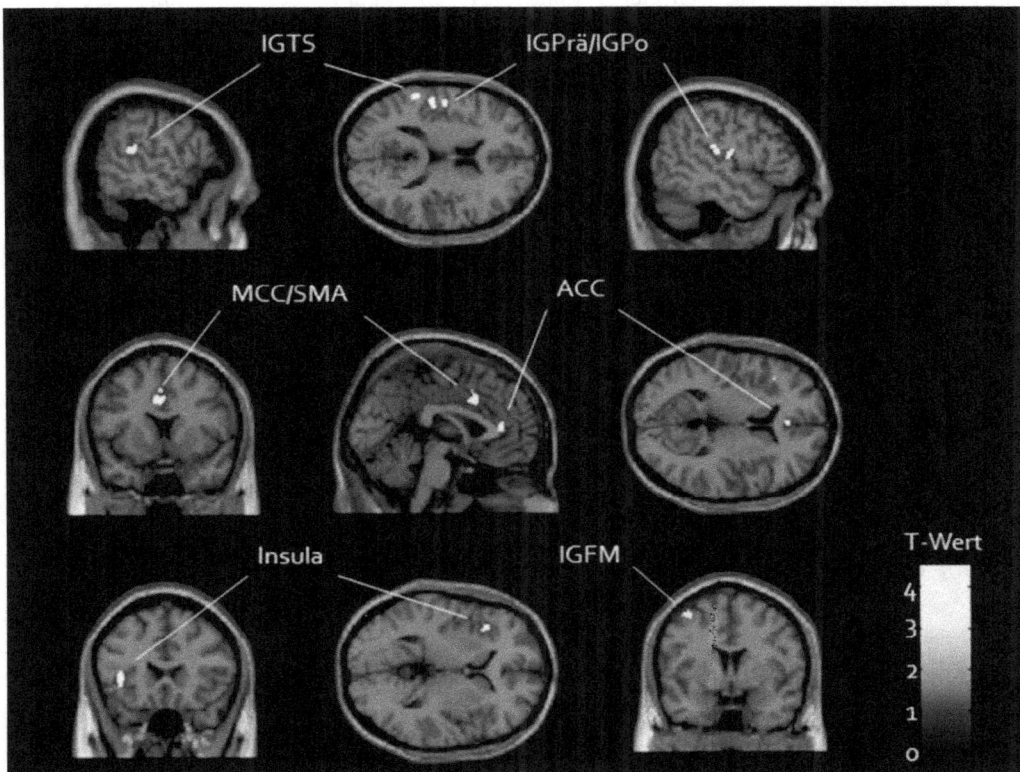

Abb. 16: Volumenvergleich der grauen Substanz für den Kontrast Tanz>Sport. Dargestellt sind jene Hirnregionen, die nach dem Training ein signifikant höheres Volumen der Gruppe Tanz im Vergleich zur Gruppe Sport aufweisen (p = unkorrigiert).

Tab. 8: Statistische Kennwerte der Volumenveränderungen in der grauen Substanz der Gruppe Tanz.

Tanz>Sport	Region	t-Wert	Z-Wert	p (unkorrigiert)	X [mm]	Y [mm]	Z [mm]
	lGTS	4,53	3,97	0,000***	-57	-39	15
	Insula	4,50	3,95	0,000***	-39	23	3
	lGPrä	4,32	3,82	0,000***	-50	-13	12
	lGTS	4,53	3,97	0,000***	-57	-39	15
	MCC	4,26	3,78	0,000***	0	12	34
	lSMA	3,46	3,17	0,000***	-2	11	45
	lGPo	4,23	3,75	0,000***	-53	-24	18
	ACC	4,07	3,64	0,000***	0	38	9
	lGFM	378	3,42	0,000***	-38	3	57

Anmerkung: lGTS = linker Gyrus temporalis superior, lGPrä = linker Gyrus präcentralis, MCC = medialer cingulärer Cortex, lSMA = linkes supplementär-motorisches Areal, lGPo = linker Gyrus postcentralis, ACC = anteriorer cingulärer Cortex, lGFM = linker Gyrus frontalis medius, ***p ≤ 0,001 = höchst signifikant.

Die Sportler hingegen zeigten gegenüber den Tänzern höhere Volumen im primären visuellen Kortex, im linken Gyrus linguaris, im rechten Gyrus fusiformis und im rechten Temporalpol (Abbildung 17). Die Veränderungen traten also in okzipitalen und temporalen Regionen auf. Und auch das Cerebellum weist nach einem sechsmonatigen multimodalen Bewegungstraining eine Volumenänderung auf. Die volumetrischen Veränderungen der Sportgruppe sind in der Abbildung 17 dargestellt.

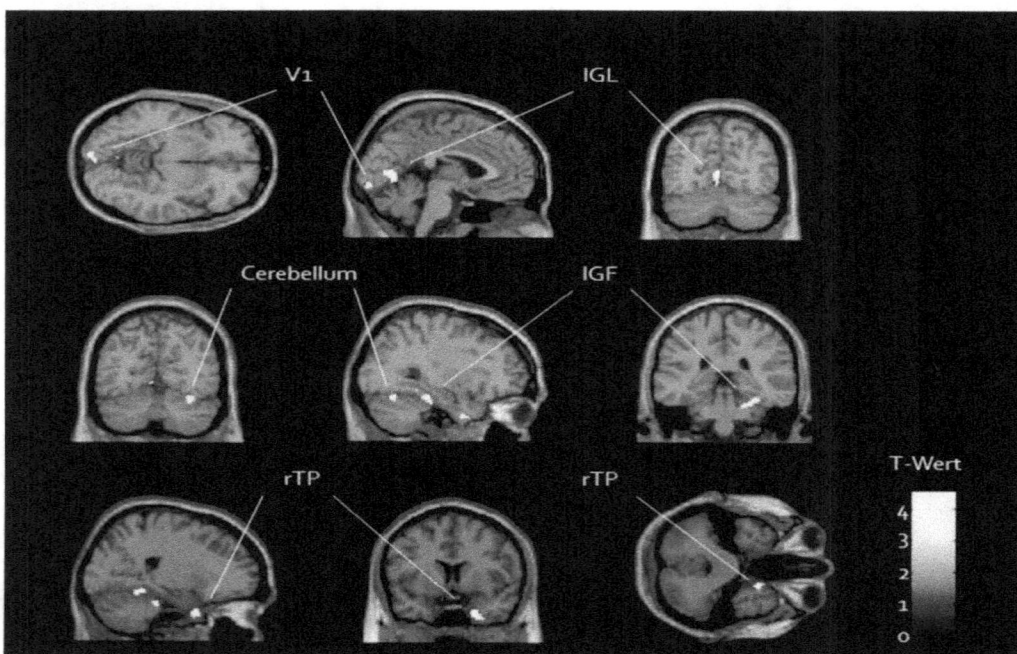

Abb. 17: Volumenvergleich der grauen Substanz für den Kontrast Sport>Tanz. Dargestellt sind jene Hirnregionen, die nach dem Training ein signifikant höheres Volumen der Gruppe Sport im Vergleich zur Gruppe Tanz aufweisen (p = unkorrigiert).

Tab. 9: Statistische Kennwerte der Volumenveränderungen in der grauen Substanz der Gruppe Sport.

Sport>Tanz	Region	t-Wert	Z-Wert	p (unkorrigiert)	X [mm]	Y [mm]	Z [mm]
	rGF	4,88	4,20	0,000***	32	-33	-21
	lGL	4,80	4,15	0,000***	-2	-70	4
	rTP	4,52	3,96	0,000***	23	8	-38
	V1	4,15	3,70	0,000***	-8	-97	-8
	Cerebellum	3,98	3,57	0,000***	33	-64	-20

Anmerkung: rGF = rechter Gyrus fusiformis, lGL = linker Gyrus lingualis, rTP = rechter Temporalpol, V1 = primärer visueller Cortex, ***p ≤ 0,001 = höchst signifikant.

Die entsprechenden MNI-Koordinaten und die statistischen Kennwerte für den Kontrast Sport>Tanz sind in der Tabelle 9 abgebildet.

In der weißen Substanz war nach dem sechsmonatigen Tanztraining auch eine Volumenänderung zu verzeichnen. Dabei erhöhte sich das Volumen im Truncus und Splenium des Corpus Callosum sowie in der rechten und linken frontalen und in der rechten parietalen weißen Substanz. In Abbildung 18 sind die Volumenänderung der Tänzer visualisiert. Die entsprechenden MNI-Koordinaten und die statistischen Kennwerte für den Kontrast Tanz>Sport sind in der Tabelle 10 dargelegt.

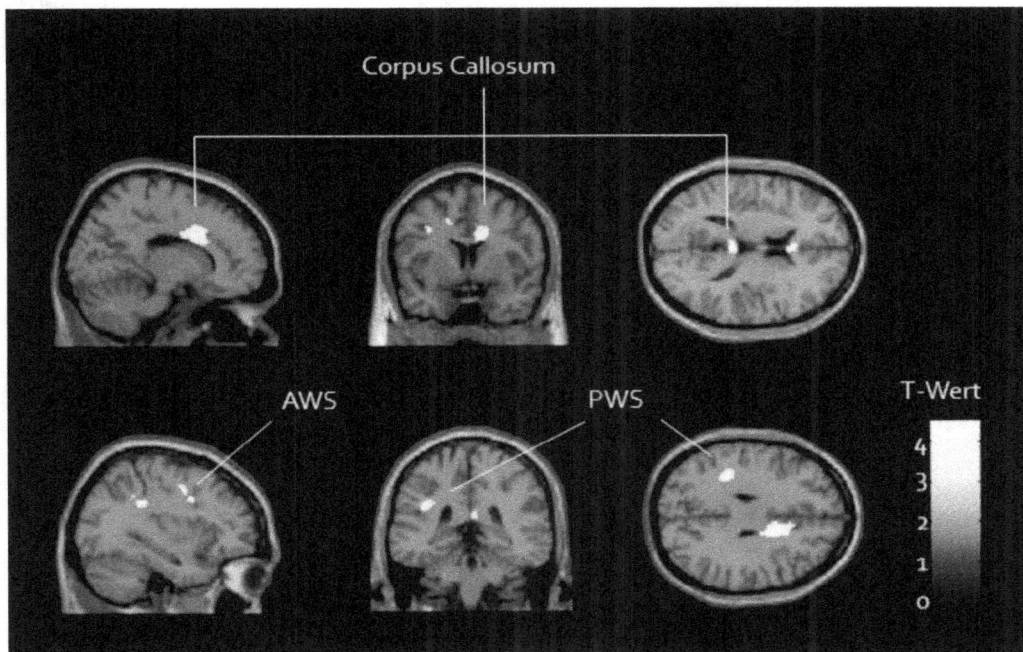

Abb. 18: Volumenvergleich der weißen Substanz für den Kontrast Tanz>Sport. Dargestellt sind jene Hirnregionen, die nach dem Training ein signifikant höheres Volumen der Gruppe Tanz im Vergleich zur Gruppe Sport aufweisen (p = unkorrigiert).

Tab. 10: Statistische Kennwerte der Volumenveränderungen in der weißen Substanz der Gruppe Tanz.

Tanz>Sport	Region	t-Wert	Z-Wert	p (unkorrigiert)	X [mm]	Y [mm]	Z [mm]
	CC-T	4,93	4,24	0,000***	15	6	28
	CC-S	4,47	3,92	0,000***	0	-31	15
	AWS	3,82	3,45	0,000***	-33	-3	46
	PWS	4,22	3,75	0,000***	-36	-36	30

Anmerkung: CC-T = Truncus des Corpus Callosum, CC-S = Splenium des Corpus Callosum, AWS = anteriore weiße Substanz, PWS = posteriore weiße Substanz, ***p ≤ 0,001 = höchst signifikant.

Die Veränderungen in der Sportgruppe fielen im Vergleich zur Tanzgruppe gering aus. Nach einem sechsmonatigen multimodalen Bewegungstraining wies die Gruppe in den rechtstemporalen und rechtsokzipitalen Faserverbindungen Volumenerhöhungen auf. Diese sind für den Kontrast Sport>Tanz in der Abbildung 19 zu sehen, die in Tabelle 11 mit entsprechenden Kennwerten belegt werden.

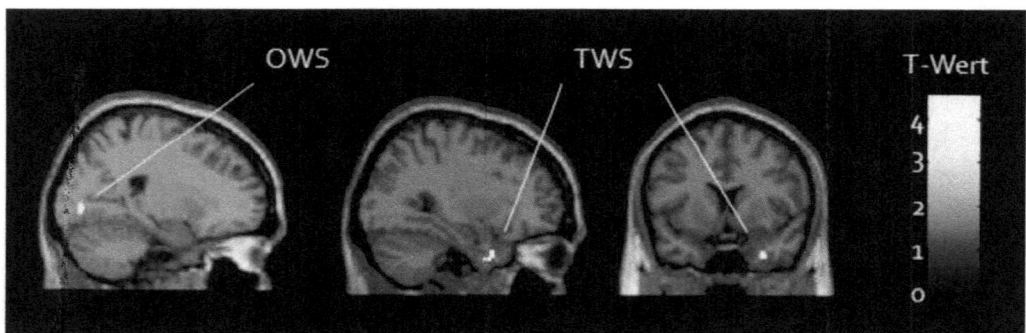

Abb. 19: Volumenvergleich der weißen Substanz für den Kontrast Sport>Tanz. Dargestellt sind jene Hirnregionen, die nach dem Training ein signifikant höheres Volumen der Gruppe Sport im Vergleich zur Gruppe Tanz aufweisen (p = unkorrigiert).

Tab. 11: Statistische Kennwerte der Volumenveränderungen in der weißen Substanz der Gruppe Sport.

Sport>Tanz	Region	t-Wert	Z-Wert	p (unkorrigiert)	X [mm]	Y [mm]	Z (mm)
	TWS	3,95	3,55	0,000***	30	9	-38
	OWS	3,86	3,48	0,000***	21	-82	-2

Anmerkung. TWS = temporale weiße Substanz, OWS = okzipitale weiße Substanz, ***p ≤ 0,001 = höchst signifikant.

5.2.3   Integrität der weißen Substanz: Fraktionelle Anisotropie (FA)

Die fraktionelle Anisotropie kennzeichnet die Integrität der weißen Substanz. Mittels der Track-Based-Spatial-Statistic (TBSS) wurde eine Ganzhirnanalyse in den Gruppen und zwischen den Gruppen zum Prä- und zum Post-Test durchgeführt. In den Abbildungen 20 bis 23 ist jeweils ein grünes Template dargestellt, was als Skeleton der fraktionellen Anisotropie bezeichnet wird. Dieses Skeleton setzt sich aus den Faserbahnen der Teilnehmer der Tanz- und Sportgruppe zusammen. Wenn der FA-Schwellenwert erreicht wird, stellt sich das im FA-Skeleton für den Kontrast Sport > Tanz rot-gelb und für den Kontrast Tanz > Sport blau-hellblau dar. Bleiben die FA-Werte hingen stabil, d.h. die Schwellenwerte werden nicht erreicht, ist in den drei Ebenen-Schnittbildern (coronal, sagital und transversal) nur das FA-Skeleton zu sehen. Eine Probandin brach die DTI-Messung ab, sodass bei den Tänzern ein Datensatz nicht berücksichtigt werden konnte.

- Longitudinale Entwicklung der FA

Ein sechsmonatiges Tanztraining führte in der Tanzgruppe nicht zu einer Veränderung in der Integrität der weißen Substanz (Abbildung 20). Die statistischen Kennwerte bestätigen diesen optischen Eindruck. Der FA-Wert blieb von Prä-Test (MW = 0,4279 mm^3; SD = 0,0138 mm^3) zu Post-Test (MW = 0,4256 mm^3; SD = 0,0151 mm^3) stabil. Der T-Test für verbundene Stichproben verdeutlicht noch einmal die Stabilität der Integrität der weißen Substanz (T = 1,499; df = 18; p = 0,151).

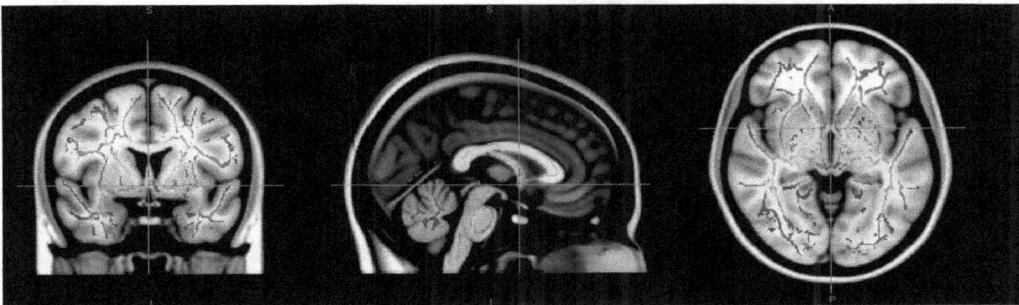

Abb. 20: Longitudianle Entwicklung der FA von Prä- zu Post-Test in der Gruppe Tanz.

Diese Stabilität ist auch bei den Sportlern, die ein sechsmonatiges multimodales Bewegungstraining absolvierten, zu beobachten (Abbildung 21). Im Prä-Test zeigten die Sportler einen Mittelwert von MW = 0,4298 mm^3 (SD = 0,0107 mm^3) und zum Post-Test einen Mittelwert von MW = 0,4286 mm^3 (SD = 0,01064 mm^3). Zwar ist eine leichte Abnahme der FA-Werte von Prä- zu Posttest zu erkennen, jedoch ist diese statistisch nicht signifikant (T = 0,977; df = 17; p = 0,342).

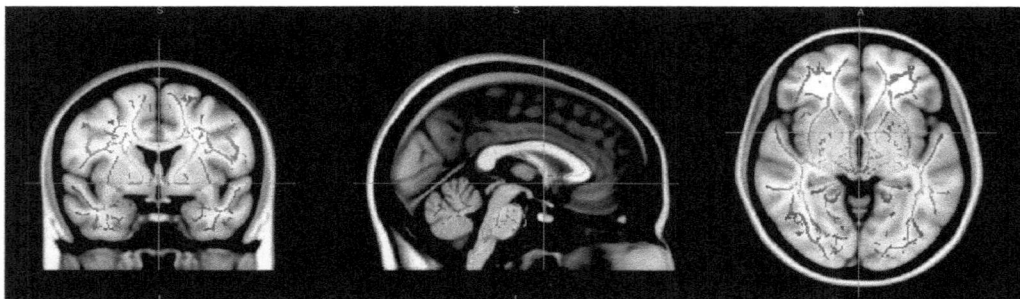

Abb. 21: Longitudinale Entwicklung der FA von Prä- zu Post-Test in der Gruppe Sport.

- Gruppenvergleich der FA

Aus der Abbildung 22 wird ersichtlich, dass sich beide Gruppen zum Prä-Test nicht voneinander unterschieden (T = -0,461; df = 35; p = 0,648). Allerdings lassen sich auch zum Post-Test keine Unterschiede zwischen den Gruppen aufzeigen (T = -0,682; df = 35; p = 0,499). Die Abbildungen 22 und 23 illustrieren diesen Sachverhalt.

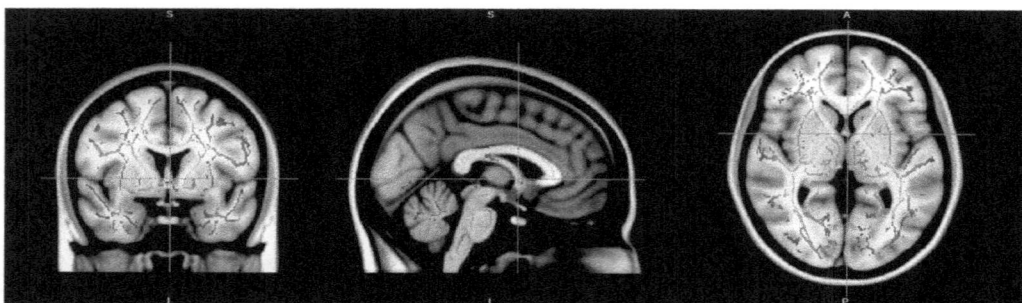

Abb. 22: Vergleich der FA zwischen den Gruppen Tanz und Sport zum Prä-Test.

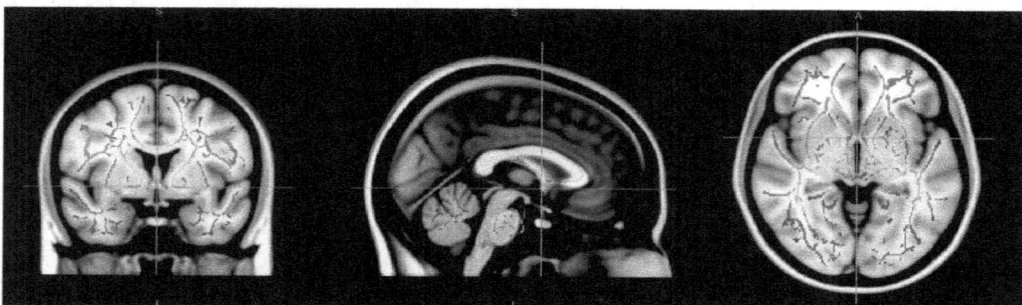

Abb. 23: Vergleich der FA zwischen den Gruppen Tanz und Sport zum Post-Test.

5.2.4 Brain-Derived Neurotrophic Factor (BDNF)

Der BDNF spielt bei der Generierung neuer Neurone eine fundamentale Rolle. Zudem wird das alterskorrelierte Neurotrophin mit wichtigen kognitiven Funktionen wie Gedächtnis und Lernen in Verbindung gebracht. Bei der Analyse der BDNF-Daten wurde mittels der explorativen Datenanalyse auf Normalverteilung geprüft. Die Variablen Plasma-BDNF, Serum-BDNF und Vollblut-BDNF waren in der Gruppe Tanz sowohl zum Prä- als auch zum Post-Test normalverteilt. In der Gruppe Sport verhielt es sich ähnlich, jedoch wies die Variable Serum-BDNF im Post-Test keine Normalverteilung auf. Die Schiefe und die Kurtosis der nicht-normalverteilten Variable lag jedoch in dem Toleranzbereich, so dass der T-Test für abhängige und unabhängige Stichproben zur Anwendung kommen konnte.

- Longitudinale Entwicklung des Plasma-, Serum-, Vollblut-BDNFs

In der Tabelle 12 sind die BDNF-Werte für die Gruppe Tanz dargestellt. Nach einem sechsmonatigen Tanztraining sind signifikante Anstiege in der Plasma-BDNF und in der Vollblut-BDNF-Konzentration zu registrieren, die sich im Plasma-BDNF durch eine hohe Effektstärke (d = 0,75) und im Vollblut-BDNF durch eine geringe Effektstärke (d = 0,31) ausweisen. Das Serum-BDNF blieb hingegen von Prä-Test zu Post-Test stabil.

Tab. 12: Longitudinale Entwicklung des BDNF (Plasma, Serum und Vollblut) für die Gruppe Tanz.

| BDNF | Tanzen Prä | | Tanzen Post | | | | |
	MW [ng]	SD	MW [ng]	SD	T	df	p-Wert
Plasma	1521,06	902,31	2222, 65	958,05	-2,83	21	0,001***
Serum	33508,09	9242,01	34477,71	10312,46	-1,14	21	0,267
Vollblut	23777,19	8167,85	26412,22	8732,42	-2,23	21	0,037*

Anmerkung. p > 0,100 = kein signifikanter Unterschied; p ≤ 0,100 = Trend [°], p ≤ 0,050 = signifikant [*], p ≤ 0,010 = hoch signifikant [**], p ≤ 0,005 = höchst signifikant [***].

Bei den Sportlern konnten nach einem sechsmonatigen multimodalen Bewegungstraining keine signifikanten Veränderungen in der Konzentration von Plasma-, Serum- und Vollblut-BDNF festgestellt werden (Tabelle 13). Das BDNF im Serum und im Vollblut der Gruppe Sport war nach dem Training tendenziell geringer als zur Ausgangsmessung.

Tab. 13: Longitudinale Entwicklung des BDNF (Plasma, Serum, Vollblut) für die Gruppe Sport.

| BDNF | Sport Prä | | Sport Post | | | | |
	MW [ng]	SD	MW [ng]	SD	T	df	p-Wert
Plasma	2069,14	1208,26	2077,65	1144,12	-,043	18	0,966
Serum	30482,84	11869,88	29447,75	11699,59	0,747	18	0,464
Vollblut	23935,30	9968,47	23159,27	8535,45	1,13	18	0,273

Anmerkung. p > 0,100 = kein signifikanter Unterschied; p ≤ 0,100 = Trend [°], p ≤ 0,050 = signifikant [*], p ≤ 0,010 = hoch signifikant [**], p ≤ 0,005 = höchst signifikant [***].

Zwar stiegen die BDNF-Werte im Plasma- und im Vollblut nach der Tanzintervention an. Der Gruppenunterschied verdeutlicht jedoch, dass sich beide Gruppen zum Post-Zeitpunkt in der BDNF-Konzentration nicht unterschieden. Auch das Ausgangsniveau zum Prä-Test wies keine signifikanten Unterschiede zwischen den Gruppen auf. Die statistischen Kennwerte sind in der Tabelle 14 dargelegt.

Tab. 14: Mittelwerte (MW) und Standardabweichungen (SD) des BDNF (Plasma, Serum und Vollblut) für die Gruppen Tanz und Sport.

	Tanzen		Sport				
	MW [ng]	SD	MW [ng]	SD	T	df	p-Wert
Plasma prä	1521,06	902,31	2069,14	1208,26	-1659	39	0,105
Plasma post	2222, 65	958,05	2077,65	1144,12	0,442	39	0,661
Serum prä	33508,09	9242,01	30482,84	11869,88	0,917	39	0,365
Serum post	34477,71	10312,46	29447,75	11699,59	1,463	39	0,151
Vollblut prä	23777,19	8167,85	23935,30	9968,47	-0,056	39	0,956
Vollblut post	26412,22	8732,42	23159,27	8535,45	1,202	39	0,237

Anmerkung. (p > 0,100 = kein signifikanter Unterschied; p ≤ 0,100 = Trend [°], p ≤ 0,050 = signifikant [*], p ≤ 0,010 = hoch signifikant [**], p ≤ 0,005 = höchst signifikant [***]).

5.3 Neuropsychologische Daten

In diesem Abschnitt werden alle Testleistungen im Prä-Post-Testverlauf (longitudinal) sowie im Gruppenvergleich (Tanzen vs. Sport) für die Variablen der Testbatterie zur Aufmerksamkeitsprüfung (TAP), des Zahlen-Verbindungs-Tests (ZVT), des Regensburger Wortflüssigkeitstests (RWT), der Zahlenspanne (ZSP), des Rey-Osterrieth-Complex-Figure Tests (ROCFT), des Verbalen Lern- und Merkfähigkeitstests (VLMT) sowie der CANTAB beschrieben.

5.3.1 *Ergebnisse der Testbatterie zur Aufmerksamkeitsprüfung (TAP)*

- Longitudinale Entwicklung der Testleistungen

Die TAP misst die Aufmerksamkeitsleistungen und besteht unter anderem aus den Untertests Alertness, Go/Nogo, geteilte Aufmerksamkeit sowie Flexibilität. In zwei Variablen demonstrierten die Tänzer nach einem sechsmonatigen Training signifikante Leistungsverbesserungen in Form von kürzeren Reaktionszeiten: nämlich in der Variable Alertness mit Ton (Alert mT) und Flexibilität (Flex-RZ). Die statistischen Kennwerte sind in der Tabelle 15 zu sehen. Weiterhin zeichneten sich die Tänzer durch eine Reduzierung der Fehleranzahl in der geteilten Aufmerksamkeit (geAuf-F) aus. Alle weiteren Leistungen zur selektiven Aufmerksamkeit (Go/Nogo) zur Alertness (Alert oT) blieben in den sechs Monaten stabil (Tabelle 17). Da die Variablen Alert-mT und geAuf-F nicht normalverteilt sich, lassen sich keine Effektstärken nach Cohen berechnen. Für die Reaktionszeit in der Flexibilität (Flex-RZ) lässt sich eine geringe Effektstärke d = -0,32 konstatieren.

Tab. 15: Statistische Kennwerte der Variablen der TAP für die Gruppe Tanz.

	Tanzen Prä		Tanzen Post				
	MW	SD	MW	SD	T bzw. Z	df	p-Wert
Alert-oT	293,30	72,44	277,17	41,80	-1,597	22	0,110
Alert-mT	284,22	66,26	258,96	26,60	-2,328	22	0,020*
GoNo-RZ	428,09	55,63	441,04	57,59	-1,338	22	0,195
GoNo-F	1,52	1,38	1,04	0,976	-1,615	22	0,106
GoNo-AG	0,61	1,53	0,17	0,576	-1,276	22	0,202
geAuf-vis	916,65	130,31	909,96	88,13	,350	22	0,730
geAuf-aud	650,87	85,87	636,70	93,06	,936	22	0,359
geAuf-AGaud	0,35	0,487	0,52	0,898	-,474	22	0,635
geAuf-AG	2,09	2,69	2,39	2,21	-,483	22	0,629
geAuf-F	2,04	1,65	1,35	1,92	-2,061	22	0,039*
Flex-RZ	971,17	243,38	892,13	249,06	-2,464	22	0,014*
Flex-F	3,52	6,90	2,09	2,91	-,399	22	0,690

Anmerkung: Alert-oT = Alertness ohne Ton [Reaktionszeit/ms], Alert-mT = Alertness mit Ton [Reaktionszeit/ms], GoNo-RZ = Go/Nogo-Diskriminierungsleistung [Reaktionszeit/ms], GoNo-F = Go/Nogo- Diskriminierungsleistung [Fehler/ Punkte], GoNo-AG = Go/Nogo-Diskriminierungsleistung [Ausgelassen/ Punkte], geAuf-vis = geteilte Aufmerksamkeit visuell [Reaktionszeit/ms], geAuf-aud = geteilte Aufmerksamkeit auditiv [Reaktionszeit/ms], geAuf-AGaud=geteilte Aufmerksamkeit auditiv [Ausgelassen/Punkte], geAuf-AG = geteilte Aufmerksamkeit [Ausgelassen/Punkte], Flex-RZ = Flexibilität [Reaktionszeit/ms], Flex-F = Flexibilität [Fehler/Punkte], p > 0,100 = kein signifikanter Unterschied; p ≤ 0,100 = Trend [°], p ≤ 0,050 = signifikant [*], p ≤ 0,010 = hoch signifikant [**], p ≤ 0,005 = höchst signifikant [***].

Nach einem sechsmonatigen multimodalen Bewegungstraining verbesserten die Sportler ihre Leistungen in der Variable Alertness (Alert-mT). Die schnelleren Reaktionszeiten stellen eine bessere Verarbeitungsgeschwindigkeit dar. Die Effektstärke ist jedoch gering und liegt bei d = -0,38. Alle anderen Testleistungen zur Alertness (Alert-oT), zur selektiven Aufmerksamkeit und Inhibitionsfähigkeit (Go/Nogo) sowie zur Aufmerksamkeitsteilung (geAuf) und der Fähigkeit zur flexiblen Kontrolle des Aufmerksamkeitsfokus (Flex) blieben unverändert (Tabelle 16).

- Gruppenvergleich der Testleistungen

Der Gruppenvergleich verdeutlicht, dass sich die Testleistungen in den Variablen geteilte Aufmerksamkeit visuell (geAuf-vis) und in der Anzahl der Fehler der geteilten Aufmerksamkeit (geAuf-F) im Prä-Test signifikant voneinander unterscheiden. Dabei zeigen die Sportler in beiden Variablen bessere Testleistungen. Die Reaktionszeit in der visuellen Aufgabe der geteilten Aufmerksamkeit beträgt bei den Sportlern MW = 847,20ms (SD = 70,12) im Prä-Test, wohingegen bei den Tänzern zu diesem Messzeitpunkt signifikant langsamere Zeiten zu registrieren sind (MW = 916,65 ms; SD = 130,31). Auch die Mittelwerte zur Fehleranzahl in der geteilten Aufmerksamkeit von MW = 1,30 Punkte bei den Sportlern und MW = 2,04 Punkte (Tänzer) spiegeln die Leistungsunterschiede zum Prä-Test wider (Tabelle 17).

Zwar können die Tänzer ihre Reaktionszeiten von Prä- zu Post-Test verbessern, jedoch ist diese Verbesserung nicht signifikant (Tabelle 17).

Tab. 16: Statistische Kennwerte der Variablen der TAP für die Gruppe Sport.

	Sport Prä		Sport Post				
	MW	SD	MW	SD	T bzw. Z	df	p-Wert
Alert-oT	262,55	33,20	255,20	42,17	-1,438	19	0,151
Alert-mT	255,20	27,15	244,60	27,94	2,133	19	0,046*
GoNo-RZ	424,20	55,48	423,15	65,58	0,100	19	0,922
GoNo-F	1,50	1,43	1,25	1,25	-,145	19	0,885
GoNo-AG	0,20	0,523	0,20	0,523	0,100	19	1,00
geAuf-vis	847,20	70,12	841,50	86,20	0,369	19	0,716
geAuf-aud	651,50	113,91	661,10	146,22	-0,426	19	0,675
geAuf-AGaud	0,30	0,470	0,20	,410	0,698	19	0,494
geAuf-AG	1,25	1,372	1,30	1,129	-,139	19	0,891
geAuf-F	1,30	1,12	1,15	0,875	-0,060	19	0,953
	MW	SD	MW	SD	T bzw. Z	df	p-Wert
Flex-RZ	864,85	222,75	838,60	236,51	0,318	19	0,754
Flex-F	1,85	2,35	1,25	2,09	0,798	19	0,435

Anmerkung: Alert-oT = Alertness ohne Ton [Reaktionszeit/ms], Alert-mT = Alertness mit Ton [Reaktionszeit/ms], GoNo-RZ = Go/Nogo-Diskriminierungsleistung [Reaktionszeit/ms], GoNo-F = Go/Nogo- Diskriminierungsleistung [Fehler/Punkte], GoNo-AG = Go/Nogo-Diskriminierungsleistung [Ausgelassen/Punkte], geAuf-vis = geteilte Aufmerksamkeit visuell [Reaktionszeit/ms], geAuf-aud = geteilte Aufmerksamkeit auditiv [Reaktionszeit/ms], geAuf-AGaud = geteilte Aufmerksamkeit auditiv [Ausgelassen/Punkte], geAuf-AG = geteilte Aufmerksamkeit [Ausgelassen/Punkte], Flex-RZ = Flexibilität [Reaktionszeit/ms], Flex-F = Flexibilität [Fehler/Punkte], p > 0,100 = kein signifikanter Unterschied; p ≤ 0,100 = Trend [°], p ≤ 0,050 = signifikant [*], p ≤ 0,010 = hoch signifikant [**], p ≤ 0,005 = höchst signifikant [***].

Tab. 17: Gruppenvergleich zum Prä- und Post-Test in den Variablen der TAP.

	Prä			Post		
	T bzw. Z	df	p-Wert	T bzw. Z	df	p-Wert
Alert-oT	-1,474	41	0,141	-2,186	41	0,029*
Alert-mT	-1,656	41	0,096	1,953	41	0,058
GoNo-RZ	0,229	41	0,820	1,003	41	0,322
GoNo-F	-0,189	41	0,850	-0,234	41	0,815
GoNo-AG	-0,943	41	0,346	-0,491	41	0,624
geAuf-vis	2,214	41	0,034*	2,777	41	0,008**
geAuf-aud	-0,021	41	0,984	-0,638	41	0,527
geAuf-AGaud	0,326	41	0,746	-1,270	41	0,204
geAuf-AG	-1,008	41	0,314	2,032	41	0,050*
geAuf-F	2,242	41	0,032*	-0,012	41	0,990
Flex-RZ	1,486	41	0,145	0,798	41	0,429
Flex-F	-0,594	41	0,553	-1,479	41	0,139

Anmerkung: Alert-oT = Alertness ohne Ton [Reaktionszeit/ms], Alert-mT = Alertness mit Ton [Reaktionszeit/ms], GoNo-RZ = Go/Nogo-Diskriminierungsleistung [Reaktionszeit/ms], GoNo-F = Go/Nogo- Diskriminierungsleistung [Fehler/Punkte], GoNo-AG = Go/Nogo-Diskriminierungsleistung [Ausgelassen/Punkte], geAuf-vis = geteilte Aufmerksamkeit visuell [Reaktionszeit/ms], geAuf-aud = geteilte Aufmerksamkeit auditiv [Reaktionszeit/ms], geAuf-AGaud = geteilte Aufmerksamkeit auditiv [Ausgelassen/Punkte], geAuf-AG = geteilte Aufmerksamkeit [Ausgelassen/Punkte], Flex-RZ = Flexibilität [Reaktionszeit/ms], Flex-F = Flexibilität [Fehler/Punkte], p > 0,100 = kein signifikanter Unterschied; p ≤ 0,100 = Trend [°], p ≤ 0,050 = signifikant [*], p ≤ 0,010 = hoch signifikant [**], p ≤ 0,005 = höchst signifikant [***].

So bleiben die Leistungsunterschiede in der Variable geAuf-vis auch im Post-Test zwischen den Gruppen signifikant (Tabelle 17). In der Variable geAuf-AG, werden die Auslassungen erfasst, wenn nicht bei einem auditiven oder visuellen Reiz mittels Tastendruck reagiert wurde. Aus der Tabelle 17 geht hervor, dass sich die Gruppen in dieser Variable zum Post-Test signifikant unterscheiden (T = 2,777; df = 41; p = 0,05). Dieser Unterschied ist darauf zurückzuführen, dass die Differenz der Testleistungen bereits im Prä-Test mit MW = 2,09 Punkte bei den Tänzern und MW = 1,25 Punkte bei den Sportlern vorliegt, und sich die Tänzer im weiteren Verlauf zum Post-Test verschlechtern (MW = 2,39 Punkte; p = 0,629).

5.3.2 Ergebnisse des Zahlen-Verbindungs-Tests (ZVT)

- Longitudinale Entwicklung der Testleistungen

Neben den Testleistungen der TAP, gibt auch der ZVT Auskunft über die Verarbeitungsgeschwindigkeit. In der Tabelle 18 sind die Mittelwerte der Gruppe Tanz zum Prä- und Posttest aufgeführt. Zwar werden die Tänzer im Verlauf etwas schneller, von MW = 1,89 bit/Sekunde auf MW = 1,95 bit/Sekunde, jedoch ist diese Veränderung statistisch nicht bedeutsam (p = 0,212).

Tab. 18: Statistische Kennwerte der Variablen des ZVT für die Gruppe Tanz.

	Tanzen Prä		Tanzen Post				
	MW	SD	MW	SD	T	df	p-Wert
ZVT	1,89	0,39	1,95	0,42	-1,285	22	0,212

Anmerkung: ZVT = Informationsgeschwindigkeit [bit/Sekunde], p > 0,100 = kein signifikanter Unterschied; p $\leq$ 0,100 = Trend [°], p $\leq$ 0,050 = signifikant [*], p $\leq$ 0,010 = hoch signifikant [**], p $\leq$ 0,005 = höchst signifikant [***].

Ein ähnliches Bild zeichnet sich auch für die Sportler ab. Die Verarbeitungsgeschwindigkeit verbessert sich von MW = 2,08 bit/Sekunde auf MW = 2,11 bit/Sekunde und ist wie bei den Tänzern nicht signifikant (p = 0,520).

Tab. 19: Statistische Kennwerte für die Variablen des ZVT für die Gruppe Sport.

	Sport Prä		Sport Post				
	MW	SD	MW	SD	T	df	p-Wert
ZVT	2,08	0,37	2,11	0,47	-0,655	19	0,520

Anmerkung: ZVT = Informationsgeschwindigkeit [bit/Sekunde], p > 0,100 = kein signifikanter Unterschied; p $\leq$ 0,100 = Trend [°], p $\leq$ 0,050 = signifikant [*], p $\leq$ 0,010 = hoch signifikant [**], p $\leq$ 0,005 = höchst signifikant [***].

- Gruppenvergleich der Testleistungen

Der Gruppenvergleich demonstriert, dass sich die Testleistungen beider Gruppen weder zum Prä-Test, noch zum Post-Test unterscheiden. Die statistischen Kennwerte sind in der Tabelle 20 zu sehen.

Tab. 20: Gruppenvergleich zum Prä- und Post-Test in den Variablen des ZVT.

	Prä			Post		
	T	df	p-Wert	T	df	p-Wert
ZVT	-1,642	41	0,108	-1,239	41	0,226

Anmerkung: ZVT = Informationsgeschwindigkeit [bit/Sekunde], p > 0,100 = kein signifikanter Unterschied; p ≤ 0,100 = Trend [°], p ≤ 0,050 = signifikant [*], p ≤ 0,010 = hoch signifikant [**], p ≤ 0,005 = höchst signifikant [***].

5.3.3 Ergebnisse des Regensburger Wortflüssigkeitstests (RWT)

• Longitudinale Entwicklung der Testleistungen

Im Bereich der Wortflüssigkeit können bei den Tänzern von Prä- zum Postzeitpunkt konstante Leistungen in allen Variablen des RWT registriert werden (Tabelle 21).

Tab. 21: Statistische Kennwerte der Variablen des RWT für die Gruppe Tanz.

	Tanzen Prä		Tanzen Post				
	MW	SD	MW	SD	T	df	p-Wert
M-Wörter	17,70	5,76	17,78	4,908	-0,065	22	0,949
G-R	19,48	4,28	19,04	4,28	0,447	22	0,659
Tiere	30,74	7,149	30,52	6,17	0,147	22	0,885
K-B	19,74	4,256	21,04	5,40	-1,511	22	0,145

Anmerkung: M-Wörter = Formallexikalische Wortflüssigkeit [Punkte], G-R (Wechsel zw. G-R Wörter) = Formallexikalischer Kategorienwechsel [Punkte], Tiere = Semantisch-kategorielle Flüssigkeit [Punkte], K-B (Wechsel zw. Kleidungsstücke-Blumen) = Semantischer Kategorienwechsel [Punkte], p > 0,100 = kein signifikanter Unterschied; p ≤ 0,100 = Trend [°], p ≤ 0,050 = signifikant [*], p ≤ 0,010 = hoch signifikant [**], p ≤ 0,005 = höchst signifikant [***].

Unveränderte Testleistungen liegen auch für die Variablen des RWT für die Sportler vor (Tabelle 22).

Tab. 22: Statistische Kennwerte der Variablen des RWT für die Gruppe Sport.

	Sport Prä		Sport Post				
	MW	SD	MW	SD	T	df	p-Wert
M-Wörter	18,10	3,78	19,00	4,91	-0,981	19	0,339
G-R	21,50	4,94	21,75	5,58	-0,218	19	0,830
Tiere	32,95	5,14	33,25	7,34	-0,179	19	0,860
K-B	20,40	4,04	20,50	4,51	-0,110	19	0,913

Anmerkung: M-Wörter = Formallexikalische Wortflüssigkeit [Punkte], G-R (Wechsel zw. G-R Wörter) = Formallexikalischer Kategorienwechsel [Punkte], Tiere = Semantisch-kategorielle Flüssigkeit [Punkte], K-B (Wechsel zw. Kleidungsstücke-Blumen) = Semantischer Kategorienwechsel [Punkte], p > 0,100 = kein signifikanter Unterschied; p ≤ 0,100 = Trend [°], p ≤ 0,050 = signifikant [*], p ≤ 0,010 = hoch signifikant [**], p ≤ 0,005 = höchst signifikant [***].

- Gruppenvergleich der Testleistungen

In allen vier gemessenen Variablen zur formallexikalischen Wortflüssigkeit, zum formallexikalischen Kategorienwechsel, zur semantisch-kategoriellen Flüssigkeit sowie zum semantischen Kategorienwechsel unterschieden sich die Testleistungen zwischen den Gruppen weder im Prä-Test noch im Post-Test.

Tab. 23: Gruppenvergleich zum Prä- und zum Post-Test in den Variablen des RWT.

	Prä			Post		
	T	df	p-Wert	T	df	p-Wert
M-Wörter	-0,267	41	0,790	-0,811	41	0,422
G-R	-1,438	41	0,158	-1,797	41	0,080°
Tiere	-1,148	41	0,257	-1,324	41	0,193
K-B	-0,520	41	0,606	0,355	41	0,724

Anmerkung: M-Wörter = Formallexikalische Wortflüssigkeit [Punkte], G-R (Wechsel zw. G-R Wörter) = Formallexikalischer Kategorienwechsel [Punkte], Tiere = Semantisch-kategorielle Flüssigkeit [Punkte], K-B (Wechsel zw. Kleidungsstücke-Blumen) = Semantischer Kategorienwechsel [Punkte], p > 0,100 = kein signifikanter Unterschied; p ≤ 0,100 = Trend [°], p ≤ 0,050 = signifikant [*], p ≤ 0,010 = hoch signifikant [**], p ≤ 0,005 = höchst signifikant [***].

5.3.4 Ergebnisse der Zahlenspanne (ZSP)

- Longitudinale Entwicklung der Testleistungen

Bezüglich des Kurzzeitgedächtnisses, dass mit der ZSP vorwärts erfasst wurde, nahmen zwar die Testleistungen der Tänzer von Prä- (MW = 7,73 Punkte) zu Post-Test (MW = 8,05 Punkte) leicht zu, erreichten jedoch nicht das geforderte Signifikanzniveau von p < 0,05, um statistisch bedeutsam zu werden. Ähnlich ist es auch in den Testleistungen der ZSP rückwärts, welche die Leistung des Arbeitsgedächtnisses wiedergibt, zu beobachten (Tabelle 24). Auch hier blieben die Testleistungen nach einem sechsmonatigen Tanztraining stabil.

Tab. 24: Statistische Kennwerte der Variablen der ZSP (WMS-R) für die Gruppe Tanz.

	Tanzen Prä		Tanzen Post				
	MW	SD	MW	SD	T	df	p-Wert
ZSP vw	7,73	1,80	8,05	2,08	-0,752	21	0,461
ZSP rw	6,05	1,46	6,23	1,57	-0,699	21	0,492

Anmerkung: ZSP vw= Zahlenspanne vorwärts [Punkte], ZSP rw = Zahlenspanne rückwärts [Punkte], p > 0,100 = kein signifikanter Unterschied; p ≤ 0,100 = Trend [°], p ≤ 0,050 = signifikant [*], p ≤ 0,010 = hoch signifikant [**], p ≤ 0,005 = höchst signifikant [***].

Die Testleistungen der Sportgruppe in der ZSPvw blieben vom Zeitpunkt der Prä-Messung mit MW = 8,29 Punkte zum Zeitpunkt der Post-Messung mit MW = 8,47 Punkte stabil (p = .704). Tabelle 25 stellt darüber hinaus die Leistungen des Arbeitsgedächtnisses (ZSP rw) dar. Diese Leistungen sind nach einem sechsmonatigen multimodalen Training ebenso weitgehend unverändert.

Tab. 25: Statistische Kennwerte der Variablen der ZSP (WMS-R) für die Gruppe Sport.

	Sport Prä		Sport Post				
	MW	SD	MW	SD	T	df	p-Wert
ZSp vw	8,29	1,76	8,47	1,63	-0,387	16	0,704
ZSP rw	6,94	1,69	6,88	1,71	0,108	16	0,916

Anmerkung: ZSP vw = Zahlenspanne vorwärts [Punkte], ZSP rw = Zahlenspanne rückwärts [Punkte], p > 0,100 = kein signifikanter Unterschied; p ≤ 0,100 = Trend [°], p ≤ 0,050 = signifikant [*], p ≤ 0,010 = hoch signifikant [**], p ≤ 0,005 = höchst signifikant [***].

- Gruppenvergleich der Testleistungen

Der Gruppenvergleich verdeutlicht, dass sich sowohl vor den Interventionen wie auch nach den Interventionen die Testleistungen in der Zahlenspanne vorwärts und rückwärts nicht signifikant unterscheiden. Die statistischen Kennwerte sind in der Tabelle 26 aufgeführt.

Tab. 26: Gruppenvergleich zum Prä- und Post-Test in den Variablen der ZSP (WMS-R).

	Prä			Post		
	T	df	p-Wert	T	df	p-Wert
ZSP vw	-1,538	36	0,133	-0,832	36	0,411
ZSP rw	-1,738	36	0,091°	-1,210	36	0,234

Anmerkung: ZSP vw = Zahlenspanne vorwärts [Punkte], ZSP rw = Zahlenspanne rückwärts [Punkte], p > 0,100 = kein signifikanter Unterschied; p ≤ 0,100 = Trend [°], p ≤ 0,050 = signifikant [*], p ≤ 0,010 = hoch signifikant [**], p ≤ 0,005 = höchst signifikant [***].

5.3.5 Ergebnisse des Rey-Osterrieth-Complex-Figure Tests (ROCFT)

Das räumliche Gedächtnis bzw. die visuell-konstruktiven Fähigkeiten wurden mit dem ROCFT erfasst. Nachfolgend werden nun die Ergebnisse beider Gruppen beschrieben.

- Longitudinale Entwicklung der Testleistungen

Nach einem sechsmonatigen Tanztraining zeigten die Tänzer verbesserte Leistungen in dem unmittelbaren Gedächtnisabruf (Abruf nach 3 Minuten). Sie konnten sich signifikant mehr geometrische Elemente merken und wiedergeben als vor der Tanzintervention und verbesserten ihre Leistungen im Mittel um fünf Punkte (Tabelle 27). Die hochsignifikante Verbesserung von p < 0,001 weist sich auch durch eine hohe Effektstärke von d = 0,77 aus. Im verzögerten Abruf (Abruf nach 30 Minuten) erreichten die Tänzer ebenfalls eine signifikante Leistungssteigerung um vier Punkte. Auch dieses hochsignifikante Ergebnis (p < 0,001) geht mit einer starken Effektstärke von d=0,72 einher.

Tab. 27: Statistische Kennwerte der Variablen des ROCFT für die Gruppe Tanz.

	Tanzen Prä		Tanzen Post				
	MW	SD	MW	SD	T bzw. Z	df	p-Wert
Kopie	30,20	4,59	31,66	4,52	-1,742	21	0,082°
Abruf (3 Min.)	16,04	6,01	21,47	7,87	-5,877	21	0,001***
Abruf (30 Min.)	16,07	5,25	20,75	7,54	-4,829	21	0,001***

Anmerkung: Kopie = Abzeichnen der Rey-Figur [Punkte], Abruf (3 Min.) = unmittelbarer Abruf der Rey-Figur [Punkte], Abruf (30 Min.) = verzögerter Abruf der Rey-Figur nach 30 Minuten [Punkte], p > 0,100 = kein signifikanter Unterschied; p ≤ 0,100 = Trend [°], p ≤ 0,050 = signifikant [*], p ≤ 0,010 = hoch signifikant [**], p ≤ 0,005 = höchst signifikant [***].

Die Sportler zeigten eine ähnliche Entwicklung im unmittelbaren und verzögertem Gedächtnisabruf (Tabelle 28). Von Prä- zu Post-Test konnte diese Gruppe eine signifikante Leistungssteigerung von fast sechs Punkten im unmittelbaren Gedächtnisabruf (Abruf 3 Min.) verzeichnen. Auch im verzögerten Gedächtnisabruf (Abruf 30 Min.) demonstrierten die Sportler einen Leistungszuwachs von sechs Punkten. Die Effektstärke für den unmittelbaren Abruf beträgt d = 1,05 und auch die Effektstärke für den verzögerten Abruf erreicht einen hohen Wert von d = 0,95.

Tab. 28: Statistische Kennwerte der Variablen des ROCFT für die Gruppe Sport.

	Sport Prä		Sport Post				
	MW	SD	MW	SD	T	df	p-Wert
Kopie	32,76	2,70	33,00	1,41	-0,439	19	0,666
Abruf (3 Min.)	18,55	5,47	24,37	5,58	-3,683	19	0,002**
Abruf (30 Min.)	18,71	5,53	24,24	6,06	-3,542	19	0,002**

Anmerkung: Kopie = Abzeichnen der Rey-Figur [Punkte], Abruf (3 Min.) = unmittelbarer Abruf der Rey-Figur [Punkte], Abruf (30 Min.) = verzögerter Abruf der Rey-Figur nach 30 Minuten [Punkte], p > 0,100 = kein signifikanter Unterschied; p ≤ 0,100 = Trend [°], p ≤ 0,050 = signifikant [*], p ≤ 0,010 = hoch signifikant [**], p ≤ 0,005 = höchst signifikant [***].

- Gruppenvergleich der Testleistungen

Der Gruppenvergleich verdeutlicht, dass sich die Leistungen im Abzeichnen der Rey Figur (Kopie) unterscheiden. Die Tänzer zeigen mit einem MW von 30,20 Punkten im Prä-Test schlechtere Leistungen im Vergleich zu den Sportlern mit einem MW von 32,76 Punkten. Zum Post-Test unterscheiden sich die Leistungen in der Variable Kopie nicht (Tabelle 29).

Tab. 29: Gruppenvergleich zum Prä- und Post-Test in den Variablen des ROCFT.

	Prä			Post		
	T bzw. Z	df	p-Wert	T bzw. Z	df	p-Wert
Kopie	-2,125	41	0,034*	-0,357	41	0,721
Abruf (3 Min.)	-1,596	41	0,118	-1,386	41	0,174
Abruf (30 Min.)	-1,608	41	0,115	-1,668	41	0,103

Anmerkung: Kopie = Abzeichnen der Rey-Figur [Punkte], Abruf (3 Min.)= unmittelbarer Abruf der Rey-Figur [Punkte], Abruf (30 Min.) = verzögerter Abruf der Rey-Figur nach 30 Minuten [Punkte], p > 0,100 = kein signifikanter Unterschied; p ≤ 0,100 = Trend [°], p ≤ 0,050 = signifikant [*], p ≤ 0,010 = hoch signifikant [**], p ≤ 0,005 = höchst signifikant [***]

5.3.6 Ergebnisse des Verbalen Lern- und Merkfähigkeitstests (VLMT)

- Longitudinale Entwicklung der Testleistungen

Im Bereich der verbalen Lern- und Merkfähigkeit stellten sich für die Tänzer keine signifikanten Leistungsveränderungen nach dem Training ein. Sie zeigten konstante Ergebnisse in den Variablen Gesamtlernleistung (DG1-DG5), unmittelbarer Abruf nach Interferenzliste (DG6), verzögerter Abruf (DG7), Verlust nach Interferenzliste (DG5minusDG6), Verlust nach 30 Minuten (DG5minusDG7), in der Wiedererkennung (WE) sowie in der Wiedererkennung minus Fehler (WE-F) (Tabelle 30).

Tab. 30: Statistische Kennwerte der Variablen des VLMT für die Gruppe Tanz.

	Tanzen Prä		Tanzen Post				
	MW	SD	MW	SD	T bzw. z	df	p-Wert
DG1-DG5	47,39	8,77	46,30	7,70	0,607	22	0,550
DG6	9,96	3,21	9,04	2,99	1,558	22	0,134
DG7	9,96	2,80	9,13	3,12	1,501	22	0,148
DG5minusDG6	2,00	2,067	2,65	2,04	-1,395	22	0,163
DG5minusDG7	1,96	1,52	2,57	2,02	-1,309	22	0,204
WE	13,43	2,17	13,70	1,46	-0,705	22	0,481
WE-F	11,39	3,51	10,26	3,78	1,382	22	0,181

Anmerkung: DG1-DG5 =Gesamtlernleistung, DG6 = unmittelbarer Abruf nach Interferenzliste, DG7 = verzögerter Abruf (nach 30min.), DG5minusDG6 = Verlust nach Interferenzliste, DG5minusDG7 = Verlust nach 30 min., WE = Wiedererkennung, WE-F = Wiedererkennung minus Fehler, p > 0,100 = kein signifikanter Unterschied; p ≤ 0,100 = Trend [°], p ≤ 0,050 = signifikant [*], p ≤ 0,010 = hoch signifikant [**], p ≤ 0,005 = höchst signifikant [***].

Die Sportler zeigten auch in der verbalen Lern- und Merkfähigkeit ähnliche Resultate wie die Tänzer. Einzig in der Gesamtlernleistung (DG1-DG5) steigerten die Sportler ihre Testleistungen von Prä (MW = 48,90 Punkte) zu Post (MW = 50,43). Diese beobachtbare Steigerung ist jedoch statistisch nicht signifikant (p = 0,354). Das bedeutet, dass auch diese Gruppe in den gemessenen Variablen konstante Testleistungen von Prä- zu Post-Test demonstrierte (Tabelle 31).

Tab. 31: Statistische Kennwerte der Variablen des VLMT für die Gruppe Sport.

| | Sport Prä | | Sport Post | | | | |
	MW	SD	MW	SD	T	df	p-Wert
DG1-DG5	48,90	8,78	50,43	8,99	-0,948	20	0,354
DG6	10,29	3,00	10,38	2,96	-0,186	20	0,854
DG7	10,00	3,19	10,43	3,23	-0,767	20	0,452
DG5minusDG6	2,19	2,36	2,29	2,13	-0,213	20	0,833
DG5minusDG7	2,48	2,50	2,19	2,40	0,610	20	0,549
WE	14,00	1,18	13,38	1,46	1,813	20	0,085°
WE-F	11,05	4,09	11,29	3,04	-0,191	20	0,849

Anmerkung: DG1-DG5 = Gesamtlernleistung, DG6 = unmittelbarer Abruf nach Interferenzliste, DG7 = verzögerter Abruf (nach 30min.), DG5minusDG6 = Verlust nach Interferenzliste, DG5minusDG7 = Verlust nach 30 min., WE = Wiedererkennung, WE-F = Wiedererkennung minus Fehler, p > 0,100 = kein signifikanter Unterschied; p ≤ 0,100 = Trend [°], p ≤ 0,050 = signifikant [*], p ≤ 0,010 = hoch signifikant [**], p ≤ 0,005 = höchst signifikant [***].

- Gruppenvergleich der Testleistungen

Die Testleistungen des VLMTs unterschieden sich zwischen den Gruppen Tanz und Sport weder zum Prä- noch zum Post-Messzeitpunkt. Die statistischen Kennwerte beider Messzeitpunkte sind in der Tabelle 32 dargelegt.

Tab. 32: Gruppenvergleich zum Prä- und Post-Test in den Variablen des VLMT.

| | Prä | | | Post | | |
	T bzw. Z	df	p-Wert	T bzw. Z	df	p-Wert
DG1-DG5	-0,571	42	0,571	-1,637	42	0,109
DG6	-0,350	42	0,728	-1,489	42	0,144
DG7	-0,048	42	0,144	-1,354	42	0,183
DG5minusDG6	-0,406	42	0,685	-0,772	42	0,440
DG5minusDG7	-0,823	32,43	0,417	0,562	42	0,577
WE	-0,913	42	0,361	-0,838	42	0,402
WE-F	-0,166	42	0,868	-0,794	42	0,427

Anmerkung: DG1-DG5 = Gesamtlernleistung, DG6 = unmittelbarer Abruf nach Interferenzliste, DG7 = verzögerter Abruf (nach 30min.), DG5minusDG6 = Verlust nach Interferenzliste, DG5minusDG7 = Verlust nach 30 min., WE = Wiedererkennung, WE-F = Wiedererkennung minus Fehler, p > 0,100 = kein signifikanter Unterschied; p ≤ 0,100 = Trend [°], p ≤ 0,050 = signifikant [*], p ≤ 0,010 = hoch signifikant [**], p ≤ 0,005 = höchst signifikant [***].

5.3.7 Ergebnisse der Cambridge Cognition Testbatterie (CANTAB)

- Longitudinale Entwicklung der Testleistungen

In den Testleistungen des MTS wird die Aufmerksamkeitsleistung erfasst. Die Variable *MTS unmittelbar* gibt die Punktzahl wieder. Die Variable *MTS verzögert* stellt den prozentualen Anteil der richtigen Antworten unter Berücksichtigung der Zeitkomponente dar. Im MTS kann ein Maximalpunktwert von 48 erreicht werden. Die Tänzer zeigten bereits zum Prä-Test hohe Testleistungen und erreichten einen MW von 46,65 Punkten. Diese Testleistung blieb über die Dauer der Tanzintervention konstant und zeigte einen MW von 45,65 Punkten zum Post-Test. Die Tänzer erreichten zum Prä-Test ebenso bereits annähernd den Maximalwert von 100%. In der gemessenen Variable *MTS verzögert* bleiben auch die Prozentwerte über die Interventionsdauer stabil (Tabelle 33). Der DMS gibt die Leistungen in der kognitiven Funktion des visuellen Gedächtnisses wieder. Auch bei der unmittelbaren Wiedererkennung eines Musters (*DMS unmittelbar*) erreichten die Tänzer einen Wert von 90,74% im Prä-Test. Diese Testleistung konnte zum Post-Test zwar um drei Prozent gesteigert werden, wurde aber nicht signifikant (p = 0,398). Lagen vier bis zwölf Sekunden Verzögerung zwischen der Darbietung und der Wiedererkennung des Musters (*DMS verzögert*), erzielten die Tänzer eine leichte Zunahme der Testleistungen um 2,5%, welche jedoch gleichfalls statistisch nicht bedeutsam ist (p = 0,253). Der PAL gibt darüberhinaus Auskunft über das visuelle Gedächtnis, hierbei wird die Anzahl der Fehler berechnet. Von Prä- zu Post-Test konnten die Tänzer die Anzahl der Fehler von 28 auf 21 im Bereich des visuellen Gedächtnisses reduzieren. In der Variable *PAL Stufe 6* wird auch die Anzahl der Fehler ermittelt, die ab dieser Stufe gemacht werden. Die Tänzer konnten in dieser Variable die Fehleranzahl von 9,08 Punkte auf 7,34 Punkte reduzieren. Dieses Ergebnis ist zufällig (p = 0,158). Der SSP spiegelt die Leistungen des Arbeitsgedächtnisses und der Exekutivfunktionen wider. Der maximal zu erreichende Punktwert liegt bei neun. Die Testleistung dieser Variable verändert sich von Prä- zu Post-Test nicht (Tabelle 33).

Die Testleistungen der CANTAB für die Sportgruppe zeigten eine ähnliche Entwicklung wie diejenigen der Tänzer. Die Sportler erreichten in der Variable *MTS unmittelbar* bereits eine hohe Testleistung von MW = 45,75 Punkte, die sich zum Post-Test hin nicht veränderte (MW = 45,9 Punkte). In der Variable *MTS verzögert* blieben die Testwerte von Prä zu Post bei ca. 95% konstant. Und auch die Testleistungen in den Variablen *DMS unmittelbar* und *DMS verzögert* kennzeichneten stabile Werte (Tabelle 34). Im Bereich des visuellen Gedächtnisses konnten die Sportler ihre Fehlerpunkte lediglich um drei Punkte reduzieren (p = 0,121). Die Anzahl der Fehler ab der sechsten Stufe des PAL (*PAL Stufe 6*) blieb über die Messzeitpunkte stabil. Die Ergebnisse in der Variablen SSP waren ebenso unauffällig. Die Sportler konnten zwar im Post-Test weniger Farbquadrate in der richtigen Reihenfolge wiedergeben als zum Prä-Test, diese Verschlechterung ist jedoch statistisch unbedeutsam (p = 0,912).

Tab. 33: Statistische Kennwerte der Variablen der CANTAB für die Gruppe Tanz.

	Tanzen Prä		Tanzen Post				
	MW	SD	MW	SD	T bzw. Z	df	p-Wert
MTS verzögert	96,07	3,55	95,11	4,59	0,890	22	0,383
MTS unmittelbar	46,65	1,28	45,65	2,20	-1,413	22	0,158
DMS verzögert	81,06	10,55	83,48	8,44	-1,142	22	0,253
DMS unmittelbar	90,74	13,20	93,91	8,38	-0,846	22	0,398
PAL	28	27,7	21,52	23,49	-2,238	22	0,025*
PAL Stufe 6	9,08	8,57	7,34	8,87	-1,410	22	0,158
SSP	5,13	0,774	5,00	0,925	-0,905	22	0,366

Anmerkung: MTS = Matching to sample (Aufmerksamkeit) [verzögert in %; unmittelbar in Punkte], DMS = Delayed matching to sample (visuelles Gedächtnis), PAL = Paired associates learning (visuelles Gedächtnis) [Fehlerpunkte], SSP= Spatial span (Arbeitsgedächtnis, exekutive Funktion) [Punkte], p > 0,100 = kein signifikanter Unterschied; p ≤ 0,100 = Trend [°], p ≤ 0,050 = signifikant [*], p ≤ 0,010 = hoch signifikant [**], p ≤ 0,005 = höchst signifikant [***].

Tab. 34: Statistische Kennwerte der Variablen der CANTAB für die Gruppe Sport.

	Sport Prä		Sport Post				
	MW	SD	MW	SD	T bzw. Z	df	p-Wert
MTS verzögert	95,31	4,16	95,62	4,11	-0,079	19	0,937
MTS unmittelbar	45,75	4,10	45,9	1,97	0,100	19	1,00
DMS verzögert	84,50	8,81	84,83	9,21	-0,181	19	0,859
DMS unmittelbar	94,50	6,86	95,00	6,88	-0,295	19	0,772
PAL	16,35	13,14	13,95	15,21	-1,551	19	0,121
PAL Stufe 6	4,1	4,61	5,00	3,88	-0,905	19	0,377
SSP	7,95	1,10	5,50	1,05	-0,111	19	0,912

Anmerkung: MTS = Matching to sample (Aufmerksamkeit) [verzögert in %; unmittelbar in Punkte], DMS = Delayed matching to sample (visuelles Gedächtnis), PAL = Paired associates learning (visuelles Gedächtnis) [Punkte], SSP = Spatial span (Arbeitsgedächtnis, exekutive Funktion) [Punkte], p > 0,100 = kein signifikanter Unterschied; p ≤ 0,100 = Trend [°], p ≤ 0,050 = signifikant [*], p ≤ 0,010 = hoch signifikant [**], p ≤ 0,005 = höchst signifikant [***].

- Gruppenvergleich der Testleistungen

Gruppenunterschiede waren einzig in den Testleistungen des PAL und PAL Stufe 6 zu beobachten. Im Prä-Test machten die Tänzer signifikant mehr Fehler als die Sportler. Im Prä-Test demonstrierten die Tänzer einen mittleren Fehlerpunktwert von 28,00 und die Sportler einen MW von 16,35. Die Tänzer verbesserten zwar ihre Testleistungen zum Post-Test auf MW = 21,52 Fehlerpunkte, jedoch blieb der Unterschied zwischen den Gruppen auch hier signifikant (p = 0,023). Unterschiede bestanden auch in den Testleistungen des PAL ab der sechsten Stufe. Dabei machten die Tänzer doppelt so viele Fehler (9 Fehlerpunkte) im Vergleich zu den Sportlern (4 Fehlerpunkte). Dieser Unterschied, der zum Prä-Test bestand, konnte zum Post-Test nicht mehr beobachtet werden (p = 0,603, siehe Tabelle 35).

Tab. 35: Gruppenvergleich zum Prä- und zum Post-Test in den Variablen der CANTAB.

	Prä			Post		
	T bzw. Z	df	p-Wert	T bzw. Z	df	p-Wert
MTS verzögert	-0,775	41	0,438	-0,478	41	0,635
MTS unmittelbar	-1,250	41	0,221	0,919	41	0,635
DMS verzögert	-1,148	41	0,258	-0,607	41	0,547
DMS unmittelbar	-0,658	41	0,511	-0,572	41	0,570
PAL	-2,146	41	0,032*	-2,282	41	0,023*
PAL Stufe 6	-2,549	41	0,011*	-0,519	41	0,603
SSP	-1,583	41	0,113	-2,209	41	0,027*

Anmerkung: MTS = Matching to sample (Aufmerksamkeit), DMS = Delayed matching to sample (visuelles Gedächtnis), PAL = Paired associates learning (visuelles Gedächtnis), SSP = Spatial span (Arbeitsgedächtnis, exekutive Funktion), p > 0,100 = kein signifikanter Unterschied; p ≤ 0,100 = Trend [°], p ≤ 0,050 = signifikant [*], p ≤ 0,010 = hoch signifikant [**], p ≤ 0,005 = höchst signifikant [***].

Zusammenfassend lässt sich für die Entwicklung der neuropsychologischen Testleistungen konstatieren, dass diese über die Trainingsdauer von sechs Monaten in beiden Gruppen konstant geblieben sind. Vereinzelt konnten für die Aufmerksamkeit und für das visuell-räumliche Gedächtnis signifikante Leistungsverbesserungen beobachtet werden, die sich aber zwischen den Gruppen zum Post-test nicht unterschieden. Für die einzelnen kognitiven Funktionen stellte sich folgendes Bild dar: Die Exekutivfunktionen, gemessen durch den RWT und ZSPvorwärts, blieben über die Interventionsdauer hinweg in den Gruppen Sport und Tanz stabil. Weitere Testleistungen, die einem altersbedingten Abbau unterliegen, wie das Arbeitsgedächtnis (ZSPrückwärts und SSP) und das verbale Gedächtnis (VLMT,) kennzeichnen ebenso konstante Ergebnisse von Prä- zu Post-Test. Einzig für die Testleistungen des visuellen-räumlichen Gedächtnis (ROCFT) konnten für die Komponenten unmittelbarer und verzögerter Abruf für beide Gruppen signifikante Verbesserungen beobachtet werden. Der Gruppenvergleich verdeutlichte, dass sich die Testleistungen zwischen den Gruppen weder im unmittelbaren Abruf noch im verzögerten Abruf unterschieden. Eine weiterer Test, der das visuelle Gedächtnis in Verbindung mit Lernen erfasste, ist der PAL. Bereits zum Prä-Test unterschieden sich die Testleistungen zwischen den Gruppen, wobei sich die Tanzgruppe durch signifikant bessere Leistung auszeichnete. Es ist aber für beide Gruppen zu beachteten, das die gemessenen Mittelwerte mit sehr hohen Standardabweichungen einhergehen. Zwar verschlechterten sich die Testmittelwerte der Gruppe Tanz zum Post-Test, doch unter Berücksichtigung der hohen Standardabweichungen sind diese Ergebnisunterschiede statistisch nicht bedeutsam. Eine positive Entwicklung war in einigen Komponenten der Aufmerksamkeit beobachtbar. Die Tänzer zeigten nicht nur schnellere Reaktionszeiten in den Komponenten Flexibilität und Alertness im Post-Test, sie machten ebenso in der Aufgabe zur geteilten Aufmerksamkeit weniger Fehler im Vergleich zur Ausgangsmessung. Die Sportler hingegen konnten nur in der Alertness ihre Reaktionszeiten verbessern. Im Bereich der Fehleranzahl in der geteilten Aufmerksamkeit wiesen die Sportler im Vergleich zu den Tänzern schon zum Prä-Test einen signifikant geringeren Wert auf. Alle weiteren Variablen, die zur Aufmerksamkeit zählen, wie MTS und DMS sowie der ZVT, der unter anderen auch zur kognitiven Verarbeitungsgeschwindigkeit zählt, blieben über die sechs Monate in beiden Gruppen stabil.

5.4 Motorische Daten

5.4.1 *Ergebnisse des Sensorischen Organisationstests (SOT)*

- Longitudinale Entwicklung der Testleistungen

Beim Gleichgewichtserhalt spielen verschiedene Analysatoren eine wichtige Rolle. Der SOT ist in der Lage, diese zu erfassen. Das somatosensorische System (SOM) bildet dabei die Fähigkeit ab, Eingangssignale, die aus den Propriozeptoren der Muskulatur, der Bänder, Sehnen und Gelenke sowie aus den Mechanorezeptoren des taktilen Analysators zum Erhalt des Gleichgewichtes zum ZNS gesendet werden, zu nutzen. Nach einem sechsmonatigen Tanztraining waren die Tänzer in der Lage, dieses Analysesystem besser zu nutzen, d.h., sie steigerten ihre Testleistungen von Prä (92,54%) zu Post (93,33%) signifikant (p = 0,048). Die Effektstärke liegt hierbei im mittleren Bereich mit d = 0,5. Hochsignifikante Verbesserungen (p < 0,001) erreichten die Tänzer in den Testleistungen, die Aussagen über das visuelle System (VIS) liefern. Visuell kodierte Eingangssignale tragen maßgeblich zum Gleichgewichtserhalt bei und so konnten sich die Tänzer auch in dieser Gleichgewichtskomponente verbessern (Tabelle 36). Da diese Variable jedoch nicht normalverteilt ist, können keine Aussagen zur Effektstärke gemacht werden. Das vestibuläre System (VES) setzt sich aus Mechanorezeptoren im Innenohr (Macula- und Bogengangsorgane) zusammen und registriert primär translatorische und rotatorische Lageänderungen des Kopfes. Auch wenn sich die Mittelwerte von Prä-Test (MW = 78,46%) zu Post-Test (MW = 80,75%) deskriptiv verbessern, ist dieses Ergebnis zufällig, d.h. statistisch nicht signifikant (p = 0,166). Die Präferenz des visuellen Systems (PREF) zeigt das Ausmaß an, inwieweit sich der Proband auf visuelle Informationen verlässt, obwohl diese falsch sind, um das Gleichgewicht zu halten. Die Testleistungen zur Erfassung des PREF zeigten auch eine positive, signifikante Entwicklung nach einem sechsmonatigen Tanztraining (Tabelle 36) und zeichneten sich durch eine mittlere Effektstärke von d = 0,45 aus. Das Gesamtgleichgewicht (GG), das sich aus den Testleistungen der verschiedenen Systeme (SOM, VIS, VES, PREF) zusammensetzt, hat sich insgesamt nach der Tanzintervention verbessert, von MW = 85,71% auf MW = 87,18% (p = 0,006, d = 0,47).

Tab. 36: Statistische Kennwerte der Variablen des SOT für die Gruppe Tanz.

	Tanzen Prä		Tanzen Post				
	MW	SD	MW	SD	T bzw. Z	df	p-Wert
SOM	92,54	1,76	93,33	1,44	-2,102	21	0,048*
VIS	90,08	2,67	91,28	2,53	-4,540	21	0,000***
	MW	SD	MW	SD	T bzw. Z	df	p-Wert
VES	78,46	6,67	80,75	6,02	-1,436	21	0,166
PREF	77,84	5,08	80,03	4,63	-2,202	21	0,039*
GG	85,71	3,39	87,18	2,90	-3,057	21	0,006**

Anmerkung: SOM = Somatosensorischer Anteil [%], VIS = visueller Anteil [%], VES = vestibulärer Anteil [%], PREF = präferierter visueller Anteil [%], GG = Gleichgewicht gesamt [%], p > 0,100 = kein signifikanter Unterschied; p ≤ 0,100 = Trend [°], p ≤ 0,050 = signifikant [*], p ≤ 0,010 = hoch signifikant [**], p ≤ 0,005 = höchst signifikant [***].

Im Vergleich zu den Tänzern demonstrierten die Sportler nur im visuellen System eine positive Entwicklung. Sie steigerten ihre Testleistungen von Prä (MW = 91,22%) zu Post (MW = 92,17%) signifikant (p = 0,042). Auch diese Variable ist nicht normalverteilt, weshalb auf die Berechnung der Effektstärke verzichtet werden muss. Die Testleistungen, welche die anderen Systeme wiedergeben (SOM, VES, PREF), sowie das Gesamtgleichgewicht blieben nach einem sechsmonatigen multimodalen Bewegungstraining unverändert (Tabelle 37).

Tab. 37: Statistische Kennwerte der Variablen des SOT für die Gruppe Sport.

	Sport Prä		Sport Post				
	MW	SD	MW	SD	T bzw. Z	df	p-Wert
SOM	93,39	1,47	92,94	1,29	1,89	18	0,075
VIS	91,22	1,66	92,17	2,27	-2,185	18	0,042*
VES	80,04	4,31	79,47	5,56	0,447	18	0,661
PREF	79,90	3,42	79,88	4,52	0,020	18	0,984
GG	87,37	2,29	87,94	2,37	-1,409	18	0,176

Anmerkung: SOM= Somatosensorischer Anteil [%], VIS= visueller Anteil [%], VES= vestibulärer Anteil [%], PREF= präferierter visueller Anteil [%], GG= Gleichgewicht gesamt [%], p > 0,100 = kein signifikanter Unterschied; p ≤ 0,100 = Trend [°], p ≤ 0,050 = signifikant [*], p ≤ 0,010 = hoch signifikant [**], p ≤ 0,005 = höchst signifikant [***].

- Gruppenvergleich der Testleistungen

Trotz der positiven Entwicklung in den Testleistungen der Tänzer im SOM, VIS, PRFE und GG und den stabilen Testleistungen der Sportgruppe unterschieden sich beide Gruppen nicht zum Post-Test (Tabelle 38). Insgesamt waren beide Gruppen bereits zum Prä-Test auf einem hohen Ausgangsniveau in allen Teilkomponenten des Gleichgewichts.

Tab. 38: Gruppenvergleich zum Prä- und Post-Test in den Variablen des SOT.

	Prä			Post		
	T bzw. Z	df	p-Wert	T bzw. Z	df	p-Wert
SOM	-1,656	39	0,106	0,919	39	0,364
VIS	-1,481	39	0,139	-1,662	39	0,096°
VES	-0,881	39	0,383	0,706	39	0,484
PREF	-1,497	39	0,142	0,103	39	0,918
GG	-1,808	39	0,078°	-0,913	39	0,367

Anmerkung: SOM= Somatosensorischer Anteil [%], VIS= visueller Anteil [%], VES= vestibulärer Anteil [%], PREF= präferiertes visueller Anteil [%], GG= Gleichgewicht gesamt [%], p > 0,100 = kein signifikanter Unterschied; p ≤ 0,100 = Trend [°], p ≤ 0,050 = signifikant [*], p ≤ 0,010 = hoch signifikant [**], p ≤ 0,005 = höchst signifikant [***].

5.4.2 Ergebnisse des Limits of Stability (LOS)

- Longitudinale Entwicklung der Reaktionszeiten (RZ)

Die Reaktionszeit misst die Zeit zwischen der Aufforderung zum Start (blauer Kreis, siehe Kapitel 4.5.1.2) und dem Bewegungsbeginn und spiegelt die Wechselwirkung zwischen sensorischer und motorischer Leistung wieder. Ein geringer Zeitverbrauch deutet dabei auf eine gute Reaktionsfähigkeit hin. Die Tänzer verbesserten von Prä- (MW = 0,908 s) zu Post-Test (MW = 0,832 s) ihre Reaktionszeiten lediglich deskriptiv (p = 0,392). In der Reaktionszeit vorwärts verlangsamten sich die Tänzer von Prä- (MW = 0,882 s) zu Post-Test (MW = 0,996 s) ebenso nur deskriptiv (p = 0,132). Auch in den weiteren Variablen RZ rückwärts, RZ rechts und RZ links verbesserten die Tänzer ihre Reaktionszeiten nicht (Tabelle 39).

Tab. 39: Statistische Kennwerte der RZ (LOS) für die Gruppe Tanz.

	Tanzen Prä		Tanzen Post				
	MW	SD	MW	SD	T	df	p-Wert
RZ gesamt	0,9077	0,468	0,8323	0,229	0,875	21	0,392
RZ vorwärts	0,8823	0,229	0,9959	0,331	-1,566	21	0,132
RZ rückwärts	0,7855	0,274	0,7355	0,205	0,934	21	0,361
RZ rechts	0,8359	0,285	0,8064	0,341	0,413	21	0,684
RZ links	0,8618	0,238	0,7900	0,336	1,097	21	0,285

Anmerkung: RZ= Reaktionsgeschwindigkeit in Sekunden [s], p > 0,100 = kein signifikanter Unterschied; p ≤ 0,100 = Trend [°], p ≤ 0,050 = signifikant [*], p ≤ 0,010 = hoch signifikant [**], p ≤ 0,005 = höchst signifikant [***].

In den Testleistungen Reaktionszeit sind für die Sportler ähnliche Ergebnisse zu konstatieren. Auch sie konnten insgesamt ihre Reaktionszeiten von Prä (MW = 0,976 s) zu Post (MW = 0,844 s) reduzieren. Dieses Ergebnis erreichte auch in dieser Gruppe keine statistische Signifikanz (p = 0,112). Auch nach einem sechsmonatigen multimodalen Bewegungstraining verlangsamten sich die Reaktionszeiten in der Testleistung RZ vorwärts von MW = 0,765 s auf MW = 1,033 s. Im Vergleich zu den Tänzern ist dieses Ergebnis statistisch bedeutsam (p = 0,007, d = 0,97). In den weiteren Variablen RZ rückwärts, RZ rechts und RZ links waren im Vergleich zum Prä-Test schnellere Reaktionszeiten zum Post-Test beobachtbar, die aber statistisch nicht von Relevanz sind (Tabelle 40).

Tab. 40: Statistische Kennwerte der RZ (LOS) für die Gruppe Sport.

	Sport Prä		Sport Post				
	MW	SD	MW	SD	T	df	p-Wert
RZ gesamt	0,9763	0,245	0,8442	0,211	1,687	18	0,112
RZ vorwärts	0,7653	0,224	1,033	0,307	-3,025	18	0,007**
RZ rückwärts	0,7758	0,224	0,6932	0,255	0,985	18	0,337
RZ rechts	0,9353	0,267	0,8511	0,298	0,922	18	0,369
RZ links	0,8668	0,157	0,7963	0,350	0,880	18	0,390

Anmerkung: RZ= Reaktionsgeschwindigkeit in Sekunden [s], p > 0,100 = kein signifikanter Unterschied; p ≤ 0,100 = Trend [°], p ≤ 0,050 = signifikant [*], p ≤ 0,010 = hoch signifikant [**], p ≤ 0,005 = höchst signifikant [***].

- Gruppenvergleich der Reaktionszeiten

Aus den Gruppenvergleichen zum Prä- und zum Post-Test geht hervor, dass sich die Testleistungen zu beiden Messzeitpunkten in den Gruppen nicht voneinander unterschieden. Die statistischen Kennwerte sind in der Tabelle 41 dargelegt.

Tab. 41: Gruppenvergleich zum Prä- und Post-Test in der RZ (LOS).

	Prä			Post		
	T	df	p-Wert	T	df	p-Wert
RZ gesamt	-0,574	39	0,569	-0,172	39	0,864
RZ vorwärts	1,645	39	0,108	-0,371	39	0,712
RZ rückwärts	0,123	39	0,903	0,588	39	0,560
RZ rechts	-1,145	39	0,259	-0,443	39	0,660
RZ links	-0,078	39	0,938	-0,059	39	0,953

Anmerkung: RZ= Reaktionsgeschwindigkeit in Sekunden [s], p > 0,100 = kein signifikanter Unterschied; p ≤ 0,100 = Trend [°], p ≤ 0,050 = signifikant [*], p ≤ 0,010 = hoch signifikant [**], p ≤ 0,005 = höchst signifikant [***].

- Longitudinale Entwicklung der Bewegungsgeschwindigkeit (MVL)

Bei der Bewegungsgeschwindigkeit wird die mittlere Geschwindigkeit der COG-Bewegung in Grad pro Sekunde gemessen. Eine höhere Geschwindigkeit bei gleichzeitiger Erhaltung des Gleichgewichtes ist Ausdruck einer besseren Leistung. In der Gruppe Tanz war nach einem sechsmonatigen Training eine leichte Verbesserung der Bewegungsgeschwindigkeit eingetreten, die statistisch nicht signifikant ist (p = 0,096). In den Teilleistungen der MVL hingegen waren statistisch relevante Veränderungen zu registrieren. In der Variable MVL vorwärts erhöhte sich die Bewegungsgeschwindigkeit der Tänzer von MW = 2,159 °/s auf MW = 3,154 °/s (p = 0,024). Im Kontrast dazu verlangsamten sich die Tänzer in der MVL rückwärts von MW = 3,581 °/s auf MW = 2,322 °/s (p < 0,001). Eine weitere Erhöhung der Bewegungsgeschwindigkeit war in der Variable MVL links zu beobachten. Im Prä-Test erreichten die Tänzer eine Bewegungsgeschwindigkeit von MW = 3,168 °/s und im Post-Test einen Wert von MW = 4,268 °/s (p = 0,006; d = 0,75). In der Variable MVL rechts blieben die Testleistungen unverändert (Tabelle 42).

Tab. 42: Statistische Kennwerte der MVL (LOS) für die Gruppe Tanz.

	Tanzen Prä		Tanzen Post				
	MW	SD	MW	SD	T bzw. Z	df	p-Wert
MVL gesamt	2,959	1,477	3,454	1,239	-1,662	21	0,096°
MVL vorwärts	2,159	1,272	3,154	1,520	-2,258	21	0,024*
MVL rückwärts	3,581	1,901	2,322	0,7806	-3,264	21	0,001***
MVL rechts	3,768	1,517	4,036	1,635	0,413	21	0,684
MVL links	3,168	1,417	4,268	1,69	-3,037	21	0,006**

Anmerkung: MVL = Bewegungsgeschwindigkeit [°/s], p > 0,100 = kein signifikanter Unterschied; p ≤ 0,100 = Trend [°], p ≤ 0,050 = signifikant [*], p ≤ 0,010 = hoch signifikant [**], p ≤ 0,005 = höchst signifikant [***].

Insgesamt konnten die Sportler die Bewegungsgeschwindigkeit vom Prä-Messzeitpunkt (MW = 2,368 °/s) zum Post-Messzeitpunkt (MW = 5,800 °/s) auf mehr als das Doppelte verbessern (p = 0,26). Bis auf die Teilleistung MVL rückwärts, wo eine leichte Verlangsamung der Bewegungsgeschwindigkeit zum Post-Test zu beobachten war, konnten die Sportler in den Teilleistungen MVL vorwärts und MVL links die Bewegungsgeschwindigkeit signifikant erhöhen (Tabelle 43). Das Ergebnis in der MVL vorwärts zeigte dabei eine mittlere Effektstärke von d = 0,58 und das Ergebnis der MVL eine hohe Effektstärke von d = 0,87. Tendenziell zeichnete sich in der Teilleistung MVL rechts eine leichte Verbesserung von Prä (MW = 3,242) zu Post (MW = 3,510) ab, diese war jedoch nicht signifikant (p = 0,369).

Tab. 43: Statistische Kennwerte der MVL (LOS) für die Gruppe Sport.

	Sport Prä		Sport Post				
	MW	SD	MW	SD	T bzw. Z	df	p-Wert
MVL gesamt	2,368	0,950	5,800	1,242	-2,223	18	0,026*
MVL vorwärts	2,052	0,783	2,626	1,151	5,640	18	0,000***
MVL rückwärts	2,984	1,208	2,205	0,664	0,985	18	0,337
MVL rechts	3,242	1,431	3,510	1,246	0,922	18	0,369
MVL links	2,774	1,105	4,015	1,679	-3,182	18	0,005***

Anmerkung: MVL = Bewegungsgeschwindigkeit [°/s], p > 0,100 = kein signifikanter Unterschied; p ≤ 0,100 = Trend [°], p ≤ 0,050 = signifikant [*], p ≤ 0,010 = hoch signifikant [**], p ≤ 0,005 = höchst signifikant [***].

- Gruppenvergleich der Bewegungsgeschwindigkeit

Im Gruppenvergleich wurde deutlich, dass sich die Leistungen beider Gruppen im Prä-Test nicht unterschieden (Tabelle 44). Auch wenn sich innerhalb der Gruppen signifikante Veränderungen nach den Interventionen einstellten, unterschieden sich die Gruppen nicht in den gemessenen Testleistungen zum Post-Test (Tabelle 44).

Tab. 44: Gruppenvergleich zum Prä- und Post-Test der MVL (LOS).

	Prä			Post		
	T bzw. Z	df	p-Wert	T bzw. Z	df	p-Wert
MVL gesamt	1,495	39	0,143	-1,034	39	0,301
MVL vorwärts	0,316	39	0,753	-1,322	39	0,186
MVL rückwärts	-1,034	39	0,301	-0,629	39	0,529
MVL rechts	1,137	39	0,261	-1,112	39	0,266
MVL links	0,982	39	0,332	0,478	39	0,635

Anmerkung: MVL = Bewegungsgeschwindigkeit [°/s], p > 0,100 = kein signifikanter Unterschied; p ≤ 0,100 = Trend [°], p ≤ 0,050 = signifikant [*], p ≤ 0,010 = hoch signifikant [**], p ≤ 0,005 = höchst signifikant [***].

- Longitudinale Entwicklung der Endpunktauslenkung (EPE)

Bei der Endpunktauslenkung wird der Weg beschrieben, der bei dem Versuch, das Ziel zu erreichen, zurückgelegt wird. Als Endpunkt wird der Punkt definiert, an dem die anfängliche Bewegung in Richtung auf das Ziel endet und Korrekturen beginnen. Die Prozentwerte geben Auskunft darüber, wieviel Wegstrecke die Probanden zurückgelegt haben, um das Ziel zu erreichen. Bei den Tänzern wurden nach der sechsmonatigen Trainingsintervention in der Variable EPE vorwärts und EPE links verbesserte Testleistungen beobachtet. Die höheren Mittelwerte zum Post-Test verdeutlichen, dass die Probanden eine größere Strecke zurückgelegt haben und somit näher am Zielpunkt waren als zum Prä-Test. Die Entwicklungen der Variable EPE vorwärts und EPE links kennzeichnen hohe Effektstärken von d = 0,92 (EPE vorwärts) und d = 1,34 (EPE links). In der Variable EPE rückwärts hingegen verschlechterten sich die Testleistungen von MW = 61,76% auf MW = 45,22% signifikant (p = 0,013). Für die Variable EPE rückwärts konnten keine Effektstärke berechnet werden, da diese zum Post-Test nicht normalverteilt ist. Die statistischen Kennwerte sind in der Tabelle 45 aufgeführt.

Tab. 45: Statistische Kennwerte der EPE (LOS) für die Gruppe Tanz.

	Tanzen Prä		Tanzen Post				
	MW	SD	MW	SD	T bzw. Z	df	p-Wert
EPE gesamt	54,41	13,97	61,14	10,19	-1,955	21	0,064°
EPE vorwärts	38,63	15,29	51,90	13,46	-3,379	21	0,003***
EPE rückwärts	61,27	16,58	45,22	17,15	2,731	21	0,013**
EPE rechts	70,91	12,10	71,14	12,73	-0,069	21	0,946
EPE links	57,18	10,99	73,32	13,01	-4,8	21	0,000***

Anmerkung: EPE = Endpunktauslenkung [%], p > 0,100 = kein signifikanter Unterschied; p ≤ 0,100 = Trend [°], p ≤ 0,050 = signifikant [*], p ≤ 0,010 = hoch signifikant [**], p ≤ 0,005 = höchst signifikant [***].

Die Sportler zeigten fast dieselbe Entwicklung wie die Tänzer. In den Variablen EPE gesamt und EPE links sind hochsignifikante und höchstsignifikante Leistungsverbesserungen zum Post-Test eingetreten (Tabelle 46). Diese Verbesserungen werden auch durch starke Effekte von d = 0,85 (EPE gesamt) und d = 1,6 (EPE links) bestätigt. In der Variable EPE rückwärts verschlechterten sich die Leistungen von MW = 60,42% auf MW = 48,68% (p = 0,023). Auch dieses Ergebnis ist von praktischer Relevanz (d = -0,85).

Tab. 46: Statistische Kennwerte der EPE (LOS) für die Gruppe Sport.

| | Sport Prä | | Sport Post | | | | |
	MW	SD	MW	SD	T	df	p-Wert
EPE gesamt	52,16	17,15	63,47	7,78	-3,141	18	0,006**
EPE vorwärts	45,42	13,01	55,05	16,21	-1,936	18	0,069°
EPE rückwärts	60,42	14,36	48,68	13,09	2,485	18	0,023*
EPE rechts	70,16	13,04	69,42	9,52	0,212	18	0,835
EPE links	58,63	12,28	77,10	11,16	-6,022	18	0,000***

Anmerkung: EPE = Endpunktauslenkung [%], p > 0,100 = kein signifikanter Unterschied; p ≤ 0,100 = Trend [°], p ≤ 0,050 = signifikant [*], p ≤ 0,010 = hoch signifikant [**], p ≤ 0,005 = höchst signifikant [***].

- Gruppenvergleich der Endpunktauslenkung

Aus der Tabelle 47 geht hervor, dass sich die Testleistungen der Gruppen Tanz und Sport weder zum Prä-Test noch zum Post-Test signifikant voneinander unterschieden.

Tab. 47: Gruppenvergleich zum Prä- und Post-Test in der EPE (LOS).

| | Prä | | | Post | | |
	T	df	p-Wert	T bzw. Z	df	p-Wert
EPE gesamt	0,463	39	0,646	-0,815	39	0,420
EPE vorwärts	-1,517	39	0,137	-0,679	39	0,501
EPE rückwärts	0,174	39	0,863	-1,099	39	0,272
EPE rechts	0,191	39	0,849	0,482	39	0,633
EPE links	-0,399	39	0,692	-0,992	39	0,327

Anmerkung: EPE = Endpunktauslenkung [%], p > 0,100 = kein signifikanter Unterschied; p ≤ 0,100 = Trend [°], p ≤ 0,050 = signifikant [*], p ≤ 0,010 = hoch signifikant [**], p ≤ 0,005 = höchst signifikant [***].

- Longitudinale Entwicklung der maximalen Auslenkung (MXE)

Die maximale Auslenkung meint den maximalen Weg des COG. Dieser kann größer als die Endpunkt-Auslenkung sein, wenn zusätzliche Korrekturversuche zum Erreichen des Zieles unternommen werden, nachdem der vorangegangene Versuch zu kurz ausgefallen ist. Insgesamt benötigten die Tänzer nach einem sechsmonatigen Training mehr Korrekturversuche, was sich zum Post-Test (MW = 78,27%) im Vergleich zum Prä-Test (MW = 70,91%) in einer höheren maximalen Auslenkung ausdrückt (p = 0,015). Für diese Verschlechterung konnte eine Effektstärke von d = 0,64 berechnet werden. In den Teilleistungen der maximalen Auslenkung stellten sich die Verschlechterungen in der Variable MXE vorwärts (MW = 59,72% zu MW = 71,45%, p = 0,012, d = 0,74) und in der Variable MXE links (MW = 76,72% zu MW = 89,54%, p < 0,001, d = -1,34) dar. Einzig in der Variable MXE rückwärts lagen signifikante Verbesserungen von Prä (MW = 83,77%) zu Post (MW = 63,32) mit p < 0,001 und einer sehr großen Effektstärke von d = 1,13 vor. Die Leistungen der Variable MXE rechts blieb nach einer sechsmonatigen Tanzintervention stabil (Tabelle 48).

Tab. 48: Statistische Kennwerte der MXE (LOS) für die Gruppe Tanz.

	Tanzen Prä		Tanzen Post				
	MW	SD	MW	SD	T	df	p-Wert
MXE gesamt	70,91	12,50	78,27	10,46	-2,64	21	0,015**
MXE vorwärts	59,72	17,46	71,45	13,95	-2,732	21	0,012**
MXE rückwärts	83,77	11,31	63,32	18,36	4,023	21	0,001***
MXE rechts	88,23	9,65	88,09	12,21	0,047	21	0,963
MXE links	76,72	9,01	89,54	13,32	-4,247	21	0,000***

Anmerkung: MXE = Maximale Auslenkung [%], p > 0,100 = kein signifikanter Unterschied; p ≤ 0,100 = Trend [°], p ≤ 0,050 = signifikant [*], p ≤ 0,010 = hoch signifikant [**], p ≤ 0,005 = höchst signifikant [***].

Für die Testleistungen der Sportler in der maximalen Auslenkung wurden ähnliche Ergebnisse offensichtlich. Auch hier verschlechterte sich die maximale Auslenkung insgesamt von Prä (MW = 68,42%) zu Post (MW = 79,32) höchstsignifikant mit einem Signifikanzniveau von p < 0,001 und einer hohen Effektstärke von d = 1,05. Eine deutliche Verschlechterung stellte sich dabei in der Variable MXE links ein. Diese Verschlechterung drückte sich in einem Mittelwert von MW = 74,16% im Prä-Test zu einem Mittelwert von MW = 90,68% im Post-Test aus (p < 0,001; d =-0,80). Analog zu den Tänzern konnten die Sportler ihre Testleistungen in der Variable MXE rückwärts von MW = 78,52% auf MW = 67,58% verbessern (p = 0,12). Diese Verbesserung ging mit einer hohen Effektstärke von d = 1,5 einher. Alle anderen Testleistungen der Variablen MXE vorwärts und MXE rechts blieben unverändert (Tabelle 49).

Tab. 49: Statistische Kennwerte der MXE (LOS) für die Gruppe Sport.

	Sport Prä		Sport Post				
	MW	SD	MW	SD	T	df	p-Wert
MXE gesamt	68,42	12,39	79,32	7,72	-4,494	18	0,000***
MXE vorwärts	63,94	13,60	72,21	16,19	-1,702	18	0,106
MXE rückwärts	78,52	12,46	67,58	14,75	2,416	18	0,027*
MXE rechts	83,68	11,04	88,10	11,89	-1,259	18	0,224
	MW	SD	MW	SD	T	df	p-Wert
MXE links	74,16	10,70	90,68	11,23	-5,054	18	0,000***

Anmerkung: MXE = Maximale Auslenkung [%], p > 0,100 = kein signifikanter Unterschied; p ≤ 0,100 = Trend [°], p ≤ 0,050 = signifikant [*], p ≤ 0,010 = hoch signifikant [**], p ≤ 0,005 = höchst signifikant [***].

- Gruppenvergleich der maximalen Auslenkung

Der Gruppenvergleich visualisierte die analoge Entwicklung beider Gruppen in der maximalen Auslenkung. Beide Gruppen unterschieden sich weder zur Prä- noch zur Post-Messung (Tabelle 50).

Tab. 50: Gruppenvergleich zum Prä- und Post-Test in der MXE (LOS).

	Prä			Post		
	T	df	p-Wert	T	df	p-Wert
MXE gesamt	0,638	39	0,527	-0,358	39	0,722
MXE vorwärts	-0,853	39	0,399	-0,161	39	0,873
MXE rückwärts	1,413	39	0,166	-0,810	39	0,423
MXE rechts	1,406	39	0,168	-0,004	39	0,997
MXE links	0,834	39	0,409	-0,293	39	0,771

Anmerkung: MXE = Maximale Auslenkung [%], p > 0,100 = kein signifikanter Unterschied; p ≤ 0,100 = Trend [°], p ≤ 0,050 = signifikant [*], p ≤ 0,010 = hoch signifikant [**], p ≤ 0,005 = höchst signifikant [***].

- Longitudinale Entwicklung der Richtungskontrolle (DC)

Die Richtungskontrolle beschreibt das Verhältnis zwischen Bewegungen, die zum Ziel hingerichtet sind, und fehlgerichteten Bewegungen. Wenn die Bewegung geradlinig auf das Ziel ausgerichtet wird, betragen die fehlgerichtete Bewegung null und der Richtungskontrollwert 100%. Nach einem sechsmonatigen Tanztraining verschlechterten sich die Testleistungen zur Richtungskontrolle insgesamt (DC gesamt). Im Prä-Test erreichten die Tänzer einen Wert von MW = 81,27%, der sich im Post-Test auf MW = 74,09% höchstsignifikant verringerte (p < 0,001). Hierbei kann ein starker Effekt von d = -0,83 registriert werden. In den Einzelleistungen der Richtungskontrolle verbesserten sich die Testleistungen in der Variable DC vorwärts vom MW = 69,24% auf MW = 80,09% höchstsignifikant (p < 0,001; d = 0,99). Ein Leistungsabfall war in der Variable DC rückwärts zu erkennen. Die Testleistungen verschlechterten sich dabei von MW = 76,09% auf MW = 63,27% (p < 0,010; d = -0,86). Unverändert blieben die Testleistungen in den Variablen DC rechts und DC links (Tabelle 51).

Tab. 51: Statistische Kennwerte der DC (LOS) für die Gruppe Tanz.

	Tanzen Prä		Tanzen Post				
	MW	SD	MW	SD	T	df	p-Wert
DC gesamt	81,27	8,35	74,09	8,99	4,157	21	0,000***
DC vorwärts	69,27	13,21	80,09	7,86	-4,571	21	0,000***
DC rückwärts	76,09	8,84	63,27	19,06	2,841	21	0,010**
DC rechts	76,77	8,64	74,00	8,88	1,613	21	0,122
DC links	76,00	7,29	78,54	8,03	-1,509	21	0,146

Anmerkung: DC = Richtungskontrolle [%], p > 0,100 = kein signifikanter Unterschied; p ≤ 0,100 = Trend [°], p ≤ 0,050 = signifikant [*], p ≤ 0,010 = hoch signifikant [**], p ≤ 0,005 = höchst signifikant [***].

Auch die Sportler verschlechterten sich insgesamt in den Testleistungen zur Richtungskontrolle (DC gesamt). Zum Prä-Test wiesen die Sportler einen Mittelwert von MW = 82,68% auf, der zum Post-Test signifikant abnahm (MW = 77,10%; p = 0,031). Kongruent zu den Tänzern verbesserten sich die Sportler in der Einzelleistung der Variable DC vorwärts von MW = 71,78% auf MW = 83,052% höchstsignifikant (p ≤ 0,001). Auch die Testleistungen in der Variable DC rückwärts wiesen Parallelen zu denen der Tänzer auf: Die Sportler demonstrierten in dieser Variable signifikant schlechtere Leistungen im Post-Test (MW = 69,16%) im Vergleich zum Prä-Test (MW = 80,10%, p = 0,003). Korrespondierend zu den Tänzern zeichneten sich die Leistungen in den Variablen DC rechts und DC links im Prä-Post-Testverlauf durch Stabilität aus (Tabelle 52).

Tab. 52: Statistische Kennwerte der DC (LOS) für die Gruppe Sport.

	Sport Prä		Sport Post				
	MW	SD	MW	SD	Z	df	p-Wert
DC gesamt	82,68	6,35	77,10	9,00	-2,156	18	0,031*
DC vorwärts	71,78	13,05	83,052	7,34	-3,263	18	0,001***
DC rückwärts	80,10	6,34	69,16	17,62	-3,007	18	0,003***
DC rechts	78,94	12,78	78,16	8,19	-0,720	18	0,472
DC links	78,21	7,59	78,26	8,24	-0,322	18	0,747

Anmerkung: DC = Richtungskontrolle [%], p > 0,100 = kein signifikanter Unterschied; p ≤ 0,100 = Trend [°], p ≤ 0,050 = signifikant [*], p ≤ 0,010 = hoch signifikant [**], p ≤ 0,005 = höchst signifikant [***].

- Gruppenvergleich der Richtungskontrolle

Entsprechend zu den Beschreibungen der longitudinalen Entwicklung in den einzelnen Gruppen, die sich in den Testleistungen der Richtungskontrolle homogen veränderten, stellten sich zum Post-Test keine Gruppenunterschiede ein (Tabelle 53).

Tab. 53: Gruppenvergleich zum Prä- und Post-Test in der DC (LOS).

	Prä			Post		
	T bzw. Z	df	p-Wert	T bzw. Z	df	p-Wert
DC gesamt	-0,601	39	0,227	-1,207	39	0,227
DC vorwärts	-0,890	39	0,373	-1,362	39	0,173
DC rückwärts	-1,646	39	0,108	-1,244	39	0,213
DC rechts	-1,572	39	0,116	-1,549	39	0,130
DC links	-0,949	39	0,348	-0,131	39	0,896

Anmerkung: DC = Richtungskontrolle [%], p > 0,100 = kein signifikanter Unterschied; p ≤ 0,100 = Trend [°], p ≤ 0,050 = signifikant [*], p ≤ 0,010 = hoch signifikant [**], p ≤ 0,005 = höchst signifikant [***].

5.4.3 Ergebnisse des Steppbrett-Messverfahrens

- Longitudinale Entwicklung der Testleistungen

Der Steppbrett-Test erfasst die körperliche Leistungsfähigkeit, indem die Herzfrequenz und der Blutdruck unter Belastung und Erholung aufgezeichnet werden. Nach einem sechsmonatigen Tanztraining konnten signifikant der systolische und diastolische Blutdruck in Ruhe gesenkt werden. Der systolische Blutdruck verringerte sich von 151,87 mmHg auf 142,43 mmHg (p = 0,036). Und auch die Reduzierung des diastolischen Blutdruckes vor der Belastung von MW = 86,69 mmHg auf MW = 81,09 mmHg erreichte ein Signifikanzniveau von p = 0,032. Des Weiteren konnte auch der erste Belastungspuls signifikant von MW = 119,17 Schläge/Minute auf MW = 113,21 Schläge/Minute gesenkt werden (p = 0,016). Das Ergebnis zeigte dabei eine mittlere Effektstärke von d = -0,40. Das spiegelt sich auch in der Erholungsphase wider. Die Tänzer waren im Post-Test in der Lage, sich schneller von der Belastung zu regenerieren (MW = 92,95 Schläge/Minute) als im Prä-Test (MW = 99,52 Schläge/Minute) (p = 0,027). Dieses Ergebnis erreichte auch eine mittlere Bedeutung von d = -0,41. Dieses Anpassungsverhalten ist auch in der zweiten Erholungsphase erkennbar. Lag der Erholungspuls zum Prä-Test noch bei 106,61 Schläge/Minute, erreichten die Pulswerte zum Post-Test nur noch einen Mittelwert von 99,30 Schläge/Minute. Dieses Ergebnis ist höchstsignifikant (p < 0,001; d = -0,40). Der diastolische Blutdruck der Tänzer war fünf Minuten nach Belastungsende signifikant geringer als zum Prä-Test (p = 0,016). Die Testleistungen in den anderen Variablen zum Blutdruck, Belastungs- und Erholungspuls blieben von Prä- zu Post-Test stabil (Tabelle 54).

Nach einer sechsmonatigen multimodalen Bewegungsintervention veränderten sich primär die Werte des Erholungspulses, des diastolischen Blutdruckes nach der Belastung und des Pulses nach Belastungsende. Die Sportler konnten in der zweiten Erholungsphase ihren Pulswert um 7 Schläge/Minute zum Post-Test reduzieren.

Tab. 54: Statistische Kennwerte der Variablen des Steppbrett-Tests für die Gruppe Tanz.

	Tanzen Prä		Tanzen Post				
	MW	SD	MW	SD	T bzw. Z	df	p-Wert
Sys.Blutdruck_vorBel.	151,87	19,35	142,43	25,46	-2,094	22	0,036*
Dia.Blutdruck_vorBel.	86,69	8,03	81,09	12,58	-2,146	22	0,032*
Puls_vorBel.	78,09	9,22	77,69	9,40	0,174	22	0,863
1.Belastungspuls	119,17	16,09	113,21	13,71	2,614	22	0,016*
1.Erholungspuls	99,52	17,27	92,95	14,37	2,368	22	0,027*
2.Belastungspuls	118,61	24,06	114,87	18,01	1,190	22	0,247
2.Erholungspuls	106,61	17,93	99,30	17,69	3,859	22	0,001***
3.Belastungspuls	119,96	25,73	116,82	13,23	-1,461	22	0,144
3.Erholungspuls	97,60	27,23	100,52	16,54	-0,523	22	0,606
Sys.Blutdruck_3.min.	150,45	21,86	150,40	23,39	0,007	21	0,994
Dia.Blutdruck_3.min.	83,30	20,33	82,82	13,65	0,105	22	0,917
Puls_3.min.	86,39	13,90	83,65	10,22	0,978	22	0,339
Sys.Blutdruck_5.min.	148,60	22,34	142,04	24,13	1,036	22	0,311
Dia.Blutdruck_5.min.	86,65	8,83	81,56	12,66	-2,400	22	0,016**
Puls_5.min	85,08	12,09	81,69	10,07	1,203	22	0,242

Anmerkung: Sys.Blutdruck_vorBel. = Systolischer Blutdruck vor Belastung [mmHg], Dia.Blutdruck_vorBel. = Diastolischer Blutdruck vor Belastung [mmHg], Puls_vorBel. = Puls vor Belastung [Schläge pro Minute], 1.,2.,3. Belastungspuls [Schläge pro Minute], 1.,2.3. Erholungspuls [Schläge pro Minute], Sys.Blutdruck_3./5.min. = Systolischer Blutdruck [mmHg] nach der 3./5. Minute nach Belastungsende, Dia.Blutdruck_3./5.min. = Diastolischer Blutdruck [mmHg] nach der 3./5. Minute nach Belastungsende, Puls_3./5.min. = Puls [Schläge pro Minute] nach der 3./5. Minute nach Belastungsende, p > 0,100 = kein signifikanter Unterschied; p ≤ 0,100 = Trend [°], p ≤ 0,050 = signifikant [*], p ≤ 0,010 = hoch signifikant [**], p ≤ 0,005 = höchst signifikant [***].

Ähnlich war es auch in der dritten Erholungsphase zu beobachten. Vom Prä- zum Post-Test konnte der Erholungspuls um 12 Schläge/Minute signifikant verringert werden (p < 0,037; d = -0,44). Weitere Anpassungserscheinungen stellten sich im systolischen sowie im diastolischen Blutdruck, gemessen drei Minuten nach Belastungsende, ein. Es konnten beide Werte signifikant reduziert werden (Tabelle 57), was sich auch in den Effektstärken von d = -0,7 für den systolischen und d = -0,69 für den diastolischen Blutdruck niederschlägt. Höchstsignifikante Veränderungen (p < 0,001) mit einer hohen Effektstärke (d = -0,92) erreichten die Sportler im diastolischen Blutdruck fünf Minuten nach Belastungsende. Im Prä-Test lag dieser bei einem Mittelwert von MW = 85,17 mmHg und im Post-Test bei einem Wert von MW = 73,83 mmHg. Einen weiteren Ausdruck für eine bessere körperliche Leistungsfähigkeit stellt der Pulswert nach Belastungsende dar. Je schneller sich dieser normalisiert, desto besser. Wies der Pulswert fünf Minuten nach Belastungsende noch einen Mittelwert von MW = 84,67 Schläge/Minute im Prä-Test auf, war nach Beendigung des sechsmonatigen multimodalen Bewegungstrainings ein Pulswert von MW = 79,76 Schläge/Minute in der Sportgruppe registrierbar. Die Variablen systolischer Blutdruck vor und nach der Belastung, der erste bis dritte Belastungspuls, der diastolische Blutdruck in Ruhe sowie der erste Erholungspuls blieben von Prä- zu Post-Test stabil (Tabelle 55).

Tab. 55: Statistische Kennwerte der Variablen des Steppbrett-Tests für die Gruppe Sport.

	Sport Prä		Sport Post				
	MW	SD	MW	SD	T bzw. Z	df	p-Wert
Sys.Blutdruck_vorBel.	147,17	18,40	148,89	20,67	-0,307	17	0,763
Dia.Blutdruck_vorBel.	84,89	12,09	82,83	13,36	0,632	17	0,536
Puls_vorBel.	78,33	14,00	75,50	11,95	1,447	17	0,166
1.Belastungspuls	123,61	20,06	116,94	21,33	-1,395	17	0,163
1.Erholungspuls	97,27	24,37	96,83	17,00	0,079	17	0,938
2.Belastungspuls	126,61	15,03	123,00	14,66	1,460	17	0,163
2.Erholungspuls	108,61	13,87	101,11	19,57	2,269	17	0,037*
3.Belastungspuls	130,00	19,24	124,83	15,90	1,565	17	0,136
3.Erholungspuls	112,11	19,26	100,61	18,32	2,811	17	0,012*
Sys.Blutdruck_3.min.	145,22	15,76	140,67	19,17	1,209	17	0,243
Dia.Blutdruck_3.min.	85,22	11,32	76,89	12,39	3,226	17	0,005***
Puls_3.min.	91,83	19,12	80,44	13,38	2,454	17	0,025*
Sys.Blutdruck_5.min.	136,83	14,65	132,39	17,81	0,925	17	0,368
Dia.Blutdruck_5.min.	85,17	13,59	73,83	10,87	4,312	17	0,000***
Puls_5.min.	84,67	10,76	79,76	13,49	2,622	17	0,018*

Anmerkung: Sys.Blutdruck_vorBel. = Systolischer Blutdruck vor Belastung [mmHg], Dia.Blutdruck_vorBel. = Diastolischer Blutdruck vor Belastung [mmHg], Puls_vorBel. = Puls vor Belastung [Schläge pro Minute], 1.,2.,3. Belastungspuls [Schläge pro Minute], 1.,2.3. Erholungspuls [Schläge pro Minute], Sys.Blutdruck_3./5.min. = Systolischer Blutdruck [mmHg] nach der 3./5. Minute nach Belastungsende, Dia.Blutdruck_3./5.min. = Diastolischer Blutdruck [mmHg] nach der 3./5. Minute nach Belastungsende, Puls_3./5.min. = Puls [Schläge pro Minute] nach der 3./5. Minute nach Belastungsende, p > 0,100 = kein signifikanter Unterschied; p ≤ 0,100 = Trend [°], p ≤ 0,050 = signifikant [*], p ≤ 0,010 = hoch signifikant [**], p ≤ 0,005 = höchst signifikant [***].

- Gruppenvergleich der Testleistungen

Aus dem Gruppenvergleich geht hervor, dass sich die Gruppen hinsichtlich der körperlichen Leistungsfähigkeit nicht unterschieden. Nach den sechsmonatigen Interventionen hob sich keine der beiden Gruppen in den Variablen Herzfrequenz und Blutdruck ab, d.h. die Trainingsinterventionen wirkten sich auf die Parameter zur körperlichen Leistungsfähigkeit wie Herzfrequenz und Blutdruck gleichermaßen aus. (Tabelle 56).

Abschließend lassen sich für die motorischen Leistungen im statischen und dynamischen Gleichgewicht (SOT und LOS) sowie für die körperliche Leistungsfähigkeit, ermittelt durch die Herzfrequenz und das Blutdruckverhalten unter Ruhe und Belastung (Steppbrett-Messverfahren), die Ergebnisse wie folgt zusammenfassen: In beiden Gruppen verbesserte sich teilweise das statische Gleichgewicht und auch in den Variablen zum Belastungs- und Erholungsverhalten unter körperlicher Betätigung konnten nach beiden Trainingsinterventionen bessere Leistungen erreicht werden, die sich im Gruppenvergleich jedoch nicht unterschieden. Die Tänzer konnten im statischen Gleichgewicht insgesamt und bezogen auf das somatosensorische, visuelle sowie präferierte visuelle System signifikant die Leistungen verbessern. Die Sportler zeigten demgegenüber nur ein besseres Verhalten des Gleichgewichtes bezogen auf die visuelle Komponente. Die Ergebnisse im Stabilitätsgrenzentest (LOS) zeigten Leistungsverbesserungen für die Sportgruppe in der Bewegungsgeschwindigkeit (MVL) und in der Endpunktauslenkung (EPE) sowie Leistungsverschlechterungen in der Richtungskontrolle (DC) und in der maximalen Auslenkung (MXE). Auch die Tänzer erreichten schlechtere Ergebnisse in den Variablen MXE und DC.

Tab. 56: Gruppenvergleich zum Prä- und Post-Test in den Variablen des Steppbrett-Tests.

	Prä			Post		
	T bzw. Z	df	p-Wert	T bzw. Z	df	p-Wert
Sys.Blutdruck_vorBel.	0,789	39	0,435	-1,209	39	0,227
Dia.Blutdruck_vorBel.	0,546	39	0,589	-0,644	39	0,520
Puls_vorBel.	-0,068	39	0,946	0,659	39	0,514
1.Belastungspuls	-0,868	39	0,386	-1,630	39	0,103
1.Erholungspuls	0,345	39	0,732	-0,791	39	0,434
2.Belastungspuls	-1,234	39	0,225	-1,554	39	0,128
2.Erholungspuls	-0,391	39	0,698	-0,310	39	0,758
3.Belastungspuls	-0,894	39	0,371	-1,760	39	0,086
3.Erholungspuls	-1,912	39	0,063	-0,016	39	0,987
Sys.Blutdruck_3.min.	0,878	38	0,386	1,305	39	0,200
Dia.Blutdruck_3.min.	-,358	39	0,722	1,438	39	0,159
Puls_3.min.	-1,056	39	0,298	0,871	39	0,389
Sys.Blutdruck_5.min.	1,932	39	0,061	1,420	39	0,164
Dia.Blutdruck_5.min.	0,432	39	0,675	-1,606	39	0,108
Puls_5.min	0,116	39	0,908	0,688	39	0,496

Anmerkung: Sys.Blutdruck_vorBel. = Systolischer Blutdruck vor Belastung [mmHg], Dia.Blutdruck_vorBel. = Diastolischer Blutdruck vor Belastung [mmHg], Puls_vorBel. = Puls vor Belastung [Schläge pro Minute], 1.,2.,3. Belastungspuls [Schläge pro Minute], 1.,2.,3. Erholungspuls [Schläge pro Minute], Sys.Blutdruck_3./5.min. = Systolischer Blutdruck [mmHg] nach der 3./5. Minute nach Belastungsende, Dia.Blutdruck_3./5.min. = Diastolischer Blutdruck [mmHg] nach der 3./5. Minute nach Belastungsende, Puls_3./5.min. = Puls [Schläge pro Minute] nach der 3./5. Minute nach Belastungsende, p > 0,100 = kein signifikanter Unterschied; p ≤ 0,100 = Trend [°], p ≤ 0,050 = signifikant [*], p ≤ 0,010 = hoch signifikant [**], p ≤ 0,005 = höchst signifikant [***].

Sämtliche Leistungsveränderungen führten nicht zu Gruppenunterschieden nach den Trainingsinterventionen. Diese Aussage kann auch für die Herzfrequenz und den Blutdruck in Ruhe und unter Belastung getätigt werden. Beide Trainingsinterventionen wirkten sich positiv nahezu identisch auf einige Variablen, die zur körperlichen Leistungsfähigkeit zählen, aus.

5.5 Ergebnisse der Dual Task

- Longitudinale Entwicklung der Testleistungen

In den Leistungen der Dual Task, die sich aus der motorischen Aufgabe des Gehens auf dem Laufband und der simultanen Ausführung der kognitiven Aufgabe der Subtraktion in Dreierschritten zusammensetzt, können folgende Ergebnisse berichtet werden: Die Tänzer wiesen nach der sechsmonatigen Intervention gegenüber dem Prä-Test größere Schwankungen in Y-Richtung sowie in der Gesamtschwankung auf. Die statistischen Kennwerte sind aus der Tabelle 57 zu entnehmen.

Tab. 57: Statistische Kennwerte der Variablen der Dual Task für die Gruppe Tanz.

	Tanzen Prä		Tanzen Post				
	MW	SD	MW	SD	T bzw. Z	df	p-Wert
Schwankung X-Richtung [m]	0,229	0,045	0,256	0,072	-1,673	21	0,094°
Schwankung Y-Richtung [m]	0,292	0,096	0,334	0,096	-3,346	21	0,001***
Gesamtschwankung [m]	0,409	0,086	0,462	0,105	-2,798	21	0,005***
Rechnen [Fehlerpunkte]	3,00	2,355	2,48	1,904	-1,522	21	0,262

Anmerkung. p > 0,100 = kein signifikanter Unterschied; p ≤ 0,100 = Trend [°], p ≤ 0,050 = signifikant [*], p ≤ 0,010 = hoch signifikant [**], p ≤ 0,005 = höchst signifikant [***].

Die Sportler zeigten hingegen von Prä- zu Post-Test konstante Leistungen in der motorischen und der kognitiven Aufgabe (Tabelle 58).

Tab. 58: Statistische Kennwerte der Variablen der Dual Task für die Gruppe Sport.

	Sport Prä		Sport Post				
	MW	SD	MW	SD	T bzw. Z	df	p-Wert
Schwankung X-Richtung [m]	0,216	0,042	0,213	0,041	-0,075	18	1,00
Schwankung Y-Richtung [m]	0,282	0,066	0,289	0,067	-0,362	18	0,407
Gesamtschwankung [m]	0,391	0,062	0,390	0,066	-1,610	18	0,892
Rechnen [Fehlerpunkte]	1,33	1,188	1,22	1,437	-0,071	18	0,943

Anmerkung. p > 0,100 = kein signifikanter Unterschied; p ≤ 0,100 = Trend [°], p ≤ 0,050 = signifikant [*], p ≤ 0,010 = hoch signifikant [**], p ≤ 0,005 = höchst signifikant [***].

- Gruppenvergleich der Testleistungen

Im Gruppenvergleich wird deutlich, dass sich beide Gruppen bereits zum Prä-Test in der Rechenleistung unterschieden. Die Tänzer (3,0 Fehlerpunkte) machten gegenüber den Sportlern (1,33 Fehlerpunkte) während des Gehens mehr Fehler. Dieser Unterschied ist signifikant (p = 0,019). Zwar konnten die Tänzer ihre Fehlerpunkte zum Post-Test auf MW = 2,48 Fehlerpunkte reduzieren, jedoch bleibt der Gruppenunterschied zum Post-Test mit p = 0,033 signifikant. Ein deutlicher Gruppenunterschied war im Post-Test bezüglich der Schwankung in X-Richtung und in der Gesamtschwankung beobachtbar. Bei den Tänzern verschlechterte sich die Schwankung in X-Richtung um 0,03 m. Gleichzeitig verbesserte sich das Schwankungsverhalten der Sportler um 0,003 m, sodass sich signifikante Unterschiede von p = 0,019 einstellten. Ähnlich verhielt es sich mit der Gesamtschwankung. Diese vergrößerte sich bei den Tänzern zum Post-Test um 0,06 m, während die Gesamtschwankung der Sportler konstant blieb. Resultierend aus den unterschiedlichen Entwicklungen der Gesamtschwankung ergab sich ein signifikanter Gruppenunterschied zum Post-Test (Tabelle 59).

Tab. 59: Gruppenvergleich zum Prä- und Post-Test in den Variablen der Dual Task.

	Prä			Post		
	T bzw. Z	df	p-Wert	T bzw. Z	df	p-Wert
Schwankung X-Richtung [m]	-1,074	39	0,283	-2,338	39	0,019*
Schwankung Y-Richtung [m]	-0,880	39	0,930	1,735	39	0,091°
Gesamtschwankung [m]	-0,442	39	0,658	2,606	39	0,013*
Rechnen [Fehlerpunkte]	-2,346	39	0,019*	-2.138	39	0,033*

Anmerkung. p > 0,100 = kein signifikanter Unterschied; p ≤ 0,100 = Trend [°], p ≤ 0,050 = signifikant [*], p ≤ 0,010 = hoch signifikant [**], p ≤ 0,005 = höchst signifikant [***].

5.6 Korrelationsanalysen

Unter Zugrundelegung der aktuellen Literatur werden mögliche Zusammenhänge zwischen dem Volumen der grauen und weißen Substanz und den Testleistungen zu den Exekutivfunktionen, dem Gedächtnis und der Aufmerksamkeit sowie dem Gleichgewicht hergestellt. Darüber hinaus wird das gedächtnis-assoziierte BDNF mit den Gedächtnisleistungen und den volumetrischen Daten korreliert. Abschließend wird untersucht, inwiefern zwischen dem Gleichgewicht und der Aufmerksamkeit Korrelationen bestehen (Woollacott & Shumway-Cook, 2002). Die Korrelationen werden jeweils zum Prä- und zum Posttest durchgeführt, um eventuelle trainings-bedingten Veränderungen zu berücksichtigen.

5.6.1 Zusammenhang zwischen grauer/weißer Substanz und Aufmerksamkeit, Gedächtnis und Exekutivfunktionen

In der Tabelle 60 sind die Korrelationskoeffizienten r für die Testleistungen der Aufmerksamkeit mit den volumetrischen Daten zum Prä- und Post-Test dargelegt. Zum Prä-Test zeigte sich für die Tänzer eine negative Korrelation zwischen dem Volumen der grauen Substanz und der Reaktionsgeschwindigkeit, gemessen in einer Aufagbe zur geteilten Aufmerksamkeit (geAuf_vis). Dieses Ergebnis bedeutet, dass bei einem geringeren Volumen an grauer Substanz kürzere Reaktionszeiten und bei einem hohen Volumen an grauer Substanz längere Reaktionszeiten vorliegen. Diese Korrelation lag nach dem Tanztraining nicht mehr vor. Für die weiße Substanz und die visuelle Reaktionszeit (geAuf_vis) wurde der gleiche Sachverhalt beobachtet (Tabelle 60). Zu Trainingsbeginn konnte sowohl für die graue als auch für die weiße Substanz eine mittlere Korrelation (r = 0,46; r = 0,42) mit den Exekutivfunkionen, gemessen mit der formallexikalischen Wortflüssigkeit (RWT M-Wörter), beobachtet werden. Dieses Ergebnis wurde nach der sechsmonatigen Tanzintervention nicht mehr bestätigt. Korrelationen zwischen der grauen und weißen Substanz mit den Gedächtnisleistungen lagen nicht vor.

Tab. 60: Statistische Kennwerte zu den Korrelationsanalysen für die Gruppe Tanz.

		Prä		Post	
Variable 1	**Variable 2**	**r**	**p-Wert**	**r**	**p-Wert**
Graue Substanz	geAuf_vis	-0,54	0,008**	-0,39	0,047*
Graue Substanz	RWT M-Wörter	0,46	0,024*	-0,30	0,106
Weiße Substanz	RWT M-Wörter	0,42	0,037*	-0,26	0,140
Weiße Substanz	geAuf_vis_RZ	-0,42	0,036*	-0,24	0,157

Anmerkung. p > 0,100 = kein signifikanter Unterschied; p ≤ 0,100 = Trend [°], p ≤ 0,050 = signifikant [*], p ≤ 0,010 = hoch signifikant [**], p ≤ 0,005 = höchst signifikant [***].

Die Sportler demonstrierten Zusammenhänge zwischen dem verbalen (VLMT) und dem visuell-konstruktiven Gedächtnis (ROCFT) mit den strukturellen Volumendaten der weißen Substanz. Im Prä-Test konnten dabei negative Korrelationen zwischen dem unmittelbaren und verzögerten Abruf einer Wortliste (DG6 und DG7) beobachtet werden. Diese negativen Korrelationen blieben auch zum Post-Test bestehen. Ein geringes Volumen an weißer Substanz müsste demzufolge mit sehr guten Leistungen im verbalen Gedächtnis einhergehen oder vice versa. Für das visuell-konstruktive Gedächtnis und die weiße Substanz kann eine ähnliche Aussage formuliert werden. Die Sportler zeigten nach dem sechsmonatigen Training einen negativen Korrelationskoeffizienten von r = -0,52. Dieser mittlere Zusammenhang verdeutlicht, dass ein geringes Volumen weißer Substanz mit hohen Leistungen in der visuell-konstruktiven Gedächtniskomponente assoziiert ist, bzw. schlechte visuell-konstruktive Gedächtnisleistungen mit einem hohen Volumen der weißen Substanz (Tabelle 61).

Tab. 61: Statistische Kennwerte zu den Korrelationsanalysen für die Gruppe Sport.

		Prä		Post	
Variable 1	**Variable 2**	**r**	**p-Wert**	**r**	**p-Wert**
Weiße Substanz	VLMT-DG6	-0,53	0,011*	-0,50	0,016*
Weiße Substanz	VLMT-DG7	-0,54	0,011*	-0,45	0,018*
Weiße Substanz	ROCFT (3min.)	0,14	0,294	-0,52	0,016*
Weiße Substanz	ROCFT (30min.)	0,18	0,240	-0,52	0,014*

5.6.2 Zusammenhang zwischen grauer/weißer Substanz und Gleichgewicht

Als nächstes sollte geprüft werden, ob es einen Zusammenhang zwischen den Testleistungen des Gleichgewichtes und dem Volumen der grauen und weißen Substanz gibt. Im gegensatz zur Sportgruppe konnte für die Tänzer eine positive Korrelation zwischen dem Volumen der grauen Substanz und dem Equilibriumwert (GG-SOTgesamt) gezeigt werden. Zwischen beiden Variablen bestand zum Prä-Test ein mittlerer Zusammenhang von r = 0,41, der sich zum Post-Test leicht erhöht (r = 0,44) (Tabelle 62).

Tab. 62: Statistische Kennwerte zu den Korrelationsanalysen für die Gruppe Tanz.

		Prä		Post	
Variable 1	**Variable 2**	**r**	**p-Wert**	**r**	**p-Wert**
Graue Substanz	Gleichgewicht SOT	,41	.039	,44	.029*

Kontrastierend zur Tanzgruppe stellte sich für die Sportgruppe eine negative Korrelation zwischen dem Volumen der grauen Substanz sowie dem Volumen der weißen Substanz und dem somatosensorischen Anteil des Gleichgewichtes (SOM) im Prä-Test heraus. Das bedeutet, dass gute Testleistungen im Gleichgewicht mit einem geringeren Volumen grauer Substanz im Zusammenhang stehen oder vice versa. Zum Post-Test wurde dieser Zusammenhang nicht mehr beobachtet (Tabelle 63).

Tab. 63: Statistische Kennwerte zu den Korrelationsanalysen für die Gruppe Sport.

		Prä		Post	
Variable 1	**Variable 2**	**r**	**p-Wert**	**r**	**p-Wert**
Graue Substanz	Gleichgewicht SOM	-,55	.012**	-,15	.278
Weiße Substanz	Gleichgewicht SOM	-,47	.027*	-,14	.297

Anmerkung. p > 0,100 = kein signifikanter Unterschied; p ≤ 0,100 = Trend [°], p ≤ 0,050 = signifikant [*], p ≤ 0,010 = hoch signifikant [**], p ≤ 0,005 = höchst signifikant [***].

5.6.3   Zusammenhang zwischen Gleichgewicht und Aufmerksamkeit

Basierend auf den Hinweisen aus der Literatur wurde des Weiteren geprüft, ob es einen Zusammenhang zwischen der Verarbeitungsgeschwindigkeit/Aufmerksamkeit und dem Gleichgewicht gibt. Für die Tänzer werden nachfolgend die Ergebnisse der Korrelationsanalyse beschrieben. Zwischen der Verarbeitungsgeschwindigkeit (ZVT) und dem Gleichgewicht (GG) bestand ein positiver Zusammenhang zum Prä- und zum Post-Test. Eine hohe Verarbeitungsgeschwindigkeit trug demnach zu einem stabilen Gleichgewicht bei oder anders herum. Nach dem Tanztraining erhöhte sich dieser Zusammenhang von r = 0,47 auf r = 0,57. Die visuelle Reaktionszeit in der Leistung der geteilten Aufmerksamkeit (geAuf_vis) korrelierte hingegen negativ mit der Gleichgewichtsfähigkeit. Dieser Zusammenhang war jedoch nur sehr schwach (r = 0-,38) und nach dem Tanztraining nicht mehr feststellbar (Tabelle 66). Die gleiche Aussage lässt sich auch für die somatosensorische Verarbeitung des Gleichgewichtes und die visuellen Reaktionszeit treffen (Tabelle 64). Ein weiterer Zusammenhang bestand in der Fehleranzahl bei geteilten Aufmerksamkeitsleistungen (geAuf-F) sowie dem Gleichgewicht (GG) und der präferierten visuellen Gleichgewichtskomponente (PREF). Zum Prä-Test kann für die Tänzer konstatiert werden, dass ein besseres Gleichgewicht mit weniger Fehlern in Aufgaben zur geteilten Aufmerksamkeit einherging. Dieser Zusammenhang wurde zum Post-Test nicht mehr beobachtet.

Tab. 64: Statistische Kennwerte zu den Korrelationsanalysen für die Gruppe Tanz.

Variable 1	Variable 2	Prä		Post	
		r	p-Wert	r	p-Wert
GG	ZVT	0,47	0,015*	0,57	0,006**
GG	geAuf_vis	-0,38	0,042*	-0,28	0,100°
GG	geAuf_F	-0,51	0,008**	-0,33	0,069°
PREF	geAuf_F	-0,41	0,030*	-0,33	0,064°
SOM	geAuf_vis	-0,41	0,025*	0,04	0,49
SOM	Flex	-0,37	0,043*	-0,20	0,186

Anmerkung. p > 0,100 = kein signifikanter Unterschied; p ≤ 0,100 = Trend [°], p ≤ 0,050 = signifikant [*], p ≤ 0,010 = hoch signifikant [**], p ≤ 0,005 = höchst signifikant [***].

Einhergehend mit den Korrelationen der Tänzer zeigten sich auch für die Sportler Zusammenhänge zwischen der Fehlerrate in der geteilten Aufmerksamkeit und den Leistungen im Gleichgewicht (SOM, PREF, GG). Eine höhere Fehleranzahl ging auch hier mit schlechteren Testleistungen im Gleichgewicht einher. Diese Zusammenhänge waren im Post-Test nicht mehr zu beobachten (Tabelle 65). Im Gegensatz zu den Tänzern bestand zwischen der Verarbeitungsgeschwindigkeit und dem Gleichgewicht (GG) ein statistisch bedeutsamer negativer Zusammenhang (r = -0,49) zum Post-Test (p = 0,019). Das heißt, dass eine schnelle Informationsverabeitung mit schlechteren Leistungen im Gleichgewicht zusammenhängt oder vice versa. Ein ähnlicher Befund ist auch für das Gleichgewicht (GG) und die Reaktionszeit der Aufmerksamkeit (Go/Nogo) sowie die vestibuläre Komponente des Gleichgewichts (VES) und die Reaktionszeit in der Aufgabe zur geteilten Aufmerksamkeit (geAuf-vis) konstatierbar. Im Prä-Test zeigte sich für beide Korrelationen ein positiver Zusammenhang, der nach dem Training nicht mehr dargelegt werden konnte.

Tab. 65: Statistische Kennwerte zu den Korrelationsanalysen für die Gruppe Sport.

Variable 1	Variable 2	Prä		Post	
		r	p-Wert	r	p-Wert
GG	ZVT	-0,40	0,054°	-0,49	0,019*
GG	Go/Nogo	0,41	0,044*	0,11	0,333
GG	geAuf_F	-0,49	0,020*	-0,030	0,452
PREF	Go/Nogo	0,48	0,032*	0,11	0,328
PREF	geAuf	0,43	0,038*	-0,04	0,437
PREF	geAuf_F	-0,49	0,019*	-0,04	0,438
VES	geAuf_vis	0,43	0,038*	-0,12	0,316
SOM	geAuf_F	-0,54	0,011*	-0,05	0,493

Anmerkung. p > 0,100 = kein signifikanter Unterschied; p ≤ 0,100 = Trend [°], p ≤ 0,050 = signifikant [*], p ≤ 0,010 = hoch signifikant [**], p ≤ 0,005 = höchst signifikant [***].

5.6.4 Zusammenhang zwischen BDNF und grauer/weißer Substanz

Da Volumenänderungen auf molekularen und zellbiologischen Veränderungen beruhen, sollte auch untersucht werden, ob es einen Zusammenhang zwischen dem BDNF und dem Volumen der grauen und weißen Substanz gibt. Weder für die Tanzgruppe noch für die Sportgruppe konnte ein derartiger Zusammenhang gezeigt werden. Da BDNF im Hippocampus bzw. Gyrus Dentatus exprimiert wird, muss dieser Zusammenhang durch weiterführende ROI-Analysen geprüft werden.

5.6.5 Zusammenhang zwischen BDNF und Gedächtnisleistung

Das BDNF wird oftmals mit Gedächtnis- und Lernleistungen assoziiert. In dieser Analyse wurde, basierend auf den Hinweisen der Literatur, auf solche Zusammenhänge geprüft. Für die Tänzer konnte im Prä-Test ein mittlerer positiver Zusammenhang (r = 0,47) zwischen dem unmittelbaren Gedächtnisabruf (ROCFT 3.min Abruf) und dem BDNF (Vollblut) festgestellt werden. Dieser Zusammenhang lag im Post-Test nach der Tanzintervention nicht mehr vor (Tabelle 66).

Tab. 66: Statistische Kennwerte zu den Korrelationsanalysen für die Gruppe Tanz.

Variable 1	Variable 2	Prä		Post	
		r	p-Wert	r	p-Wert
Vollblut	ROCFT(3.min Abruf)	0,47	0,016°	0,145	0,530

Anmerkung. p > 0,100 = kein signifikanter Unterschied; p ≤ 0,100 = Trend [°], p ≤ 0,050 = signifikant [*], p ≤ 0,010 = hoch signifikant [**], p ≤ 0,005 = höchst signifikant [***].

Für die Sportler konnten keine Zusammenhänge zwischen dem Arbeitsgedächtnis (ZSPrückwärts), dem verbalen Gedächtnis (VLMT) und dem visuell-konstruktiven Gedächtnis (ROCFT) und der BDNF-Konzentration hergestellt werden.

6 Diskussion

Der Schwerpunkt dieser Studie lag auf dem Vergleich des Einflusses eines koordinativen, kognitiven und konditionellen Tanztrainings und eines konditionell ausgerichteten multimodalen Bewegungstrainings auf die strukturelle Neuroplastizität bei Seniorinnen und Senioren. Dazu wurden mittels einer voxel-basierten Morphometrie (VBM) Volumenveränderungen der grauen und weißen Substanz analysiert. Die VBM ist ein exploratives Standardverfahren, das sich in der Wissenschaft etabliert hat. Die durch die VBM erhaltene Metrik wird oft als „Konzentration", „Dichte" oder „Volumen" beschrieben, jedoch kann kein direkter Bezug zu den neuronalen Mechanismen hergestellt werden. Wie in der Einleitung erwähnt, verfolgte die Arbeit den holistischen, d.h. Top-down-Ansatz. Das bedeutet, dass die trainings-induzierten makroskopischen Veränderung des Gehirns quantifiziert und darauf basierend auf mikroskopische Veränderungen geschlossen wird. Eine weitere Technik, die diffusions-gewichtete Bildgebung (DTI) ermöglichte hierbei die Untersuchung der Integrität der weißen Substanz. Unter Einsatz des Diffusions-Tensor-Modells wurden verschiedene Parameter wie die fraktionelle Anisotropie (FA) erfasst. Die FA quantifiziert die Richtung, in der Wassermoleküle diffundieren, in Abhängigkeit von der axonalen Integrität, der Myelinisierung, dem axonalen Durchmesser und der Dichte. Zur Analyse der voxelbasierten Daten wurde das Softwarepaket SPM12 genutzt, welches zwar einen longitudinalen Gruppenvergleich ermöglicht, jedoch noch kein etabliertes wissenschaftliches Verfahren darstellt. Die Vorteile dieses kürzlich erschienenen Softwarepakets wurden im Kapitel 4.3.1 dargelegt. Auf der Grundlage von unkorrigierten Daten zeigten sich nach den sechsmonatigen Trainingsinterventionen sowohl in der Tanzgruppe als auch in der Gesundheitssportgruppe hochsignifikante Volumenänderungen in der grauen und weißen Substanz. An dieser Stelle ist zu erwähnen, dass die statistischen Tests auf eine große Anzahl an Voxeln angewendet wurden. Ohne eine Datenkorrektur könnten falsch-positive Ergebnisse auftreten. Es wird daher empfohlen die Ergebnisse für multiple Vergleiche zu korrigieren. Es gibt zwei Methoden zur Korrektur, zum einen die konservative „Family-Wise Error" (FWE) Korrektur (Friston et al., 1995) und zum anderen die liberale „False Discovery Rate" (FDR) Korrektur (Genovese et al., 2002). Beide minimieren die Möglichkeit falsch-positiver Ergebnisse, jedoch hielten die Daten dieser Studie beiden Korrekturen nicht stand. Nichtsdestotrotz soll auf der Grundlage der unkorrigierten Daten über die strukturellen Veränderungen beider Gruppen berichtet werden, da sie, wie weitere publizierte Studien mit unkorrigierten Daten (Boyke et al., 2008) wichtige Hinweise für zukünftige Trainingsstudien und Empfehlungen für den Alterssport liefern. Konform zu den formulierten Hypothesen im Kapitel 3.5 traten nach beiden Trainingsinterventionen strukturelle Volumenänderungen in unterschiedlichen Hirnregionen auf. In der grauen Substanz demonstrierten die Tänzer im Vergleich zu den Sportlern signifikant höhere Volumen im anterioren, medialen und cingulären Kortex, im linken supplementär-motorischen Areal, im linken Gyrus präcentralis, im linken Gyrus frontalis medius, im linken Gyrus temporalis superior, in der linken Insula und im linken Gyrus postcentralis. In der weißen Substanz konnten signifikante Volumenzunahmen im Corpus Callosum und in den anterioren und parietalen Kortizes visualisiert werden. Für die Teilnehmer der Sportgruppe ergaben sich im Vergleich zu jenen aus der Tanzgruppe signifikant höhere Volumen im primären visuellen Kortex, im linken Gyrus lingualis, im rechten Gyrus fusiformis, im rechten Temporalpol und im Cerebellum. Auch in der weißen Substanz wiesen die Sportler im temporalen und okzipitalen Bereich im Vergleich zu den Tänzern nach der sechsmonatigen Trainingsintervention höhere Volumen auf. Die Hypothesen 1a und 1b, welche besagen, dass ein sechsmonatiges Tanztraining und ein sechsmonatiges multimodales Bewegungstraining zu strukturellen Veränderungen in der grauen und weißen Substanz führen, können verifiziert werden. Die Analyse der Ergebnisse verdeutlicht auch, dass die unterschiedlichen Trainingsinterventionen zu Volumenänderungen in unterschiedlichen Hirnregionen führten. Während die Tanzgruppe erhöhte Volumen in frontalen, temporalen, insulären und cingulären Arealen aufwies, zeigten die Sportler im Vergleich erhöhte Volumen in okzipitalen und temporalen Arealen. Die Hypothese 1c, welche postuliert, dass ein koordinatives, kognitives und konditionelles Tanztraining und ein aerob-zyklisches multimodales Bewegungstraining zu strukturellen Veränderungen in unterschiedlichen Hirnregionen führen, kann somit bestätigt werden. Interessanterweise zeigten gerade die Sportler höhere Volumen im Gyrus lingualis, Gyrus fusiformis und Cerebellum, die auch bei professionellen Tänzern im Vergleich zu Novizen gefunden wurden (Hüfner et al., 2011). Erwartungskonform stieg bei den Tänzern das Volumen im Corpus Callosum sowie in der SMA und im prämotorischen Areal, zudem stieg das ACC-Volumen. Diese Ergebnisse stehen im Kontrast zu den Befunden professioneller Balletttänzer. Diese zeigten in den genannten Arealen geringere Volumen im Vergleich zu Nicht-Tänzern (Hänggi et al., 2010). Diese konträren Befunde können mit der Trainingshäufigkeit und der Phase des motorischen Lernens in Verbindung gebracht werden. Das Neulernen von motorischen Aufgaben scheint zu einem Volumenanstieg zu führen, wobei das geringere Volumen professioneller Tänzer wiederum als Ausdruck für eine bessere Funktionalität interpretiert werden könnte. D.h., es werden weniger Netzwerke benötigt, um die Aufgabe zu bewältigen, so dass auch das Volumen geringer ist. Bei der Bewältigung neuer oder komplexer Aufgaben werden meist mehrere Netzwerke rekrutiert. Struktur und Funktion bedingen sich gegenseitig.

Zur Strukturanalyse gehörte auch die Integrität der weißen Substanz. Dabei wurde die alterskorrelierte fraktionelle Anisotropie (FA) mittels pfad-basierter Statistik (TBSS) ausgewertet. Weder in der Tanzgruppe noch in der Sportgruppe zeigten sich Änderungen in der fraktionellen Anisotropie. Das steht im Missverhältnis zu den Ergebnissen der VBM. Beide Verfahren basieren auf einer Ganzhirnanalyse, d.h., es wurden keine Regions of Interest (ROIs) definiert. Die Vermutung liegt nahe, dass die TBSS nicht sensitiv genug ist, um mögliche Effekte darzustellen. Eine weitere Erklärung könnte man aber auch in den unkorrigierten Daten der VBM vermuten. Nach der Datenkorrektur mittels FWE und FDR konnten keine Veränderungen der weißen Substanz von Prä- zu Posttest gezeigt werden, dies stützt wiederum die Ergebnisse der TBSS zur fraktionellen Anisotropie. Ferner haben Studien, die einen Zusammenhang zwischen körperlicher Aktivität und der fraktionellen Anisotropie darlegen konnten, den Ansatz der Region of Interest (ROI) gewählt, was womöglich eine weitere Erklärung fehlender Effekte ist.

Jedes Verfahren, welches Bilddaten von Individuen über die Zeit vergleicht, ist fehleranfällig und unterliegt Verzerrungen, die durch die Bildregistrierung und durch die räumliche Glättung entstehen. Durch die Verwendung des neuen Programmpaketes SMP12 sollte dieser Bias (systematischer Fehler) minimiert werden. Die Auswertung mittels SPM12 folgte schrittweise dem Standardprotokoll von Ashburner (Ashburner, 2010). Obwohl sich der Ansatz durch die genannten

Vorteile ausweist, bleiben die Fragen zur longitudinalen Entwicklung innerhalb einer Gruppe unbeantwortet, was wiederum für die Verwendung etablierter Verfahren (SPM5, SPM8) spricht. Die Ergebnisse mittels SPM12 bilden ab, in welchen Gehirnregionen höhere Volumen in einer Gruppe im Kontrast zu einer Kontrollgruppe nach einem Training eintreten. Eventuelle Abnahmen werden nicht berücksichtigt, was als ein Defizit dieser Methode zu benennen ist. Basierend auf dem Gesamtvolumen der globalen grauen Substanz wurde für beide Gruppen eine signifikante Volumenabnahme von Prä- zu Posttest registriert (siehe Kapitel 5.2.1). Dieser Effekt wurde unter Verwendung von SPM12 nicht beobachtet. Grundsätzlich sollten daher Bildgebungsdaten mit Vorsicht interpretiert werden. Trotz des kritischen Einwurfs, der sich nicht nur auf die Daten dieser Arbeit bezieht, sondern allgemeingültig ist, zeigten Befunde, dass strukturelle Eigenschaften des Gehirns in einem direkten Zusammenhang mit dem Verhalten stehen. So konnten Johansen-Berg et al. (2007) jene Faserbahnen der weißen Substanz im Corpus Callosum bestimmen, die mit dem aufgaben-spezifischen Verhalten der bimanualen Koordination in Verbindung stehen. Für das Volumen, die Konzentration und die kortikale Dicke der grauen Substanz konnte ebenfalls ein direkter Bezug zum Verhalten hergestellt werden (Sehm et al., 2014; Erickson et al., 2011). Ergebnisse longitudinaler Studien zum motorischen Lernen, die Korrelationen zwischen strukturellen Gehirnänderungen und Verhaltensleistungen analysierten, stellen sich als inkohärent dar. Beispielsweise wurden nach einem sechswöchigen Gleichgewichtstraining auf einem Stabilometer Leistungsverbesserungen im Gleichgewicht beobachtet, obwohl die graue Substanz in sensomotorischen Regionen einerseits abnahm und andererseits im präfrontalen Bereich zunahm (Taubert et al., 2010). Auch in der Interventionsstudie (aerobes Training) von Erickson et al. (2011) zeigte sich für die inaktive Kontrollgruppe eine signifikante Leistungssteigerung in den kognitiven Fähigkeiten trotz Volumenabnahme in der grauen Substanz. Aus diesem Ergebnis ist abzuleiten, dass strukturelle Veränderungen im Sinne einer Volumenzunahme oder -abnahme nicht unbedingt auf das Verhalten schließen lassen. Die Beziehung zwischen der Makrostruktur und dem Verhalten stützt sich auf intermittierende physiologische Prozesse, die dynamisch in Abhängigkeit von der Plastizität ablaufen. Da die Mikrostruktur in dieser Arbeit nicht untersucht wurde, kann man nur vermuten, welche Prozesse der strukturellen Neuroplastizität in der grauen und weißen Substanz den Ergebnissen dieser Studie zugrunde liegen. Hierzu sei noch einmal auf die Kapitel 2.2.1 sowie 2.2.2 verwiesen, welche diese Mechanismen beschreiben.

Mit welchen kognitiven und motorischen Leistungen die veränderten Hirnvolumen (basierend auf den VBM-Ergebnissen) assoziiert werden und ob sich die gemessenen kognitiven und motorischen Leistungen tatsächlich aufgrund der Volumenänderungen angepasst haben könnten, wird in den nächsten Kapiteln besprochen. Die nachfolgenden Kapitel orientieren sich an den jeweiligen Hirnregionen und der damit verbundenen Relevanz im Alterungsprozess. Jene Strukturen, die als erste einem altersbedingten Abbau unterliegen, scheinen dabei am stärksten von körperlicher Aktivität zu profitieren (vgl. Kapitel 3). Zunächst werden demnach die Veränderungen im frontalen, dann temporalen und abschließend im parietalen und okzipitalen Lappen für die Gruppen Tanz und Sport diskutiert.

6.1 Graue Substanz

6.1.1 Strukturelle Veränderungen im Frontalhirn unter dem Aspekt der kognitiven Leistungsentwicklung in der Tanzgruppe

Im Frontalhirn zeichnete sich die Tanzgruppe durch eine signifikante Volumenzunahme des anterioren cingulären Cortex (ACC) und des Gyrus frontalis medius aus. Diese Areale werden zum einen mit Arbeitsgedächtnisleistungen assoziiert (Kukolja & Fink, 2011; McCarthy, Constable, Krystal, Gore, & Goldman-Rakic, 1996) und zum anderen mit den Exekutivleistungen sowie der kognitiven Kontrolle der Aufmerksamkeitssteuerung. Als Teil des limbischen Systems ist der Gyrus cinguli an der Speicherung neuer Informationen in das Langzeitgedächtnis und am Abruf gespeicherter Informationen beteiligt (Kukolja & Fink, 2011). Auch der anterioren dorsalen Insula werden Arbeitsgedächtnisprozesse beigemessen (Kurth, Zilles, Fox, Laird, & Eickhoff, 2010). Diese Zusammenhänge reflektieren überwiegend die Ergebnisse in den neuropsychologischen Testleistungen der Tanzgruppe. Bezüglich des visuell-räumlichen Gedächtnisses konnten die Tänzer nach der sechsmonatigen Intervention mehr graphische Elemente einer komplexen geometrischen Figur (Rey-Osterrieth-Complex- Figure Test) nach einem unmittelbaren Zeitintervall von drei Minuten und einem verzögerten Zeitintervall von 30 Minuten abrufen. Die unterschiedlichen Aspekte der Aufmerksamkeit konnten auch durch ein Tanztraining positiv beeinflusst werden. Die Tänzer wiesen dabei schnellere Reaktionszeiten in der phasischen Alertness (T = -2,33; df = 22; p = 0,020) auf, reduzierten die Fehleranzahl bei der geteilten Aufmerksamkeit (T = -2,06; df = 22; p=0,039) und erhöhten ihre flexible Aufmerksamkeitskontrolle (T = -2,46; df = 22; p = 0,14). In den berichteten Domänen des visuell-räumlichen Gedächtnisses und der Aufmerksamkeit zeigten auch die Sportler signifikante Leistungsanstiege in den Testleistungen, so dass die Hypothese 3b bestätigt werden kann. Im unmittelbaren Abruf der Rey Figur (T = -3,68; df = 19; p = 0,002) und im verzögerten Abruf der Rey Figur (T = -3,54; df = 19; p = 0,002) sowie in der phasischen Alertness (T = 2,31; df = 19; p = 0,46) waren Verbesserungen der Testleistungen zu beobachten. Die verbesserten Reaktionszeiten im Untertest phasische Alertness zeigen, dass sich sowohl ein koordinatives, kognitives und konditionelles Training sowie ein konditionelles Training positiv auf die Aufmerksamkeitsleistung bei Älteren auswirken. Vorherige Studien, die den Einfluss körperlicher Aktivität auf die Aufmerksamkeitsleistungen von Senioren untersuchten, demonstrierten ähnliche Ergebnisse (Cassilhas et al., 2007; Angevaren, Aufdemkampe, Verhaar, Aleman & Vanhees, 2008). Die Verbesserung in der Abrufleistung des visuell-räumlichen Gedächtnisses konnte auch in einer Krafttrainingsstudie von Cassilhas et al. (2007) mit demselben Test (ROCFT) nachgewiesen werden. Auch Kattenstroth et al. (2013) berichteten, dass das Lernen neuer Tanzschritte das geometrische Denken fördert und konnten in einer sechsmonatigen Tanzintervention Verbesserungen in non-verbalen Gedächtnisfunktionen belegen. Die Auswirkungen des Tanztrainings auf die berichteten strukturellen und kognitiven Veränderungen könnten mit den Anforderungen des Tanzens an den Trainierenden begründet werden. Das Einprägen und Abrufen komplexer Arm- und Schrittmuster, der ständige Wechsel neuer Choreografien sowie veränderte rhythmische und räumliche Bedingungen generierten einen ständigen Lernprozess. Die Aufmerksamkeitsleistungen wurden in vielerlei Hinsicht angesprochen. Zum einen mussten die Teilnehmer die Bewegungsinstruktionen des Übungsleiters visuell und auditiv aufmerksam verfolgen. Der Einsatz der Musik erforderte auch hohe Aufmerksamkeitsleistungen, denn die Tänzer mussten die Bewegung hinsichtlich der Musik synchronisieren sowie sich wiederholende Musikstrukturen wiedererkennen, um die entsprechende Bewegungssequenz abzurufen. Diese Leistungen erfordern abermals Aufmerksamkeitsprozesse sowie den Abruf von Gedächtnisinhalten. Im Gegensatz dazu diente die Musik in der Sportgruppe einzig zur auditiven Stimulierung und Motivation. Die konzeptionellen Bedingungen des Ausdauer- Kraft- und Beweglichkeitstraining gründeten sich auf zyklische und repetitive Übungen, die keiner bewussten Aufmerksamkeitskontrolle sowie höheren kognitiven Ressourcen bedurften. Hierdurch konnten sich bei der Sportgruppe keine Volumenänderungen in den frontalen Arealen feststellen lassen. Die signifikante Leistungssteigerung der Sportgruppe in der Variable der phasischen Alertness (Alert-mT) weist seine mittlere Effektstärke ($d = 0{,}39$) auf und könnte auf das Kraftausdauertraining und das Beweglichkeitstraining zurückgeführt werden. Die Basisübungen wie Squads, Biceps Curls, Crunches, Launches blieben in den Trainingseinheiten unverändert, wurden aber mit wechselnden Kleingeräten wie Hanteln, Theraband, Pezziball, Gymnastikstab und Redondoball ausgeführt, was scheinbar die visuelle Aufmerksamkeit bei der Beobachtung der Übungsausführung auf einem hohen Niveau hielt.

Die Leistungen in der Domäne der Exekutivfunktionen, zu denen die Testleistungen des Regensburger Wortflüssigkeitstests und der Zahlenspanntest vorwärts zählen, blieben unverändert. Diese Beobachtung widerspricht dem derzeitigen Forschungsstand. Colcombe und Kramer (2003) berichteten, dass die Exekutivfunktionen stärker als alle anderen kognitiven Fähigkeiten von einer gesteigerten aeroben Leistungsfähigkeit profitieren. Weitere Studien verdeutlichten diesen Zusammenhang des Einflusses von aerober Fitness auf die exekutiven Funktionen Älterer (Baker et al., 2010; Cassilhas et al., 2007). Das Ausbleiben von Leistungsänderungen in den Exekutivfunktionen kann zum einen auf die Interventionsdauer von sechs Monaten zurückgeführt werden. In einer Studie von Liu-Ambrose et al. (2010) wurden die Effekte eines einjährigen Krafttrainings bei Seniorinnen untersucht: Nach sechs Monaten konnten keine Leistungsveränderungen in den Exekutivfunktionen dargelegt werden, diese manifestierten sich erst in den Postmessungen nach weiteren sechs Monaten. Allerdings zeigten auch Studien, die ein einjähriges Krafttraining (Kimura et al., 2010) und ein einjähriges Kombinationstraining beinhalteten, dass sich aus Ausdauertraining, Dehnungs- und Beweglichkeitsübungen zusammensetzte, keine trainingsbedingten Effekte in den Exekutivfunktionen (Williamson et al., 2009). Auffällig ist, dass diese Trainingsprogramme entweder den Schwerpunkt auf ein Krafttraining legten oder nur zu einem geringen Anteil die aerobe Fitness ansprachen. Vermutlich konnte durch die Trainingsprogramme die kardiorespiratorische Fitness nicht gesteigert werden, so dass die erwarteten Effekte bezüglich der Exekutivfunktionen ausblieben. Die Daten des Steppbrett-Tests zur körperlichen Leistungsfähigkeit dieser Studie zeigten zwar, dass sich physiologische Parameter wie die Herzfrequenz und der Blutdruck in beiden Gruppen senkten, geben jedoch nicht 100% Aufschluss darüber, ob sich die aerobe Fitness verbessert hat. Im Prätest wurde ein physiologisches Screening durchgeführt, um die körperliche Leistungsfähigkeit der Probanden und mögliche pathologische Auffälligkeiten zu detektieren. Dabei kam der Stufentest PWC130 auf dem Fahrradergometer zum Einsatz. Dieser Test gibt Auskunft über die körperliche Leistungsfähigkeit (aerobe

Fitness) und korreliert mit der VO_2max. Dieser Test wurde als Kontrolle zum Posttest erhoben und zeigte keine signifikanten Leistungsverbesserungen innerhalb der Gruppen. Dies könnte auch im Zusammenhang mit den ausbleibenden Effekten in den Exekutivleistungen in Verbindung stehen. Auch wenn die Teilnehmer der Sportgruppe die Ausdauerfähigkeit nach ihrem individuellen Trainingspuls trainierten, scheint der Belastungsumfang von 20 Minuten zu gering zu sein.

Zusammenfassend lässt sich konstatieren, dass sich beide Gruppen in der Domäne des visuell-räumlichen Gedächtnisses und in einigen Variablen der Aufmerksamkeit signifikant steigern konnten und sich die Leistungen im Gruppenvergleich zum Posttest nicht unterschieden. Des Weiteren führten beide Trainingsprogramme zu keiner Veränderung in den Exekutivleistungen. Die Hypothesen H3a und H3b, welche besagen, dass ein sechsmonatiges Tanztraining und ein multimodales Bewegungstraining zu Steigerungen bzw. Stabilisierungen kognitiver Leistungen führen, können angenommen werden. Da sich die Leistungen im Gruppenvergleich nicht unterschieden, muss die Hypothese H3c abgelehnt werden. Das sechsmonatige Tanztraining begünstigt physiologische Parameter wie Blutdruck und Herzfrequenz, jedoch zeigt der standardisierte Test PWC130 keine Veränderungen der Testleistungen in der körperlichen Leistungsfähigkeit. Die Hypothese 5a konnte somit verifiziert werden. Die Hypothese 5b muss falsifiziert werden, denn das multimodale Bewegungstraining führte nicht zu einer Verbesserung der körperlichen Leistungsfähigkeit. Rückschließend muss auch die Hypothese 5c zurückgewiesen werden, denn beide Gruppen unterschieden sich nicht in der körperlichen Leistungsfähigkeit.

6.1.2 Strukturelle Veränderungen im Frontalhirn unter dem Aspekt der motorischen Leistungsentwicklung in der Tanzgruppe

Bei genauerer Betrachtung der frontalen Hirnareale, bei denen eine Volumenzunahme zu verzeichnen war, sind diese nicht nur bei kognitiven Prozessen, sondern ebenfalls bei motorischen Prozessen bedeutsam. Die Insula zum Beispiel zählt zu den Großhirnstrukturen und ist in erster Linie ein multisensorisches Kortexareal. Im hinteren Bereich werden vor allem somatosensible, im vorderen eher viszerosensible Reize verarbeitet (Trepel, 2012). Des Weiteren werden hier Informationen zur Lage- und Bewegungswahrnehmung verarbeitet. Zusätzlich bildet die Insula eines von mehreren vestibulären Kortexarealen (Trepel, 2012). Hierbei schließt sich der Kreis zu den signifikanten Verbesserungen der Gleichgewichtsleistungen (T = -3,06; df = 21; p = 0,006) im sensorischen Organisationstest bei den Tänzern. Um das Gleichgewicht zu halten, spielen verschiedene Analysatoren, wie der somatosensorische, der visuelle und der vestibuläre Analysator, eine wichtige Rolle. Der sensorische Organisationstest kann den jeweiligen Anteil des Analysators zum Erhalt des Gleichgewichts ermitteln. Bei den Tänzern kam es in dem somatosensorischen Anteil (T = -2,1; df = 21; p = 0,048), dem visuellen Anteil (T = -4,54; df = 21; p < 0,001) und dem präferierten visuellen Anteil (T = -2,20; df = 21; p = 0,006) zu signifikanten Leistungsverbesserungen. Die Sportler haben sich hinsichtlich des visuellen Anteils verbessert (T = -2,18; df = 18; p = 0,042), was sich aber in der Gesamtbetrachtung des Gleichgewichtes wieder aufhebt (T = -1,41; df = 18; p = 0,176).

Die Leistungsverbesserungen der Tänzer können auf das motorische Anforderungsprofil des Tanzens zurückzuführen. Wichtige koordinative Fähigkeiten wie der räumlichen Orientierungsfähigkeit, kinästhetischen Differenzierungsfähigkeit, Gleichgewichtsfähigkeit, Reaktionsfähigkeit, Rhythmusfähigkeit sowie Kopplungsfähigkeit werden beim Tanzen trainiert. Tanzen zeichnet sich durch eine Vielzahl von Viertel-, Halbe-, Dreiviertel- und Mehrfachdrehungen aus, sowie Orts- und Lageveränderungen. Hierbei befindet sich der Tanzende ständig im labilen Gleichgewichtszustand. Das wird vor allem durch den schnellen Wechsel von sicheren Zweibeinständen zu unsicheren Einbeinständen, Drehungen, Kopfbewegungen und der einhergehenden permanenten Verlagerung des Körperschwerpunktes provoziert, so dass auch hier das Gleichgewicht trainiert wird. Das Trainingsprogramm der Sportgruppe zielte auf die Kräftigung der großen Muskelgruppen. Das Fehlen eines somatosensorischen Trainings, welches die intermuskuläre Koordination und somit das Nerv-Muskelzusammenspiel verbessert und zur Standsicherheit beiträgt, scheint ein wesentlicher Faktor bei der Schulung der Gleichgewichtsleistung zu sein.

Die Verbesserungen des somatosensorischen Systems bilden die Fähigkeit ab, Eingangssignale dieses Systems zum Erhalt des Gleichgewichts zu nutzen. Diese Eingangssignale kommen aus den Propriozeptoren der Muskulatur, aus den Bändern, Sehnen und Gelenken sowie aus den Mechanorezeptoren des taktilen Analysators. Derartige Informationen lösen in erster Linie statikokinetische Reflexe aus, die unter anderem auch dem Gleichgewichtserhalt dienen. Ein Tanztraining scheint dazu beizutragen, die Somatosensorik bei Senioren auf einem hohem Niveau zu erhalten (Hökelmann & Blaser, 2011). Das visuelle System empfängt visuell kodierte Eingangssignale, die zum Gleichgewichtserhalt maßgeblich beitragen. Die visuellen Informationen werden bereits auf supraspinaler Ebene, d.h. unbewusst im Hirnstamm verarbeitet und bilden mit den somatosensorischen Informationen Kenngrößen des supraspinalen Reflexsystems, welches dem Gleichgewichtserhalt dient und unbewusst abläuft. Dem Hirnstamm werden integratorische Funktionen zugeschrieben, die die in dem motorischen Kortex, Basalganglien und Thalamus generierten zielmotorischen Innervationsmuster mit den Mustern für die tonische Haltungsinnervation abstimmen (Hökelmann & Blaser, 2011). Die hirnstammgenerierten Informationen können aber auch auf kortikaler Ebene bewusst das Gleichgewicht regeln. Dabei laufen die Informationen über den Okzipitalkortex und die visuellen Assoziationsfelder. Dieser Zusammenhang wird in den strukturellen und motorischen Daten der Sportgruppe deutlich: Zum einen treten nach einem sechsmonatigen multimodalen Bewegungstraining Volumenzunahmen im okzipitalen Kortex auf und zum anderen verbesserten die Sportler nur im visuellen Anteil des Gleichgewichtes ihre Testleistungen von Prä- zu Post-Test. Weder in der Tanz- noch in der Sportgruppe konnten nach den Trainingsprogrammen Verbesserungen der vestibulären Komponente des Gleichgewichtes beobachtet werden. Das vestibuläre System registriert über Mechanorezeptoren im Innenohr (Macula- und Bogengangorgane) translatorische und rotatorische Lageänderungen des Kopfes. Informationen über die Stellung des Körpers im Raum gehen dabei nicht über das vestibuläre System in das ZNS ein (Klinke, 1995). Es ist demnach nur schwer möglich, dass sich die Testleistungen in diesem System in beiden Gruppen verbessern, da weitere afferente Informationen von den Muskeln, Sehnen, Gelenken nötig sind, die mit der Stütz- und Blickmotorik verschaltet sind (Klinke, 1995). Die dynamisch stehende Komponente des Gleichgewichtes wurde mit dem LOS erfasst und gibt Auskunft darüber, inwieweit der Proband seinen COG bewegen kann, ohne die Standposition zu verlassen. Im Nachfolgenden werden nur die Gesamtleistungen der Reaktionszeit, der Bewegungsgeschwindigkeit, der Endpunktauslenkung, der maximalen Auslenkung und der Richtungskontrolle diskutiert. Beide Gruppen wiesen zum Post-Test schnellere Reaktionszeiten auf; diese Ergebnisse sind allerdings nicht signifikant. Eine Stabilität der Reaktionszeit kann im Alter positiv gewertet werden und spricht zum einen für eine konstante Leistung der Wahrnehmungsverarbeitung (sensorisches Signal) und zum anderen für eine stabile motorische Ausführung. Die Bewegungsgeschwindigkeit lässt im Alterungsprozess nach und könnte ein Anzeichen von Störungen des ZNS sein (Großhirnganglien) oder auf Schwierigkeiten bei der Rekrutierung von Muskelfasern schließen. Beide Gruppen wiesen zum Post-Test schnellere Bewegungsgeschwindigkeiten auf, jedoch zeigten nur die Sportler signifikante Leistungsverbesserungen. Sie konnten die Bewegungsgeschwindigkeit zum Post-Test mehr als verdoppeln. Eine höhere Geschwindigkeit bei gleichzeitigem Erhalt des Gleichgewichts lässt auf verbesserte motorische Leistungen in der Sportgruppe schließen. Auch für die Endpunktauslenkung war in beiden Gruppen eine Zunahme der Testleistungen beobachtbar, aber auch hier waren diese Ergebnisse nur für die Sportgruppe signifikant. Es wird angenommen, dass diese Verbesserung Ausdruck für eine bessere antizipatorische Bewegungsplanung sowie Haltungssteuerung ist. Die Sportgruppe weist ein besseres Vermögen auf, die Raumsituation entsprechend der bipedalen Gleichgewichtsbedingung in zielgerichtete Bewegungen umzusetzen. Aufgrund einer besseren Informationsverarbeitung und flexibleren Mobilität können vorgegebene Bewegungsziele besser erreicht werden (Hökelmann & Blaser, 2011). Der bipedale Stand mit einer Gewichtsverlagerung auf den Fersen wurde regelmäßig in der Squad-Position (Hocke) eingenommen und bildete eine Kernübung bei den Sportlern. Im Richtungskontrollwert nahmen die Leistungen in beiden Gruppen vom Prä-Test zum Post-Test ab, d.h., sie brauchten mehr Versuche, um das Ziel zu erreichen, was auf eine Kompensationsstrategie im Alter hindeutet.

Die Hypothese 4a wird angenommen. Ein sechsmonatiges Tanztraining verbessert die Gleichgewichtsfähigkeit. Für die Sportgruppe kann die Hypothese 4b nur in Bezug auf den visuellen Anteil der Gleichgewichtsfähigkeit angenommen werden. Trotz der signifikanten Leistungssteigerungen wurde jedoch kein Gruppenunterschied in den Leistungen der Gleichgewichtsfähigkeit beobachtet. Die Hypothese 4c wird abgelehnt.

In einer Studie von Sehm et al. (2014) führten Parkinson Patienten und gesunde Ältere ein sechswöchiges Gleichgewichtstraining auf einem Stabilometer durch. Nach dem Training zeigten die gesunden Älteren bessere Gleichgewichtsleistungen, zudem zeigte eine ROI-Analyse Volumenzunahmen der grauen Substanz im Hippocampus. Weitere Korrelationsanalysen zeigten einen positiven Zusammenhang zwischen den Gleichgewichtsverbesserungen und den Volumenänderungen im linken Hippocampus. Den Zusammenhang zwischen der grauen Substanz und Gleichgewichtsverbesserungen wurde für die Tanzgruppe auch in dieser Studie hergestellt. Es kann darauf geschlossen werden, dass diese Korrelationen als verhaltensrelevante strukturelle Gehirnveränderungen das Gleichgewicht fördern. Der cinguläre Kortex scheint eine wichtige Rolle in der Koordination komplexer Bewegungen zu spielen und wird in Verbindung zu höheren Anforderungen der Aufmerksamkeit interpretiert (Aimez et al., 2012; Paus, 2001; Picard & Strick, 2001). Korrelationsanalysen zwischen den Gleichgewichtsleistungen des SOT und den Aufmerksamkeitsleistungen der TAP sowie der Informationsgeschwindigkeit (ZVT) bestätigen diesen Zusammenhang in der Tanzgruppe. Dabei gehen erhöhte Fehleranzahlen in der Variable Go/nogo und in der geteilten Aufmerksamkeit mit schlechteren Leistungen in der somatosensorischen und visuellen Komponente des Gleichgewichtes einher. Für die Sportler stellten sich ähnliche Korrelationen dar. Eine weitere Hirnstruktur, die bei der Tanzgruppe einer positiven Veränderung unterlag, ist der Gyrus cinguli, der zum limbischen System zählt. Das limbische System ist ein Zusammenschluss unterschiedlicher Hirnstrukturen und wird als Funktionseinheit beschrieben, welche bei der Verarbeitung von Emotionen und Lernen von Bedeutung ist (Jäncke, 2009). Das limbische System umfasst die Hirnstrukturen Hippocampus, Fornix, Corpora mamillare, Gyrus cinguli, Amygdala und den vorderen Teil des Thalamus, so dass man auch hier die Nähe zwischen kognitiven Gedächtnisleistungen des Hippocampus und motorischen Prozessen wie der Bewegungsinitiierungund -kontrolle durch den Thalamus erkennen kann. Des Weiteren steht das limbische System mit fast allen Endhirnstrukturen in Verbindung und ist auch an der Kontrolle der Ausschüttung wichtiger Transmitter wie dem Dopamin beteiligt, das auch einem altersbedingten Abbau unterliegt. Diese Tatsache führt zu einer weiteren wichtigen Verbindung, die kurz beschrieben werden soll: Emotionen, Musik und Lernen.

Durch das Hören emotionaler, ausdrucksstarker Musik erfolgt eine Aktivierung in den beschriebenen Hirnarealen, die mit einer Durchblutungszunahme einhergeht (Brown, Martinez, & Parson, 2004). Auch wenn die Musik vollkommen unbekannt (Brown et al., 2004) oder aber auch dissonant ist, d.h. als unangenehm empfunden wird, kommt es zu einer gesteigerten Durchblutung des Gehirns (Zatorre et al., 1999). Diese Aktivierung der Nervenzellnetzwerke spielt für Lernprozesse ein zentrale Rolle (Jäncke, 2009), in dem u. a. die Lernbereitschaft und die Wachheit gesteigert wird. In dieser Studie wurde zwar versucht, den Einfluss der Musik konstant zu halten, indem beide Gruppen unter musikalischer Begleitung trainierten, die Tänzer mussten jedoch die Musik aktiv nutzen, um zum einen den richtigen Einsatz der Bewegung auf die Musikstruktur zu koordinieren und zum anderen die sich wiederholenden Musikstrukturen wiederzuerkennen und dabei die entsprechenden Bewegungssequenzen abzurufen. Diese Leistungen erfordern abermals Aufmerksamkeitsprozesse sowie den Abruf von Gedächtnisinhalten. Im Gegensatz dazu diente die Musik in der Sportgruppe einzig zur auditiven Stimulierung und Motivation.

6.1.3 Strukturelle Veränderungen im Temporalhirn unter dem Aspekt der kognitiven Leistungsentwicklung in der Tanzgruppe

Der posteriore Gyrus temporalis superior zeichnete sich durch eine signifikante Volumenzunahme in der grauen Substanz bei den Tänzern nach der Intervention aus. Dieser Teil des Temporallappens wird mit dem episodischen Gedächtnis in Verbindung gebracht und steht in Relation zur Alzheimer-Demenz (Colcombe et al., 2006). Dementsprechend hoch wird die Bedeutung des höheren Volumens in diesem Bereich bei den Tänzerneingeschätzt. An dieser Stelle soll nun auch der Bezug zum BDNF geknüpft werden, denn die Volumenänderungen dieser Gehirnregionen stehen laut Laske & Eschweiler (2006) mit der BDNF Expression im Zusammenhang. So zeigten einige Studien, dass sich eine Veränderung der BDNF Expression sowohl auf die Größe der Hirnregionen als auch auf die Gedächtnisfunktionen auswirkt. Da das BDNF auch mit dem Alter korreliert und dem Neurotrophin eine besondere Bedeutung bei der Neurogenese und dem Lernen beigemessen wird, wurde das Blut beider Gruppen auf diesen Marker untersucht. Ein sechsmonatiges Tanztraining führte zu einem signifikanten Anstieg des Plasma-BDNF (T = -2,83; df

= 21; p < 0,001) und des Vollblut-BDNF (T = -2,23; df = 21; p = 0,037), wohingegen das Serum-BDNF (T = -1,14; df = 21; p = 0,267) unverändert blieb. Die Hypothese 2a kann dahingehend bestätigt werden, dass ein koordinatives, kognitives und konditionelles Tanztraining zu einer Erhöhung der BDNF-Konzentration führt. Anders verhielt es sich in der Sportgruppe. Im Vergleich zu anderen Interventionsstudien, die über einen Anstieg der BDNF-Konzentration berichteten, konnte nach der sechsmonatigen Intervention keine signifikante Änderung im BDNF wahrgenommen werden, so dass die Hypothese 2b nicht bestätigt werden konnte. Bei genauerer Betrachtung der Werte fällt auf, dass das Serum-BDNF und das Vollblut BDNF von Prä- zu Post-Test in der Sportgruppe leicht sinkt. Diese Ergebnisse sind jedoch statistisch unbedeutend (p = 0,464; p = 0,273). Durch die signifikanten Anstiege des BDNF in der Tanzgruppe und der Stabilität der BDNF-Konzentration in der Sportgruppe kann die Hypothese 2c angenommen werden. Ein koordinatives, kognitives und konditionelles Training führt zu einer höheren Steigerung der BDNF-Konzentration im Vergleich zu einem aerob-zyklischen Bewegungstraining. Die Bildung neuer Neurone stellt einen delikaten Prozess dar, den eine große Anzahl der neugebildeten Neurone nicht überlebt (Kempermann, 2010). Während körperliche Aktivität die Neurogeneserate erhöht, soll eine vielfältig angereicherte Umgebung dazu beitragen, dass eine höhere Rate neugebildeter Neurone überlebt und in das existierende neuronale Netzwerk eingebaut wird (Kempermann, 2010; Kroneberg et al., 2003). Das Tanztraining zeichnete sich durch permanentes Neulernen aus. Alle vier Wochen wurden die Probanden mit neuen Choreographien zu unterschiedlichen Genres konfrontiert. Taktgeschwindigkeit, Raumorientierung, Arm- und Schrittmuster sowie Formationswechsel stellten stets neuartige Situationen dar, so dass eine motorisch-kognitive Monotonie nicht eintrat. Dieser Umstand scheint zum einen die BDNF-Konzentration zu erhöhen und zum anderen werden die neugebildeten Neurone verstärkt in alte Netzwerke eingebaut. Das multimodale Bewegungstraining war durch zyklische, automatisierte Bewegungen auf dem Fahrradergometer, repetitive Kraft-Ausdauerübungen sowie Dehnungs- und Mobilisationsübungen gekennzeichnet, s dass eine gewisse Monotonie eintrat und Änderungen der Umgebungsreize fehlten. Studien zeigten, dass komplexe Umgebungsreize, Serotonin, Lernprozesse, Östrogen und das Einhalten einer kalorienarmen Diät ebenfalls die BDNF-Expression erhöhen, während soziale Isolierung, Stressreaktionen und Kortikosteroide die Expression von BDNF im Hippocampus vermindern (Barrientos, Sprunger, Campeau, et al., 2003; Mattson, Duan, Wan, & Guo, 2004; Scaccianoce, Del Bianco, Caricasole, Nicoletti, & Catalani, 2003). Ein weiterer Punkt, der genannt werden muss, aber in dieser Arbeit nicht betrachtet wurde, ist der BDNF-Polymorphismus. In Tiermodellen wurde nachgewiesen, dass die Met-BDNF-Variante in Hippocampusneuronen mit einem gestörten intrazellularen Transport und einer beeinträchtigten aktivitätsabhängigen Sekretion von BDNF in Versikeln assoziiert ist (Egan et al., 2003). Zusätzlich moduliert dieser Polymorphismus des BDNF-Gens die kognitive Leistungsfähigkeit beim Menschen. Gesunde Erwachsene mit BDNF-Homozygotie Met/Met zeigten signifikant schlechtere Leistungen im verbalen episodischen Gedächtnis als heterozygote Met/Val- oder homozygote Val/Val-Träger. Warum das Serum-BDNF in der Tanzgruppe nicht anstieg, bleibt vage. Die Literatur verdeutlicht, dass BDNF nicht nur im Hippocampus gebildet wird, sondern auch an verschiedenen Orten in der Peripherie (wie z. B. Blutplättchen/Monozyten). Es ist immer noch nicht klar, in welchem Ausmaß das Serum BDNF das BDNF im Gehirn widerspiegelt. Einige

Studien berichteten zwar über positive Korrelationen ($r = 0,81$) zwischen Serum BDNF und BDNF im PFC und Hippocampus (Elfving, Plougmann, Wegener, 2010; Karege et al., 2002) und legten nahe, dass es eine mögliche Verbindung zwischen peripheren und zentralen Bezugspunkten des BDNF gibt, jedoch ist die Studienlage nicht eindeutig.

Kognitive Fähigkeiten wie das Lernen und das Gedächtnis werden mit dem BDNF assoziiert und unterliegen einem altersbedingten Abbau. Sowohl in der Tanz- als auch in der Sportgruppe konnte dieser Zusammenhang teilweise bestätigt werden. In der Tanzgruppe korrelierten die Variable Vollblut-BDNF mit der Variable des unmittelbaren Abrufs mit den Testleistungen des visuell-räumlichen Gedächtnisses (ROCFT) zum Prä-Test. In der Sportgruppe konnten keine Korrelationen zwischen der BDNF-Konzentration im Plasma, Serum und Vollblut und den Testleistungen des visuell-räumlichen Gedächtnisses (ROCFT) sowie dem Kurz- und Arbeitsgedächtniss (ZSP vorwärts und rückwärts) gezeigt werden. Die Hypothese 7d wird für die Tänzer bestätigt, eine Erhöhung der BDNF-Konzentration geht mit besseren Gedächtnisleistungen einher. Rückschließend soll an dieser Stelle der Bezug des BDNF zu strukturellen Veränderungen dieser Studie hergestellt werden. Wie eingangs beschrieben, scheint sich die BDNF-Expression auf die Größe der Gehirnregionen auszuwirken (Laske & Eschweiler, 2006). Ein derartiger Zusammenhang konnte in dieser Studie nicht dargestellt werden. Die Korrelationsanalyen zwischen den BDNF-Werten sowie der globalen grauen und weißen Substanz zeigten keinen Zusammenhang. Das kann zum einen mit der globalen Volumenabnahme der grauen Substanz von Prä- zu Post-Zeitpunkt und zum anderen mit einer fehlenden aussagekräftigeren ROI-Analyse begründet werden. Da das BDNF annähernd vollständig im Hippocampus exprimiert wird, sollte in einem nächsten Schritt diese Region als ROI segmentiert werden, um mögliche Korrelation herzustellen. Die Hypothese 7e wird für den Ansatz der globalen Volumenanalyse abgelehnt.

6.1.4 Strukturelle Veränderungen im Motorcortex unter dem Aspekt der motorischen Leistungsentwicklung in der Tanzgruppe

Der Gyrus präcentralis wird auch als Motorcortex bezeichnet. Afferenzen erhält der Gyrus praecentralis subkortikal von der ventralen Kerngruppe des Thalamus (Ncl. Ventralis anterolateralis), über die ihm die integratorisch verarbeiteten motorischen Impulse aus den Basalganglien und aus dem Cerebellum zugeleitet werden. Kortikale Zuflüsse erhält er vor allem von den somatosensiblen Rinden des Gyrus postcentralis sowie der supplementär-motorischen und der prämotorischen Rinde. Die wichtigste Funktion des Gyrus praecentralis ist die willkürmotorische Versorgung der kontralateralen Körperhälfte. Hierbei handelt es sich vor allem um die Feinmotorik, weil vom Gyrus praecentralis vornehmlich die distalen Extremitätenabschnitte und die Kopfregion versorgt werden. Ausschlaggebend für die Volumenzunahme der Tänzer scheint hierbei die Ganzkörperkoordination zu sein. Insbesondere die Kopplung von Arm- und Schrittmustern, die polyzentrisch und oder polyrhythmisch umgesetzt werden, sind charakteristisch für das Tanzen. Aber auch die Präzision der Bewegungsausführung spielt eine besondere Rolle beim Tanzen und könnte Volumenzunahmen in diesem Bereich evozieren.

Das supplementär-motorische Areal zählt zu der prämotorischen Region und hat für die Motorik eher eine vorbereitende als ein konkret ausführende Funktion. Viele Bewegungsmuster sind in ihren Abläufen in diesem Areal abgespeichert, die letztlich über den Motorcortex (Gyrus praecentralis) zur Ausführung gelangen. Jedoch spielt die Verbindung zwischen Musik und Motorik in diesem Areal eine besondere Rolle, denn insbesondere die prämotorischen Hirngebiete erhalten einen intensiven Aktivitätszustrom aus dem Hörkortex (Jäncke, 2009). Diese Hirngebiete sind in die Planung und Organisation von Bewegungen involviert. Dass eine besondere Nähe von akustischen und motorischen Zentren besteht, bestätigt Effenberg (1996). Nach Effenberg (1996) wirkt sich Musik positiv auf den Lernprozess sportlicher Bewegungsabläufe aus, was mit einer Verkürzung der Lernzeit aufgrund motivationaler Prozesse einhergeht.

Der Gyrus postcentralis zählt zur primären somatosensiblen Rinde, d.h., hier enden die Fasern mit Impulsen aus der Haut und propriozeptiven Wahrnehmungsorganen wie den Muskelspindeln oder Sehnen- und Gelenksrezeptoren (Lagesinn). In diesem Areal erfolgt die lokalisatorische Zuordnung sowie die Differenzierung von Stärke und Art der entsprechenden Sinneswahrnehmung. Aufgrund der hohen Bewegungspräzision, die im Tanz gefordert wird, muss der Tanzende permanent (un-)bewusst die Stellung und Lage einzelner Körperteile bzw. des ganzen Körpers im Raum überprüfen. Besonders unter hohen Anforderungen, zum Beispiel beim Ausüben simultaner Bewegungen, wird die kinästhetische Wahrnehmung trainiert. Die kinästhetische Wahrnehmungsdifferenzierung wird hingegen bei den Sportlern kaum angesprochen, so dass es plausibel erscheint, dass diese Struktur in der Sportgruppe keinen Volumenzuwachs aufwies.

6.1.5 Strukturelle Veränderungen im Cerebellum, Gyrus fusiformis, Gyrus lingualis, Temporalpol und visuellem Kortex in der Sportgruppe

Die Sportgruppe zeigte im Gegensatz zu der Tanzgruppe signifikante Volumenzunahmen im Cerebellum sowie in okzipitalen und temporalen Regionen. Das Cerebellum ist ein Korrelat der unbewussten Planung und Ausführung von Bewegungen (Luhmann, 2010) und wird neben den Basalganglien mit dem prozeduralen Gedächtnis assoziiert. Die Volumenzunahme erscheint dahingehend plausibel, dass zyklische Bewegungen wie Laufen oder Fahrradfahren im prozeduralen Gedächtnis abgespeichert sind und keiner bewussten Aufmerksamkeitskontrolle bedürfen. Es wird somit deutlich, dass der Abruf von Bewegungsprogrammen keinen kognitiven Instanzen zur bewussten Planbildung oder Aufmerksamkeitsfokussierung unterliegt. Das Cerebellum gliedert sich in drei anatomische Strukturen: das Vestibulocerebellum, das Spinocerebellum und das Pontocerebellum. Das Vestibulocerebellum empfängt seine Afferenzen überwiegend aus den Vestibulärkernen und erhält somit Informationen über die Körperlage und -bewegung (Trepel, 2012). Die efferenten Fasern ziehen zu den okulomotorischen Zentren der Formatio reticularis und zum Teil direkt zu den Augenmuskelkernen. Das heißt, das Vestibulocerebellum ist an der Feinabstimmung nahezu aller Augenbewegungen beteiligt. Über seine Efferenzen zu den Vestibulariskernen und zur Formatio reticularis kann es indirekt Einfluss auf die Stützmotorik des Rumpfes nehmen (Trepel, 2012). Die Steuerung der Blickmotorik und die Stabilisierung des Standes, des Ganges und dessen Koordination mit dem Gleichgewichtsorgan zählen zu den Hauptfunktionen des Vestibulocerebellums. Dieser Zusammenhang könnte bezüglich der Verbesserung der visuellen Gleichgewichtskomponente und der Volumenvergrößerung im visuellen Kortex in der Sportgruppe einen möglichen Erklärungsansatz liefern. Gleichzeitig stellt sich die Frage, warum das Volumen bei den Tänzen nicht im Cerebellum zunahm. In Bezug auf die

Gleichgewichtsleistungen im Post-Test wiesen die Tänzer in fast allen Systemen, die an der Organisation des Gleichgewichts beteiligt sind, signifikante Verbesserungen auf.

Der Grund, warum bei den Tänzern im Cerebellum keine Volumenzunahmen eintrat, wird bei der Betrachtung der Funktionen der weiteren Bestandteile des Cerebellums deutlich. Das Spinocerebellum erhält zum Beispiel seine Afferenzen überwiegend vom Rückenmark, von dem es ständig Informationen über die Stellung der Extremitäten und des Rumpfes sowie des Muskeltonus erhält. Zusammen mit dem Vestibulocerebellum steuert es die Muskeln, die der Schwerkraft entgegenwirken, um einen reibungslosen Ablauf von Stand- und Gangmotorik zu ermöglichen (Trepel, 2012). Warum die Tänzer nun augenscheinlich größere Effekte hinsichtlich der Gleichgewichtsleistung aufweisen, lässt sich wahrscheinlich mit diesem Teil des Cerebellums erklären: denn ein geringer Teil der spinozerebellären Efferenzen erreicht auch über den Thalamus den motorischen Kortex. Dieser zeichnete sich bei den Tänzern durch signifikante Volumenzunahmen aus. Durch die spinozerebellären Efferenzen werden genau diejenigen Teile erreicht, welche die Rumpf- und die proximale Extremitätenmuskulatur steuern, so dass das Spinocerebellum auch auf diesem Wege die Stützmotorik beeinflusst. Auch das Pontocerebellum weist Funktionen auf (wie das Erlernen, die Feinabstimmung und den glatten Ablauf von willkürlichen Zielbewegungen), die an sich für eine Volumenzunahme in der Gruppe der Tänzer sprechen würden. Das Pontocerebellum wird auch als das Zentrum motorischer Koordination bezeichnet.

6.2 Weiße Substanz

6.2.1 Strukturelle Veränderungen des Corpus Callosum sowie der anterioren und parietalen weißen Substanz unter dem Aspekt der kognitiven und motorischen Leistungsentwicklung in der Tanzgruppe

Sehr auffällig sind die höchstsignifikanten Volumenzunahmen des Corpus Callosum, im Truncus und Splenium (CC-T, $p < 0,001$; CC-S, $p < 0,001$). Der mittlere Abschnitt des Corpus Callosum wird als Truncus (Balkenstamm) und der hintere Abschnitt als Splenium (Balkenwulst) bezeichnet. Er trägt den größten Teil der Kommissurenfasern, verbindet nahezu alle Teile der Hemisphären miteinander und ermöglicht somit die Kommunikation zwischen der musisch-nonverbalen mit der verbal-intellektuellen Hirnhälfte. Die anteriore und die parietale weiße Substanz verzeichneten ebenfalls einen signifikanten Volumenzuwachs. Ein guter Bezug lässt sich zum Gleichgewicht und zu den Aufmerksamkeitsleistungen herstellen. Das Gleichgewicht ist eine komplexe Fähigkeit, die somatosensorische, visuelle und vestibuläre Informationen verarbeitet, die im Gehirn aktualisiert werden. Im Alter kommt es auf Grund von morphologischen und biochemischen Veränderungen in höherliegenden integrativen neuronalen Strukturen, wie dem präfrontalen und parietalen Kortex, zu Gleichgewichtsstörungen (Johnson, Mitchel, Raye & Green, 2004; Tisserand et al., 2004). Diese Hirnregionen werden mit der internen Repräsentation des Körpers im Raum und mit Aufmerksamkeitsprozessen verbunden. Einige Studien bestätigen, dass Probleme des Gleichgewichtserhalts und der körperlichen Instabilität auf Aufmerksamkeitsdefizite zurückzuführen sind (Weeks, Forget, Mouchnino, Gravel & Bourbonnais, 2003; Woollacott & Shumway-Cook, 2003;). Eine bildgebende Querschnittsstudie von Whitman et al. (2001)

demonstrierte, dass ein Volumenverlust der weißen Substanz das Gleichgewicht beeinflusst. Moderate Assoziationen wurden zwischen vergrößerten Ventrikeln und Hyperintensitäten der weißen Substanz gefunden (Tell, Lefkowitz, Diehr, & Elster, 1998). Hyperintensitäten sind typisch für das alternde Gehirn und deuten auf Schäden wie Demyelinisierung, Axonverlust und erweiterte periventrikuläre Räume hin. Auch in einer vierjährigen prospektiven Studie konnte gezeigt werden, dass eine Vergrößerung der periventrikulären Räume (Hyperintensität) Gleichgewichtsstörungen voraussagt (Whitman, Tang, Lin, Baloh, & Tang, 2001). Ein weiteres Maß für mikrostrukturelle Schädigungen bildet die fraktionelle Anisotropie (FA). Sullivan, Rose, Rohlfing, & Pfefferbaum (2009) korrelierten die Testdaten der fraktionellen Anisotropie (FA) und die Gleichgewichtsleistungen der Bedingung "mit geschlossenen Augen, auf einem Bein stehen". Die Autoren belegen positive Korrelationen zwischen der Gleichgewichtsleistung und der FA im Bereich des Corpus Callosum Splenium und Genu (Balkenknie).

Auch wenn in der vorliegenden Studie die diffusions-gewichtete Bildgebung keinerlei Veränderung der Integrität der weißen Substanz (FA-Werte) zeigte, konnten mittels struktureller VBM signifikante Volumenzunahmen im Corpus Callosum Truncus und Splenium beobachtet werden. Korrelationsanalysen zwischen den Gleichgewichtsleistungen im SOT und den globalen strukturellen Veränderungen in der grauen und weißen Substanz zeigten bei den Tänzern einen positiven Zusammenhang. Für die Sportgruppe hingegen konnte dieser Zusammenhang nicht ermittelt werden. Eine Folgestudie von van Impe et al. (2012) konnte einen weiteren positiven Zusammenhang zwischen der FA des Forceps (Fasern, die beide Frontallappen und beide Okzipitallappen miteinander verbinden) und der Gleichgewichtsleistung herstellen. Im Kontext der posturalen Kontrolle scheint die Integrität der weißen Substanz entscheidend für einen effizienten Transfer visueller, propriozeptiver und vestibulärer Rückmeldungen im Gehirn zu sein (van Impe et al., 2012). In der Querschnittsstudie von van Impe et al. (2012) wurden auch die Leistungen des SOT (Balance Master) mit der Faserintegrität in Verbindung gesetzt. Ziel war es, Veränderungen der Körperhaltung/Stabilität unter propriozeptiver und visueller Rückmeldung zu untersuchen. Die Ergebnisse verdeutlichten, dass die Integrität im frontalen Forceps 21% der Varianz erklären, wenn propriozeptive Informationen gegeben waren. Wenn lediglich vestibuläre Informationen zur Verfügung standen, war der okzipitale Forceps der beste Prädiktor für die Gleichgewichtsleistung (42%). In einer Studie von Scholz et al. (2009) führten 24 Erwachsene ein sechswöchiges Jongliertraining durch. Mittels DTI wurden Veränderungen der weißen Substanz und mittels VBM Veränderungen der grauen Substanz erfasst. 24 Probanden bildeten die inaktive Kontrollgruppe. Zusätzlich wurde nach vier Wochen eine Follow-up-Messung durchgeführt. Die Ganzhirnanalyse zeigte trainings-induzierte Zunahmen der FA im rechten posterioren intraparietalen Sulcus ($p < .0,05$, korrigiert). Post-hoc Tests zeigten, dass diese Zunahme nur bei den Trainierenden zutraf und diese auch noch vier Wochen nach Beendigung des Trainings zu beobachten war. Auch die VBM-Analysen zeigten signifikante Dichtezunahmen in der grauen Substanz für den medialen okzipitalen und parietalen Lappen der Trainierenden. Diese Veränderungen blieben auch noch nach vier Wochen erhalten. Untersuchungen zu Verhaltensänderungen wurden nicht erhoben. Die Verarbeitungsgeschwindigkeit hängt von der Intaktheit der weißen Substanz ab (Gunning-Dixon & Raz, 2000). Korrelationsanalysen in der Tanzgruppe bestätigen diesen Zusammenhang. Das globale Volumen der weißen Substanz korrelierte mit den Leistungen des ZVT (Informationsverarbeitungsgeschwindigkeit). Abschließend ist nochmals hervorzuheben, dass der Corpus Callosum die größte altersbedingte Veränderung aufweist (;Bartzokis et al., 2003; Head et al., 2004) und durch das Tanztraining positiv beeinflusst wurde. Das Anforderungsprofil des Tanzens fördert anscheinend die Kommunikation und Interaktion der beiden Gehirnhälften stärker als das multimodale Bewegungstraining.

6.2.2 Strukturelle Veränderungen im temporalen und okzipitalen Kortex unter dem Aspekt der kognitiven Leistungsentwicklung in der Sportgruppe

Die Volumenzunahmen im okzipitalen Kortex, speziell in dem Bereich, der mit Wahrnehmung von Gesichtern assoziiert wird (Kanwiher, Mc Dermott, & Chun, 1997), und im rechten Gyrus fusiformis erscheinen nicht plausibel. Nach Lüders (2013) könnte eine mögliche Erklärung sein, dass die Tänzer aufgrund der audiovisuellen Integration sich weniger auf ausschließlich visuelle Informationen verlassen konnten. Dementsprechend nehmen die visuellen Areale bei den Tänzern ab, was sich in der Kontrastbildung mittels SPM12 Sport>Tanz durch ein größeres Volumen der Sportler darstellte (Lüders, 2013). Überraschenderweise zeigte die Sportgruppe auch signifikante Volumenzunahmen im Temporalpol, im Broadmann Areal 38. Diese Region atrophiert bei einer semantischen Demenz und geht daher mit Sprach- und Wahrnehmungsstörungen durch den Verlust des Wissens um die Bedeutung von Wörtern, Gesichtern, Namen und Objekten einher (Mummery et al., 2000). Die Testleistungen des RWT, der die semantische Flüssigkeit überprüft, blieben jedoch unverändert. Änderungen manifestieren sich potentiell eher bei Patienten als bei gesunden Probanden.

6.3   Zusammenfassung und Fazit

Die exakten biologischen Prozesse, die trainings-induzierte Veränderungen der grauen und weißen Substanz bedingen, sind noch weitestgehend unbekannt. In dieser Studie konnten durch ein sechsmonatiges Tanztraining sowie ein sechsmonatiges multimodales Bewegungstraining Veränderungen in der Gehirnstruktur belegt werden. Die Veränderungen, die durch das Tanztraining erzielt wurden, scheinen für den Alterungsprozess bedeutsamer zu sein. Dabei wiesen nach dem Tanztraining jene Gehirnareale eine Volumenzunahme auf, die mit Gedächtnisleistungen assoziiert werden, multisensorische Informationen integrieren und die interhemisphärische Kommunikation begünstigen. Diejenigen Areale, die durch ein multimodales Bewegungstraining beeinflusst werden, stehen primär mit visuellen Fähigkeiten und motorischen Leistungen in Verbindung (Cerebellum). Besonders bemerkenswert ist der Anstieg der BDNF-Konzentration nach einem sechsmonatigen Tanztraining sowie die Verbesserung der Gleichgewichtsleistungen, die einen korrelativen Bezug zu Aufmerksamkeitsleistungen zeigen. Zwar konnte sich die Gruppe Sport auch in der Aufmerksamkeit und im Gleichgewicht verbessern, jedoch nicht in dem Umfang wie die Gruppe der Tänzer. Eine Steigerung der BDNF-Konzentration blieb in der Sportgruppe aus. Es scheint so, dass ein sensomotorisches Tanztraining mit kognitiven Anforderungen die strukturelle Neuroplastizität bei älteren Menschen stärker fördert als ein vergleichbares Ausdauer-, Kraftausdauer- und Beweglichkeitstraining. Offensichtlich wird diese Annahme bei der Bildung des BDNF, das bei der Ausdifferenzierung neuer Neurone beteiligt ist, vornehmlich im Hippocampus gebildet und mit Gedächtnis- und Lernleistungen in Verbindung gebracht wird. Laut Kempermann (2010) überleben die meisten neugebildeten Neurone nicht. In Tierstudien konnte gezeigt werden, dass neue Neurone nur in das bestehende Netzwerk integriert werden, wenn sich die Maus in einer angereicherten Umgebung befand. Dieser Prozess der Eingliederung neuer Neurone konnte bei Mäusen, die sich in einem Laufrad befanden, nicht beobachtet werden. Das Tanzen scheint für diesen Prozess aufgrund seiner vielfältigen sensomotorischen Anforderungen an die Trainierenden ideal zu sein. Ein weiteres interessantes Ergebnis der Studie zeigte sich in den Gleichgewichtsleistungen. Auffällig viele (sub)kortikale Gehirnareale verzeichneten eine Volumenzunahme. Diese sind vor allem mit dem Gleichgewicht assoziiert sowie einigen kognitiven Funktionen. Nach Rabbitt et al. (2006) scheint das Gleichgewicht ein Faktor für die neurophysiologische Integrität zu sein und wird auf dessen visuellen, vestibulären und somatosensorischen Anteil zurückgeführt. Mehrere Bildgebungsstudien (Rabbitt et al., 2006; Sehm et al., 2014; van Impe et al., 201) berichten über Korrelationen zwischen Gleichgewichtsleistungen und der Zunahme der grauer Substanz im linken Hippocampus sowie Gleichgewichtsleistungen und der Integrität der weißen Substanz im anterioren und parietalen Bereich bei Senioren. Auch in dieser Studie wurden für die Tanzgruppe positive Zusammenhänge zwischen dem globalen Volumen der grauen Substanz und dem Gleichgewicht dargelegt. Diese Beobachtung wurde für die Sportler nicht bestätigt. Betrachtet man ausschließlich die Ergebnisse innerhalb einer Gruppe, so würden die Empfehlungen für den Alterssport für ein Tanztraining sprechen. Der Gruppenvergleich bezüglich der kognitiven und motorischen Leistungen verdeutlicht jedoch keinen signifikanten Unterschied zwischen den Gruppen Tanz und Sport. Zusammengefasst verzögert körperliche Aktivität altersbedingte Abbauprozesse und wirkt diesen partiell entgegen. Trainingsprogramme für Seniorinnen und Senioren sollten in jedem Fall abwechslungsreich gestaltet werden, um maximale Effekte auf die strukturelle Neuroplastizität zu erzielen.

7 Ausblick

Auf der Grundlage der vorgestellten Ergebnisse sollen zukünftig weiterführende Analysen bestimmte Hirnregionen wie den Hippocampus fokussieren. Hierzu wird die Analysemethode Regions of Interest (ROI) eingesetzt, um das ausgewählte Areal zu segmentieren. Ziel ist es, den möglichen Zusammenhang zwischen der Gleichgewichtsfähigkeit, der Aufmerksamkeitsleistung und den zugrundeliegenden Gehirnstrukturen aufzuhellen. Ein derartiger Zusammenhang konnte bis jetzt nur für die vaskuläre hippocampale Plastizität dargestellt werden (Maass et al., 2014). Nach einem dreimonatigen Laufbandtraining zeigten ältere Probanden eine verbesserte Perfusion im Hippocampus, verbesserte räumliche Gedächtnisleistungen und eine verbesserte kardiovaskuläre Fitness. Mittels Pfadanalyse zeigten die Autoren, dass fitnessbezogene Gedächtnisverbesserungen durch die hippocampale Volumenveränderung moduliert werden und direkt mit der hippocampalen Perfusion verbunden sind (Maass et al., 2014). Auf der Grundlage der erhobenen strukturellen Daten in dieser Studie sollte insbesondere der Hippocampus segmentiert werden und nicht mit der kardiovaskulären Fitness, sondern mit dem Gleichgewicht in Verbindung gebracht werden. In der Literatur wird die Existenz verschiedener polysynaptischer Verbindungen zwischen den vestibulären Kernen (Nuclei) und dem Hippocampus dargelegt (Hopkins et al., 2005; Russell et al., 2003). Die erste Verbindung besteht zwischen dem thalamo-kortikalen Pfad, der durch den Thalamus, dem parietalen Kortex und den ento- oder perirhinalen Kortex zum Hippocampus führt. Die zweite Verbindung führt von der Formatio reticularis über den supramammillaren Nucleus und das mediale Septum zum Hippocampus. Der dritte Weg führt durch den dorsalen segmentalen Nucleus, den lateralen mammillaren Nucleus und den anterodorsalen thalamischen Nucleus zum Hippocampus. Die in Tierstudien demonstrierten Verbindungen zeigten, dass eine vestibuläre Stimulation die hippocampale Formation aktiviert (O'Mara et al.,1994). Auch funktionelle Bildgebungsstudien beim Menschen konnten diesen Zusammenhang darstellen (Vitte et al., 1996). Strukturelle Bildgebungsstudien berichteten über eine Atrophie der Hippocampusformation bei Patienten mit bilateraler vestibulärer Deafferenzierung (Brandt et al., 2005), was zu Defiziten im räumlichen Gedächtnis und in der Navigation führt (Brandt et al., 2005). In der Studie von Tsanov und Manahan-Vaughan (2008) konnte gezeigt werden, dass visuelle Informationen in die hippocampale Formation eingehen. Hierbei bestehen auch funktionelle Konnektivtäten zwischen dem visuellen Kortex und der posterioren hippocampalen Formation (Takashima et al., 2009), wobei visuelle Informationen im posterioren Anteil der Hippocampusformation verarbeitet werden (Lepore et al., 2009). Besonders der Gyrus fusiformis, dessen Volumen bei den Tänzern nach der Intervention zunahm, projiziert in die Hippocampusformation (Smith et al., 2009) und ist wichtig für das visuell-räumliche Gedächtnis (Shipman & Astur, 2008). Der posteriore Hippocampus ist in die Verarbeitung von räumlichen Informationen visueller Szenen/Orte involviert (Epstein & Kanwisher, 1998). Die strukturellen Daten der Sportler sollten ebenfalls nochmals mittels einer ROI-Analyse untersucht werden. Diese Gruppe zeigte größere Volumen im okzipitalen Bereich. Hierzu liegt jedoch eine inkonsistente Befundlage vor. So berichteten Hüfner et al. (2011) gerade für Balletttänzer größere Volumen in diesem Bereich, im inferioren okzipitalen Kortex und den bewegungssensitiven MT/V5 Arealen sowie den parieto-temporalen Verbindungen. Diese Areale integrieren multisensorische Informationen (Hüfner et al., 2011). Es stellt sich die Frage, warum gerade die Sportler Volumenvergrößerungen in diesem Bereich zeigten und nicht die Tänzer. Zur Beantwortung der Frage sollten die Daten mit anderen VBM-Methoden wie FSL oder der standardisierten VBM-Methoden (SPM5, SPM8) analysiert werden. Eine weitere interessante Fragestellung besteht darin, die Belastungsnormativen (Dauer, Intensität, Frequenz) körperlichen Trainings zu ermitteln, die kurzfristige oder langfristige strukturelle Veränderungen im Gehirn bewirken. Bisher fehlen gesicherte Erkenntnisse, ab wie vielen Stunden, Tagen, Wochen oder Monaten des Trainings und ab welcher körperlichen Belastung (gering, moderat, intensiv) strukturelle Gehirnveränderungen eintreten.

8   Kritik

Die Studie greift eine Thematik auf, die von gesellschaftlich hoher Relevanz ist. Die Erforschung nicht-medikamentöser Einflussfaktoren wie körperlicher Aktivität auf die Gehirnstruktur sowie kognitiver und motorischer Fähigkeiten stellt einen wichtigen wissenschaftlichen Schwerpunkt dar. Hierbei ist es wichtig, jene Trainingsformen in das alltägliche Leben zu integrieren, die den größtmöglichen Effekt auf die Gehirngesundheit und die damit verbundenen kognitiven und motorischen Leistungen haben. Die Komplexität dieses Thema ist sehr groß. Es konnten nicht alle Einflussfaktoren, die auf das Gehirn wirken, wie z. B. Schlaf, Stress und Ernährung, kontrolliert werden. Zudem konnten weitere Einflussfaktoren, z. B. die unterschiedlichen Bewegungsmuster und das Aktivitätsverhalten in der Freizeit, nicht berücksichtigt werden. Ein weiterer Aspekt, der die Interpretation der Ergebnisse erschwert, ist die fehlende passive Kontrollgruppe. In Anbetracht der sehr kleinen Stichprobe wurde darauf bewusst verzichtet. Es soll an dieser Stelle angemerkt sein, dass sich 600 Interessenten auf das Studiengesuch gemeldet haben, doch nur 10% den Anforderungen der Studie entsprachen (keine metallische Implantate, kein Tinnitus, keine neurologischen Erkrankungen, körperliche Inaktivität). Zudem hätte man weitere Kontrollgruppen bilden müssen, um weitere Einflüsse zu kontrollieren: Eine Musikgruppe, um den Einfluss der Musik zu kontrollieren, eine soziale Interaktionsgruppe, eine Gruppe die nur ein kognitives Training erhält, eine, die nur ein reines Koordinationstraining ausübt sowie eine weitere, die nur ein Ausdauertraining durchführt. Das hätte jedoch die Stichprobenzahl drastisch reduziert und die Interpretation der Ergebnisse erschwert. Einen weiteren Kritikpunkt bildet die Testauswahl und Durchführung. Der Rey-Osterrieth-Complex-Figure Test ist ein Testinstrument, welches die Leistungen des visuell-räumlichen Gedächtnisses widerspiegelt. Im Prä-Test weiß der Proband nicht, dass die abgezeichnete Figur (Kopie) nach drei Minuten sowie nach 30 Minuten aus dem Gedächtnis abgerufen werden muss. Auch wenn im Post-Test eine Parallel-Version der Figur dargeboten wird, kennt der Proband den Ablauf des Tests bereits vom Prä-Test. Zusätzlich scheint die abzuzeichnende Figur im Post-Test einfacher zu sein. Es ist daher fraglich, ob die Verbesserungen im unmittelbaren und verzögerten Abruf auf das Training zurückzuführen sind oder sich doch auf die genannten Testeffekte gründen. Die Dauer der kognitiven Tests von zweimal zwei Stunden ist ebenfalls kritisch. Nach zeitlich derart umfangreichen Tests können Ermüdungseffekte nicht ausgeschlossen werden. Auch die Testauswahl zur Erfassung der Exekutivfunktionen scheint nicht optimal zu sein, denn in fast allen Interventionsstudien sind das jene kognitive Leistungen, die sich am stärksten verändern. Die Ergebnisse dieser Studie zeigten nach den Trainingsinterventionen keine Veränderungen in den Exekutivfunktionen.

Ein Hauptkritikpunkt besteht in dem Fehlen eines Goldstandards bezüglich der Auswertung von Bildgebungsdaten. Die voxelbasierte Morphometrie kann mit unterschiedlichen Softwarepaketen wie FSL, SPM99, SPM5, SPM8 oder SPM12 erfolgen. Einige Studien haben den gleichen Datensatz mit unterschiedlichen Methoden (FSL, SPM99, SPM5, SPM8) ausgewertet und abweichende Ergebnisse zeigen können (Diaz-de-Grenu et al., 2014; Rajagopalan, Yue, & Pioro, 2014). Wir haben uns für den longitudinalen paarweisen Gruppenvergleich mittels SPM12 von Ashburner & Rigdway (2013) entschieden, weil dieser Ansatz zum einen der aktuellte ist und zum anderen den paarweisen Gruppenvergleich erlaubt. Zudem wird durch die Implementierung von DARTEL in

SPM12 eine bessere bzw. akkuratere Anpassung der MR-Bilder von Prä-und Postzeitpunkt auf das Gehirntemplate erreicht. Jedoch gibt es keine Vorgaben, welche Clustergröße verwendet werden soll, wie hoch der Smoothing-Kernel zur Glättung der Daten ist und wie stark das Gehirn gestaucht oder gestreckt wird (warping). All diese Faktoren wirken sich unterschiedlich auf das Ergebnis aus. Aus diesen Gründen sind Vergleiche unterschiedlicher Bildgebungsstudien prinzipiell kritikwürdig.

Literatur

Abe, O., Yamasue, H., Kasai, K., Yamada, H., Aoki, S., Inoue, H., ... & Ohtomo,K. (2010). Voxel-based analyses of gray/white matter volume and diffusion tensor data in major depression. *Psychiatry Research: Neuroimaging, 181(1),* 64-70.

Adiputra, N., Alex, P., Sutjana, D. P., Tirtayasa, K., & Manuaba, A. (1996). Balinese dance exercises improve the maximum aerobic capacity. *Journal of human ergology, 25*(1), 25-29.

Alpert, P. T., Miller, S. K., Wallmann, H., Havey, R., Cross, C., Chevalia, T., ... & Kodandapari, K. (2009). The effect of modified jazz dance on balance, cognition, and mood in older adults. *Journal of the American Academy of Nurse Practitioners, 21(2),* 108-115.

Al-Yahya, E., Dawes, H., Smith, L., Dennis, A., Howells, K., & Cockburn, J. (2011). Cognitive motor interference while walking: a systematic review and meta-analysis. *Neuroscience & Biobehavioral Reviews, 35(3),* 715-728.

Ameri, A. (2001). Neue Nervenzellen in alten Gehirnen. Eine mögliche Rolle bei Repa-ratur- und Lernprozessen. *Extracta Psychiatrica Neurologica 1(2),* 12-16.

Amiez, C., Hadj-Bouziane, F., & Petrides, M. (2012). Response selection versus feedback analysis in conditional visuo-motor learning. *Neuroimage, 59(4),* 3723-3735.

Angevaren, M., Aufdemkampe, G., Verhaar, H. J., Aleman, A., & Vanhees, L. (2008). Physical activity and enhanced fitness to improve cognitive function in older people without known cognitive impairment. *Cochrane Database of Systematic Reviews3(3),* 1-98.

Antonenko, D., Meinzer, M., Lindenberg, R., Witte, A. V., & Flöel, A. (2012). Grammar learning in older adults is linked to white matter microstructure and functional connectivity. *Neuroimage, 62(3),* 1667-1674.

Aschenbrenner, S., Tucha, O., & Lange, K. W. (2000). *Manual zum RWT (Regensburger Wortflüssig-keits-Test; Handanweisung.* Göttingen: Hogrefe.

Ashburner, J. (2007). A fast diffeomorphic image registration algorithm. *Neuroimage, 38(1),* 95-113.

Ashburner, J. (2010). *VBM Tutorial.* Zugriff am 08.08.2013 unter www.fil.ion.ucl.ac.uk/spm.

Ashburner, J. & Ridgway, G.R. (2013). Symmetric diffeomorphic modeling of longitudinal structural MRI. *Frontiers in Neuroscience, 6 (197),* 1-19.

Aydin, K., Ucar, A., Oguz, K. K., Okur, O. O., Agayev, A., Unal, Z., ... & Ozturk, C. (2007). Increased gray matter density in the parietal cortex of mathematicians: a voxel-based morphometry study. *American Journal of Neuroradiology, 28(10),* 1859-1864.

Bachl, N., Schwarz, W., & Zeibig, J. (2006). *Aktiv ins Alter. Mit richtiger Bewegung jung bleiben.* Wien, New York: Springer.

Bäckman, L., Wahlin, Å., Small, B. J., Herlitz, A., Winblad, B., & Fratiglioni, L. (2004). Cognitive functioning in aging and dementia: The Kungsholmen Project. *Aging Neuropsychology and Cognition, 11(2-3),* 212-244.

Baezner, H., Blahak, C., Poggesi, A., Pantoni, L., Inzitari, D., Chabriat, H., ... & Hennerici, M. G. (2008). Association of gait and balance disorders with age-related white matter changes The LADIS Study. *Neurology, 70(12),* 935-942.

Baker, L. D., Frank, L. L., Foster-Schubert, K., Green, P. S., Wilkinson, C. W., McTiernan, A., ... & Craft, S. (2010). Effects of aerobic exercise on mild cognitive impairment: a controlled trial. *Archives of neurology, 67(1)*, 71-79.

Barnea-Goraly, N., Menon, V., Eckert, M., Tamm, L., Bammer, R., Karchemskiy, A. & Reiss, A. L. (2005). White matter development during childhood and adolescence: a cross-sectional diffusion tensor imaging study. *Cerebral cortex, 15(12)*, 1848-1854.

Barrientos, R. M., Sprunger, D. B., Campeau, S., Higgins, E. A., Watkins, L. R., Rudy, J. W., & Maier, S. F. (2003). Brain-derived neurotrophic factor mRNA downregulation produced by social isolation is blocked by intrahippocampal interleukin-1 receptor antagonist. *Neuroscience 121*, 847–853.

Bartels-Bräkow, A. (2015). *Untersuchungen eines Tanztrainings und eines multimodalen Bewegungstrainings auf die Aufmerksamkeitsleistungen von Senioren*. Masterarbeit. Magdeburg: Otto-von-Guericke Universität (unveröffentlicht).

Bartzokis, G., Cummings, J. L., Sultzer, D., Henderson, V. W., Nuechterlein, K. H., & Mintz, J. (2003). White matter structural integrity in healthy aging adults and patients with Alzheimer disease: a magnetic resonance imaging study. *Archives of Neurology, 60(3)*, 393-398.

Beck, A. T., Brown, G. K. & Steer, R. A. (2006). *Beck-Depressions-Inventar. BDI-II,* Manual. 2. Auflage. Frankfurt/M: Harcourt Test Services.

Benraiss, A., Chmielnicki, E., Lerner, K., Roh, D., & Goldman, S. A. (2001). Adenoviral brain-derived neurotrophic factor induces both neostriatal and olfactory neuronal recruitment from endogenous progenitor cells in the adult forebrain. *The Journal of Neuroscience, 21(17)*, 6718-6731.

Berchtold, N. C., Chinn, G., Chou, M., Kesslak, J.P. & Cotman, C.W. (2005). Exercise primes a molecular memory for brain-derived neurotrophic factor protein induction in the rat hippocampus. *Neuroscience, 133(3)*, 853 – 861.

Black, J. E., Isaacs, K. R., Anderson, B. J., Alcantara, A. A. & Greenough, W.T. (1990). Learning causes synaptogenesis, whereas motor activity causes angiogenesis, in cerebellar cortex of adult rats . *Proc Natl Acad Sci U S A, 87(14* , 5568 – 5572.

Bopp, K. L. & Verhaegen, P. (2005). Aging and verbal memory span: A meta-analysis, *Journals of Gerontology Series B: Psychological Sciences and Social Sciences, 60B (5)*, 223-233.

Bortz, J. & Döring, N. (2006). *Forschungsmethoden und Evaluation für Human und Sozialwissenschaftler*. Berlin: Springer.

Boyke J., Driemeyer J., Gaser C., Büchel C. & May A. (2008). Training-induced brain structure changes in the elderly. *J Neurosci., 28*, 7031-5.

Brandt, T., Schautzer, F., Hamilton, D. A., Brüning, R., Markowitsch, H. J., Kalla, R., ... & Strupp, M. (2005). Vestibular loss causes hippocampal atrophy and impaired spatial memory in humans. *Brain, 128(11)*, 2732-2741.

Braver, T. S. & West, R. (2008). Working memory, executive control and aging. In F.I.M. Craik & T. A. Salthouse (Hrsg.), *The handbook of aging and cognition*. 3. Auflage (311-372). New York: Psychology.

Brehm, W., Janke, A., Sygusch, R. & Wagner, P. (2006). *Gesund durch Gesundheitssport*. Weinheim und München: Juventa.

Brigadski, T. & Lessmann, V. (2014). BDNF: Ein Regulator von Lern- und Gedächtnisprozessen mit klinischem Potential. In Neuroforum. Spektrum Sachbücher.

Brown, S., Martinez, M. J., & Parsons, L. M. (2006). The neural basis of human dance. *Cerebral cortex, 16(8)*, 1157-1167.

Bugg, J. M., & Head, D. (2011). Exercise moderates age-related atrophy of the medial temporal lobe. *Neurobiology of aging, 32(3)*, 506-514.

Bunge, S. A., Kahn, I., Wallis, J. D., Miller, E. K., & Wagner, A. D. (2003). Neural circuits subserving the retrieval and maintenance of abstract rules. *Journal of neurophysiology, 90(5)*, 3419-3428.

Bunge, S. A., Ochsner, K. N., Desmond, J. E., Glover, G. H., & Gabrieli, J. D. (2001). Prefrontal regions involved in keeping information in and out of mind. *Brain, 124(10)*, 2074-2086.

Bühl, A. (2012). *SPSS 20. Einführung in die moderne Datenanalyse* (13. Auflage). München: Pearson.

Cancela Carral, J. M. & Ayán Pérez, C. (2007). Effects of high-intensity combined training on women over 65. *Gerontology, 53*, 340–346.

Cannonieri, G. C., Bonilha, L., Fernandes, P. T., Cendes, F., & Li, L. M. (2007). Practice and perfect: length of training and structural brain changes in experienced typists. *Neuroreport, 18,(10)*, 1063-1066.

Canu, M. H., Carnaud, M., Picquet, F., & Goutebroze, L. (2009). Activity-dependent regulation of myelin maintenance in the adult rat. *Brain research, 1252*, 45-51.

Carro, E., Nuñez, A., Busiguina, S., & Torres-Aleman, I. (2000). Circulating insulin-like growth factor I mediates effects of exercise on the brain. *The Journal of Neuroscience, 20(8)*, 2926-2933.

Carro, E., Trejo, J. L., Busiguina, S., & Torres-Aleman, I. (2001). Circulating insulin-like growth factor I mediates the protective effects of physical exercise against brain insults of different etiology and anatomy. *The Journal of Neuroscience, 21(15)*, 5678-5684.

Carroll, S. & Dudfield, M. (2004). What is the relationship between exercise and metabolic abnormalities? A review of the metabolic syndrome. *Sports Med 34 (6)*, 371 – 418.

Cassilhas, R. C., Viana, V. A. R., Grassmann, V., Santos, R. T., Santos, R. F., Tufik, S., & Mello, M. T. (2007). The impact of resistance exercise on the cognitive function of the elderly. *Medicine and science in sports and exercise, 39(8)*, 1401.

Chen, Z. G., Li, T. Q., & Hindmarsh, T. (2001). Diffusion tensor trace mapping in normal adult brain using single-shot EPI technique. *Acta Radiologica, 42(5)*, 447-458.

Churchill, J. D., Galvez, R., Colcombe, S., Swain, R. A., Kramer, A. F., & Greenough, W. T. (2002). Exercise, experience and the aging brain. *Neurobiology of aging, 23(5)*, 941-955.

Cohen, J. (1977). *Statistical power analysis for behavioral science*. New York: Academic.

Colcombe, S. J., Erickson, K. I., Raz, N., Webb, A. G., Cohen, N. J., McAuley, E., & Kramer, A. F. (2003). Aerobic fitness reduces brain tissue loss in aging humans. *The Journals of Gerontology Series A: Biological Sciences and Medical Sciences, 58(2)*, M176-M180.

Colcombe, S. J., Erickson, K. I., Scalf, P. E., Kim, J. S., Prakash, R., McAuley, E., ... & Kramer, A. F. (2006). Aerobic exercise training increases brain volume in aging humans. *The Journals of Gerontology Series A: Biological Sciences and Medical Sciences, 61(11)*, 1166-1170.

Colcombe, S. J., & Kramer, A. F. (2003). Fitness effects on the cognitive function of older adults a meta-analytic study. *Psychological science, 14(2),* 125-130.

Colcombe, S. J., Kramer, A. F., McAuley, E., Erickson, K. I., & Scalf, P. (2004). Neurocognitive aging and cardiovascular fitness. *Journal of Molecular Neuroscience, 24(1),* 9-14.

Colucci-D'Amato, L., & di Porzio, U. (2008). Neurogenesis in adult CNS: from denial to opportunities and challenges for therapy. *Bioessay, 30,* 135-145.

Cui, X., Li, J. & Song, X. (2010). xjView - A viewing program for SPM. Zugriff am 30.03.2014 unter http://www.alivelearn.net/xjview8/about/.

Coubard, O. A., Duretz, S., Lefebvre, V., Lapalus, P., & Ferrufino, L. (2011). Practice of contemporary dance improves cognitive flexibility in aging. *Frontiers in aging neuroscience, 3,* 1-12.

Diaz-de-Grenu, L. Z., Acosta-Cabronero, J., Chong, Y. F. V., Pereira, J. M., Sajjadi, S. A., Williams, G. B., & Nestor, P. J. (2014). A brief history of voxel-based grey matter analysis in Alzheimer's disease. *Journal of Alzheimer's Disease, 38(3),* 647-659.

De Graaf, T. A., Roebroeck, A., Goebel, R., & Sack, A. T. (2010). Brain network dynamics underlying visuospatial judgment: an fMRI connectivity study. *Journal of cognitive neuroscience, 22(9),* 2012-2026.

D'Esposito, M., Postle, B. R., Jonides, J., & Smith, E. E. (1999). The neural substrate and temporal dynamics of interference effects in working memory as revealed by event-related functional MRI. *Proceedings of the National Academy of Sciences, 96(13),* 7514-7519.

DiGirolamo, G. J., Kramer, A. F., Barad, V., Cepeda, N. J., Weissman, D. H., Milham, M. P., ... & McAuley, E. (2001). General and task-specific frontal lobe recruitment in older adults during executive processes: a fMRI investigation of task-switching. *Neuroreport, 12(9),* 2065-2071.

Ding, Y. H., Young, C. N., Luan, X., Li, J., Rafols, J. A., Clark, J. C., ... & Ding, Y. (2005). Exercise preconditioning ameliorates inflammatory injury in ischemic rats during reperfusion. *Acta neuropathologica, 109(3),* 237-246.

Dong, W. K., & Greenough, W. T. (2004). Plasticity of nonneuronal brain tissue: roles in developmental disorders. *Mental retardation and developmental disabilities research reviews, 10(2),* 85-90.

Dowman, R., Darcey, T., Barkan, H., Thadani, V., & Roberts, D. (2007). Human intracranially-recorded cortical responses evoked by painful electrical stimulation of the sural nerve. *NeuroImage, 34(2),* 743-763.

Downes, J., Evenden, J., Morris, R., Owen, A., Robbins, T., Roberts, A., & Sahakian, B. (2006). *CANTABeclipse - Test Administration Guide.* Cambridge: Cambridge Cognition.

Doyon, J., & Benali, H. (2005). Reorganization and plasticity in the adult brain during learning of motor skills. *Current opinion in neurobiology, 15(2),* 161-167.

Doyon, J., Song, A. W., Karni, A., Lalonde, F., Adams, M. M. & Ungerdeider, L. G. (2002). Experoence-dependent changes in cerebellar contributions to motor sequence learning. *Proceedings of the National Academy of Science of the United States of America, 99,* 1017-1022.

Draganski, B., Gaser, C., Busch, V., Schuierer, G., Bogdahn, U., & May, A. (2004). Neuroplasticity: changes in grey matter induced by training. *Nature, 427(6972),* 311-312.

Drechsler, R. (2007). Exekutive Funktionen. Zeitschrift für Neuropsychologie, 18(3), 233-248.

Dreher, J. C., & Grafman, J. (2003). Dissociating the roles of the rostral anterior cingulate and the lateral prefrontal cortices in performing two tasks simultaneously or successively. *Cerebral cortex, 13(4),* 329-339.

Driemeyer, J., Boyke, J., Gaser, C., Büchel, C., & May, A. (2008). Changes in gray matter induced by learning—revisited. *PLoS One, 3(7),* e2669.

Driscoll, I., Hamilton, D. A., Petropoulos, H., Yeo, R. A., Brooks, W. M., Baumgartner, R. N. & Sutherland, R. J. (2003). The Aging Hippocampus: Cognitive, Biochemical and Structural Findings. *Cerebral Cortex, 13 (12),* 1344-1351.

Effenberg, A. O. (1996). *Sonification - ein akustisches Informationskonzept zur menschlichen Bewegung.* Schorndorf: Hofmann.

Egan, M. F., Kojima, M., Callicott, J. H., Goldberg, T. E., Kolachana, B. S., Bertolino, A., ... & Lu, B.(2003). The BDNF val66met polymorphism affects activity-dependent secretion of BDNF and human memory and hippocampal function. *Cell, 112(2),* 257-269.

Elfving, B., Plougmann, P. H., & Wegener, G. (2010). Detection of brain-derived neurotrophic factor (BDNF) in rat blood and brain preparations using ELISA: pitfalls and solutions. *Journal of neuroscience methods, 187*(1), 73-77.

Epstein, R., & Kanwisher, N. (1998). A cortical representation of the local visual environment. *Nature, 392(6676),* 598-601.

Erickson, C. A., & Barnes, C. A. (2003). The neurobiology of memory changes in normal aging. *Experimental gerontology, 38(1),* 61-69.

Erickson, K. I., Prakash, R. S., Voss, M. W., Chaddock, L., Hu, L., Morris, K. S., White, S. M., Wojcicki, T. R., McAuley, E. & Kramer, A. F. (2009). Aerobic fitness is associated with hippocampal volume in elderly humans. *Hippocampus 19,* 1030-1039.

Erickson, K. I., Raji, C. A., Lopez, O. L., Becker, J. T., Rosano, C., Newman, A. B., Gach, H. M., Thompson, P. M., Ho, A. J. & Kuller, L. H. (2010). Physical activity predicts gray matter volume in late adulthood. The Cardiovascular Health Study. *Neurology, 75 (16),* 1415-1422.

Erickson, K. I., Voss, M. W., Praksah, R. S., Basak, C., Szabo, A., Chaddock, L., Kim, J. S., Heo, S., Alves, H., White, S. M., Wojcicki, T. R., Mailey, E., Vieira, V. J., Martin, S. A., Pence, B. D., Woods, J. A., McAuley, E. & Kramer, A. F. (2011). Exercise training increases size of hippocampus and improves memory. *Proceedings of the national academy of sciences of the United States of America, 108,* 3017-3022.

Eriksson, P. S., Perfilieva, E., Björk-Eriksson, T., Alborn, A. M., Nordborg, C., Peterson, D. A., & Gage, F. H. (1998). Neurogenesis in the adult human hippocampus. *Nature medicine, 4(11),* 1313-1317.

Etnier, J. L., Nowell, P. M., Landers, D. M., & Sibley, B. A. (2006). A meta-regression to examine the relationship between aerobic fitness and cognitive performance. *Brain research reviews, 52(1),* 119-130.

Eyigor, S., Karapolat, H., Durmaz, B., Ibisoglu, U. & Cakir, S. (2009). A randomized controlled trial of Turkish folklore dance on the physical performance, balance, depression and quality of life in older women. Archives of Gerontology and *Geriatrics, 48,* 84-88.

Fahrmeir, L., Künstler, R., Pigeot, I., & Tutz, G. (2011). *Statistik. Der Weg zur Datenanalyse.* (7. Auflage). Heidelberg: Springer.

Fitts, P. M., & Posner, M. I. (1967). *Human Performance*. Belmont, CA: Brooks & Cole:.

Fjell, A. M., & Walhovd, K. B. (2010). Structural brain changes in aging: courses, causes and cognitive consequences. *Reviews in the Neurosciences, 21(3)*, 187-222.

Flöel, A., Ruscheweyh, R., Krüger, K., Willemer, C., Winter, B., Völker, K., ... & Knecht, S. (2010). Physical activity and memory functions: are neurotrophins and cerebral gray matter volume the missing link?. *Neuroimage, 49(3)*, 2756-2763.

Folstein, M. F., Folstein, S. E., & McHugh, P. R. (1975). "Mini-mental state": a practical method for grading the cognitive state of patients for the clinician. *Journal of psychiatric research, 12(3)*, 189-198.Forstmeier, S. & Maercker, A. (2008). *Probleme des Alterns*. Göttingen, Bern, Wien, Paris, Oxford, Prag, Toronto, Cambridge, Amsterdam, Kopenhagen: Hogrefe.

Friston, K. J., Holmes, A. P., Worsley, K. J., Poline, J. P., Frith, C. D., & Frackowiak, R. S. (1994). Statistical parametric maps in functional imaging: a general linear approach. *Human brain mapping, 2(4)*, 189-210.

Gatterer, G., Fischer, P.; Simanyi, M., Danielczyk, W. (1989). The A-K-T ("Alters-Konzentrations-Test") a new psychometric test for geriatric patients. Functional Neurology 4(3), 273- 276.

Gazzaniga, M. S. (1995). Principles of human brain organization derived from split-brain studies. *Neuron, 14(2)*, 217-228.

Gazzaniga M. S. (2008). *Learning, Arts, and the Brain: The Dana Consortium Report on Arts and Cognition*. New York, Washington, DC: Dana.

Genovese, C. R., Lazar, N. A., & Nichols, T. (2002). Thresholding of statistical maps in functional neuroimaging using the false discovery rate. *Neuroimage, 15(4)*, 870-878.

Gobel, E. W., Parrish, T. B., & Reber, P. J. (2011). Neural correlates of skill acquisition: decreased cortical activity during a serial interception sequence learning task. *Neuroimage, 58(4)*, 1150-1157.

Goebel, R. & Zimmermann, J. (2011). *Pfadfinder durch die weiße Substanz*. Heidelberg: Spektrum.

Gómez-Pinilla, F., Dao, L. & So, V. (1997). Physical exercise induces FGF-2 and its mRNA in the hippocampus. *Brain Res 764 (1–2)*, 1 – 8.

Good, C. D., Johnsrude, I. S., Ashburner, J., Henson, R. N., Fristen, K. J., & Frackowiak, R. S. (2001). A voxel-based morphometric study of ageing in 465 normal adult human brains. *NeurImage 14*, 21-36.

Gordon, B. A., Rykhlevskaia, E. I., Brumback, C. R., Lee, Y., Elavsky, S., Konopack, J. F., ... & Fabiani, M. (2008). Neuroanatomical correlates of aging, cardiopulmonary fitness level, and education. *Psychophysiology, 45(5)*, 825-838.

Grady, C. L., Springer, M., Hongwanishkul, D., McIntosh, A., & Winocur, G. (2006). Age-related changes in brain activity across the adult lifespan. Cognitive *Neuroscience, Journal of, 18(2)*, 227-241.

Granacher, U., Mühlbauer, T., Bridenbaugh, S., Wehrle, A. & Kressig, R. W. (2010). Altersunterschiede beim Gehen unter Einfach- und Mehrfachtätigkeit. *Deutsche Zeitschrift für Sportmedizin 61(11)*, 258–263.

Gregory, S. M., Parker, B., & Thompson, P. D. (2012). Physical activity, cognitive function, and brain health: what is the role of exercise training in the prevention of dementia?. *Brain sciences, 2(4)*, 684-708.

Gunning-Dixon, F. M., & Raz, N. (2000). The cognitive correlates of white matter abnormalities in normal aging: A quantitative review. *Neuropsychology, 14*, 224-232.

Guttmann, C. R., Jolesz, F. A., Kikinis, R., Killiany, R. J., Moss, M. B., Sandor, T., & Albert, M. S. (1998). White matter changes with normal aging. *Neurology, 50(4)*, 972-978.

Hacker, W. (1978). *Allgemeine Arbeits- und Ingenieurpsychologie*. Berlin: Deutscher Verlag der Wissenschaften.

Haken, H. (1990). *Synergetik*. Berlin: Prigogine.

Hamer, M. & Chida, Y. (2009). Physical activity and risk of neurodegenerative disease: a systemat-ic review of prospective evidence. *Psychological Medicine, 39 (1)*, 311.

Hamzei, F., Glauche, V., Schwarzwald, R., & May, A. (2012). Dynamic gray matter changes within cortex and striatum after short motor skill training are associated with their increased functional interaction. *Neuroimage, 59(4)*, 3364-3372.

Hänggi, J., Koeneke, S., Bezzola, L., & Jäncke, L. (2010). Structural neuroplasticity in the sensorimotor network of professional female ballet dancers. *Human brain mapping, 31(8)*, 1196-1206.

Härting, C., Markowitsch, H. J., Neufeld, H., Calabrese, P., Deisinger, K., & Kessler, J. (2000). *Wechsler Gedächtnis Test - Revidierte Fassung (WMS-R)*. Bern: Hans Huber.

Haug, H. & Eggers, R. (1991). Morphometry of the human cortex cerebri and corpus striatum dur-ing aging. *Neurobiology of Aging, 12 (4)*, 336 – 338.

Hausdorff, J. M., Schweiger, A., Herman, T., Yogev-Seligmann, G., & Giladi, N. (2008). Dual-task decrements in gait: contributing factors among healthy older adults. *The Journals of Gerontology Series A: Biological Sciences and Medical Sciences, 63(12)*, 1335-1343.

Hautzinger, M., Bailer, M., Worall, H., & Keller, F. (1995). Beck-Depressions-Inventar (BDI): Testhandbuch (2. Aufl.)[Beck Depression Inventory]. Bern: Hans Huber.

Hazeltine, E., Bunge, S. A., Scanlon, M. D. & Gabrieli, J. D. (2003). Material-dependent and material-independent selection processes in the frontal and parietal lobes: an event-related fMRI investigation of response competition. *Neuropsychologia 41*, 1208–1217.

Head, D., Buckner, R. L., Shimony, J. S., Williams, L. E., Akbudak, E., Conturo, T. E., & Snyder, A. Z. (2004). Differential vulnerability of anterior white matter in nondemented aging with minimal acceleration in dementia of the Alzheimer type: evidence from diffusion tensor imaging. *Cerebral Cortex, 14(4)*, 410-423.

Hedden, T. & Gabrieli, J. D. (2004). Insights into the ageing mind: a view from cognitive neuroscience. *Nature Reviews Neuroscience, 5 (2)*, 87-96.

Helmstaedter, C., Lendt, M. & Lux, S. (2001). *Verbaler Lern- und Merkfähigkeitstest. VLMT, Manual*. Göttingen: Beltz Test.

Hillman, C. H., Erickson, K. I. & Kramer, A. F. (2008). Be smart, exercise your heart: exercise effects on brain and cognition. *Nature Reviews. Neuroscience 9*, 58 – 65.

Ho, A. J., Raji, C. A., Becker, J. T., Lopez, O. L., Kuller, L. H., Hua, X., ... & Thompson, P. M. (2011). The effects of physical activity, education, and body mass index on the aging brain. *Human brain mapping, 32(9)*, 1371-1382.

Hökelmann, A. & Blaser, P. (2011). Erhalt der Gleichgewichtsfähigkeit im Alter durch eine Musik-Tanz-Intervention (unveröffentlicht).

Holzschneider, K., Wolbers, T., Röder, B., & Hötting, K. (2012). Cardiovascular fitness modulates brain activation associated with spatial learning. *Neuroimage, 59(3)*, 3003-3014.

Hopkins D. A. (2005). Neuroanatomy of head direction cell circuits. In Wiener S. I., Taube, J. S. (Hrsg.). *Head Direction Cells and the Neural Mechanisms of Spatial Orientation*. Cambridge, London: MIT press. 17-39.

Hoyer, W. J. & Verhaeghen, P. (2006). Memory aging. In J. E. Birren & K. W. Schaie (Hrsg.) Handbook of the psychology of aging, 6. Auflage. Amsterdam: Elsevier. 209-232.

Hsu, J. L., Leemans, A., Bai, C. H., Lee, C. H., Tsai, Y. F., Chiu, H. C., & Chen, W. H. (2008). Gender differences and age-related white matter changes of the human brain: a diffusion tensor imaging study. *Neuroimage, 39(2)*, 566-577.

Hüfner, K., Binetti, C., Hamilton, D. A., Stephan, T., Flanagin, V. L., Linn, J., ... & Brandt, T. (2011). Structural and functional plasticity of the hippocampal formation in professional dancers and slackliners. *Hippocampus, 21(8)*, 855-865.

Hui, E., Chui, B. T. K. & Woo, J. (2009). Effects of dance on physical and psychological well-being in older persons. *Archives of gerontology and geriatrics, 49(1)*, e45-e50.

Isaacs, K. R., Anderson, B. J., Alcantara, A. A., Black, J. E., & Greenough, W. T. (1992). Exercise and the brain: angiogenesis in the adult rat cerebellum after vigorous physical activity and motor skill learning. *Journal of Cerebral Blood Flow & Metabolism, 12(1)*, 110-119.

Jack, C. R., Petersen, R. C., Xu, Y., O'Brien, P. C., Smith, G. E., Ivnik, R. J., ... & Kokmen, E. (1998). Rate of medial temporal lobe atrophy in typical aging and Alzheimer's disease. *Neurology, 51(4)*, 993-999.

Janke, O. (2003). *Verbesserte Automatisierung durch Lernen unter Dual-Task Bedingungen? Zwei Studien mit neurologisch erkrankten Patienten und Normalpersonen*. Dissertation. Medizinischen Fakultät der Heinrich-Heine-Universität, Düsseldorf.

Jäncke, L. (2009). The plastic human brain. *Restorative neurology and neuroscience, 27(5)*, 521-538.

Jäncke, L., Koeneke, S., Hoppe, A., Rominger, C., & Hänggi, J. (2009). The architecture of the golfer's brain. *PLoS One, 4(3)*, e4785.

Jernigan, T. L., Archibald, S. L., Fennema-Notestine, C., Gamst, A. C., Stout, J. C., Bonner, J., & Hesselink, J. R. (2001). Effects of age on tissues and regions of the cerebrum and cerebellum. *Neurobiology of aging, 22(4)*, 581-594.

Johansen-Berg, H., Della-Maggiore, V., Behrens, T. E., Smith, S. M., & Paus, T. (2007). Integrity of white matter in the corpus callosum correlates with bimanual co-ordination skills. *Neuroimage, 36*, T16-T21.

Johansen-Berg, H. (2010). Behavioural relevance of variation in white matter microstructure. *Current opinion in neurology, 23(4)*, 351-358.

Johnson, M. K., Mitchel, K. J., Raye, C. L., Green, E. J. (2004). An age-related deficit in prefrontal cortical function associated with refreshing information. *Psychological Science; 15,* 127-132.

Johnson, N. F., Kim, C., Clasey, J. L., Bailey, A., & Gold, B. T. (2012). Cardiorespiratory fitness is positively correlated with cerebral white matter integrity in healthy seniors. *Neuroimage, 59(2),* 1514-1523.

Johnston, A. N. & Rose, S. P. (2001). Memory consolidation in day-old chicks requires BDNF but not NGF or NT-3; an antisense study. *Molecular brain research, 88(1),* 26-36.

Kandel, E. R. (1998). A new intellectual framework for psychiatry. *Am J Psychiatry, 155,* 457-469.

Kanwisher, N., McDermott, J. & Chun, M.M. (1997). The fusiform face area: a module in human extrastriate cortex specialized for face perception. *The Journal of Neuroscience, 17 (11),* 4302–4311.

Karege, F., Schwald, M., & Cisse, M. (2002). Postnatal developmental profile of brain-derived neurotrophic factor in rat brain and platelets. *Neuroscience letters, 328(3),* 261-264.

Karege, F., Perret, G., Bondolfi, G., Schwald, M., Bertschy, G., & Aubry, J. M. (2002). Decreased serum brain-derived neurotrophic factor levels in major depressed patients. *Psychiatry research, 109(2),* 143-148.

Karnath, H.-O., Hartje, W., Ziegler, W. (2006). *Kognitive Neurologie.* Stuttgart: Thieme (RRN - Referenz-Reihe Neurologie).

Karvonen, M. J. (1957). The effects of training on heart rate. A longitudinal study. *Ann Ned Exp Biol Fenn, 35,* 307-315.

Kattenstroth, J. C., Kalisch, T., Holt, S., Tegenthoff, M. & Dinse, H. R. (2013). Six months of dance intervention enhances postural, sensorimotor, and cognitive performance in elderly without affecting cardio-respiratory functions. *Frontiers in Aging Neuroscience, 5 (5),* 1-16.

Kattenstroth, J. C., Kolankowska, I., Kalisch, T. & Dinse, H. R. (2010). Superior sensory, motor, and cognitive performance in elderly individuals with multi-year dancing activities. *Frontiers in Aging Neuroscience, 2 (31),* 1-9.

Kemper, T. L. (1994). Neuroanatomical and neuropathological changes during aging and in dementia. In M. L. Albert, & E. J. E. Knoepfel (Eds.), *Clinical neurology of aging* (2nd ed., pp. 3–67). New York: Oxford University.

Kempermann, G., Fabel, K., Ehninger, D., Babu, H., Leal-Galicia, P., Garthe, A. & Wolf, S. A. (2010). Why and how physical activity promotes experience-induced brain plasticity. *Front. Neurosci. 4,* 189.

Kim, S. H., Kim, M., Ahn, Y. B., Lim, H. K., Kang, S. G., Cho, J. H., ... & Song, S. W. (2011). Effect of dance exercise on cognitive function in elderly patients with metabolic syndrome: A pilot study. *Journal of sports science & medicine, 10(4),* 671.

Kimura, K., & Hozumi, N. (2012). Investigating the acute effect of an aerobic dance exercise program on neuro-cognitive function in the elderly. *Psychology of Sport and Exercise, 13(5),* 623-629.

Klinke, R. (1995). Der Gleichgewichtssinn. In R. F. Schmidt & G. Thews (Hrsg.). *Physiologie des Menschen* (S. 251-257) Berlin Heidelberg: Springer.

Koch, J. (2014). Zur Entwicklung und Überprüfung eines Stepp-Tests auf Authenzität. Bachelorarbeit. Magdeburg: Otto-von-Guericke Universität (unveröffentlicht).

Koelsch, S. & Fritz, T. (2007). Musik verstehen- Eine neurowissenschaftliche Perspektive. In A. Becker & M. Vogel (Hrsg.). *Musikalischer Sinn (S.)*. Frankfurt am Main: Suhrkamp.

Konishi, S., Wheeler, M. E., Donaldson, D. I. & Buckner, R. L. (2000). Neural correlates of episodic retrieval success. *Neuroimage 12*, 276–286.

Kramer, A. F., Erickson, K. I. & Colcombe, S. J. (2006). Exercise, cognition, and the aging brain . *J Appl Physiol 101 (4)* , 1237 – 1242.

Krause, H. (2010). *Entwicklung eines Permutationsverfahren zur statistischen Absicherung lokalisierter Konditionenunterschiede individueller magnetenzephalographischer Daten*. Düsseldorf: Institut für Klinische Neurowissenschaften und Medizinische Psychologie der Heinrich-Heine-Universität.

Kronenberg, G., Reuter, K., Steiner, B., Brandt, M. D., Jessberger, S. Yamaguchi, M. & Kempermann, G. (2003). Subpopulations of proliferating cells of the adult hippocampus respond differently to physiologic neurogenic stimuli. *J. Comp. Neurol 467*, 455 -463.

Kukolja, J. & Fink, G. R. (2011). Amnesie. In H. Bewermeyer, G. R. Fink & V. Limmroth (Hrsg.). *Neurologische Differenzialdiagnostik. Evidenzbasierte Entscheidungsprozesse und diagnostische Pfade* (41-50). Stuttgart: Schattauer.

Kurth, F., Zilles, K., Fox, P. T., Laird, A. R. & Eickhoff, S. B. (2010). A link between the systems: functional differentiation and integration within the human insula revealed by meta-analysis. *Brain Structure and Function, 214 (5-6)*, 519–534.

Kwon, Y. H., Nam, K. S., & Park, J. W. (2012). Identification of cortical activation and white matter architecture according to short-term motor learning in the human brain: functional MRI and diffusion tensor tractography study. *Neuroscience letters, 520(1)*, 11-15.

Lappe, C., Herholz, S. C., Trainor, L. J., & Pantev, C. (2008). Cortical plasticity induced by short-term unimodal and multimodal musical training. *The Journal of Neuroscience, 28(39)*, 9632-9639.

Laske, C. & Eschweiler, G (2006). Brain-derived neurotrophic factor. Vom Nervenwachstumsfaktor zum Plastizitätsmodulator bei kognitiven Prozessen und psychischen Erkrankungen. *Nervenarzt, 77*, 523–537.

Lee, R., Kermani, P., Teng, K. K., & Hempstead, B. L. (2001). Regulation of cell survival by secreted proneurotrophins. *Science, 294(5548)*, 1945-1948.

Lehr, S. (2005). *Mehrfachwahl-Wortschatz-Intelligenztest MWT-B*, 5. unveränderte Auflage. Balingen: Spitta.

Lehr, U. (2006). Demographischer Wandel. In Oswald, W., Lehr, U., Sieber, C. & Kornhuber, J. (Hrsg.). *Gerontologie* (S. 19-20). Stuttgart: Kohlhammer.

Leporé, N., Shi, Y., Lepore, F., Fortin, M., Voss, P., Chou, Y. Y., ... & Thompson, P. M. (2009). Pattern of hippocampal shape and volume differences in blind subjects. *Neuroimage, 46(4)*, 949-957.

Lexikon der Neurowissenschaft (2000). Selbstorganisation. Heidelberg: Spektrum Akademischer.

Lommatzsch, M., Zingler, D., Schuhbaeck, K., Schloetcke, K., Zingler, C., Schuff-Werner, P., & Virchow, J. C. (2005). The impact of age, weight and gender on BDNF levels in human platelets and plasma. *Neurobiology of aging, 26(1),* 115-123.

Liu-Ambrose, T., Nagamatsu, L. S., Graf, P., Beattie, B. L., Ashe, M. C., & Handy, T. C. (2010). Resistance training and executive functions: a 12-month randomized controlled trial. *Archives of internal medicine, 170(2),* 170-178.

Liu-Ambrose, T., Nagamatsu, L. S., Voss, M. W., Khan, K. M., & Handy, T. C. (2012). Resistance training and functional plasticity of the aging brain: a 12-month randomized controlled trial. *Neurobiology of aging, 33(8),* 1690-1698.

Lüders, A. (2013). Untersuchungen zum Einfluss eines Tanztrainings und eines multimodalen Bewegungstrainings bei Senioren: Neuropsychologie und voxelbasierte Morphometrie. Masterarbeit. Magdeburg: Otto-von-Guericke Universität (unveröffentlicht).

Luhmann, H. J. (2010). Sensomotorische Systeme: Körperhaltung und Bewegung. In R. Klinke, H.-C. Pape, A. Kurtz & S. Silbernagl (Hrsg.), *Physiologie.* 6. Auflage (757-799). Stuttgart: Thieme.

Lustig, C., Shah, P., Seidler, R., & Reuter-Lorenz, P. A. (2009). Aging, training, and the brain: a review and future directions. *Neuropsychology review, 19(4),* 504-522.

Maass, A., Düzel, S., Goerke, M., Becke, A., Sobieray, U., Neumann, K., Lövden, M., Lindenberger, U., Bäckman, L., Braun-Dullaeus, R., Ahrens, D., Heize, H.-J., Müller, N. G. & Düzel, E. (2014). Vascular hippocampal plasticity after aerobic exercise in older adults. *Molecular psychiatry,* 20 (5), 585-593.

Maguire, E. A., Gadian, D. G., Johnsrude, I. S., Good, C. D., Ashburner, J., Frackowiak, R. S., & Frith, C. D. (2000). Navigation-related structural change in the hippocampi of taxi drivers. *Proceedings of the National Academy of Sciences, 97(8),* 4398-4403.

Mattson, M. P. (2008). Hormesis defined. *Ageing research reviews, 7(1),* 1-7.

Mattson, M. P., Duan, W., Wan, R., & Guo, Z. (2004). Prophylactic activation of neuroprotective stress response pathways by dietary and behavioral manipulations. *NeuroRx, 1(1),* 111-116.

Marks, B. L., Katz, L. M., Styner, M., & Smith, J. K. (2010). Aerobic fitness and obesity: relationship to cerebral white matter integrity in the brain of active and sedentary older adults. *British journal of sports medicine, 68,* 114.

Marks, B. L., Madden, D. J., Bucur, B., Provenzale, J. M., White, L. E., Cabeza, R., & Huettel, S. A. (2007). Role of aerobic fitness and aging on cerebral white matter integrity. *Annals of the New York Academy of Sciences, 1097(1),* 171-174.

McCarthy, G., Puce, A., Constable, R. T., Krystal, J. H., Gore, J. C. & Goldman-Rakic, P. (1996). Activation of human prefrontal cortex during spatial and nonspatial working memory tasks measured by functional MRI. *Cerebral Cortex, 6 (4),* 600-611.

Meier-Ruge, W., Ulrich, J., Brühlmann, M., & Meier, E. (1992). Age-Related White Matter Atrophy in the Human Brain. *Annals of the New York Academy of Sciences, 673(1),* 260-269.

Meyers, J. E. & Meyers, K. R. (1995). *Rey Complex Figure Test and Recognition Trial.:* Florida: Psychological Assessment Resources.

Miles, J. & Shevlin, M. (2001). *Applying regression and correlation: A guide for students and researchers.* Sage: London.

Moffett, J. R., Ross, B., Arun, P., Madhavarao, C. N., & Namboodiri, A. M. (2007). N-Acetylaspartate in the CNS: from neurodiagnostics to neurobiology. *Progress in neurobiology, 81(2)*, 89-131.

Monno, A., Temprado, J. J., Zanone, P. G., & Laurent, M. (2002). The interplay of attention and bimanual coordination dynamics. *Acta Psychologica, 110(2)*, 187-211.

Moreau, D. & Conway, A. R. A. (2013). Cognitive enhancement: a comparative review of computerized and athletics training programs. *International Review of Sport and Exercise Psychology, 6 (1)*, 155-183

Mummery, C. J., Patterson, K., Price, C. J., Ashburner, J., Frackowiak, R. S. J. & Hodges, J. R. (2000). A voxel-based morphometry study of semantic dementia: relationship between temporal lobe atrophy and semantic memory. *Annals of Neurology, 47 (1)*, 36–45.

Nagamatsu, L. S., Handy, T. C., Hsu, C. L., Voss, M., & Liu-Ambrose, T. (2012). Resistance training promotes cognitive and functional brain plasticity in seniors with probable mild cognitive impairment. *Archives of internal medicine, 172(8)*, 666-668.

Neeper, S. A., Gómez-Pinilla, F., Choi, J., & Cotman, C. (1995). Exercise and brain neurotrophins. *Nature 373(6510)*, 109.

Neeper, S. A., Gomez-Pinilla, F., Choi, J. & Cotman, C. W. (1996). Physical activity increases mRNA for brain-derived neurotrophic factor and nerve growth factor in rat brain . *Brain Res 726 (1–2)*, 49 – 56.

Nichols, T. E., & Holmes, A. P. (2002). Nonparametric permutation tests for functional neuroimaging: a primer with examples. *Human brain mapping, 15(1)*, 1-25.

Nicolet Biomedical GmbH (2001). Smart EquiTest – Balance Master. Gebrauchsanweisung. Rev. 7.0. Kleinostheim.

O'Mara, S. M., Rolls, E. T., Berthoz, A., & Kesner, R. P. (1994). Neurons responding to whole-body motion in the primate hippocampus. *The journal of neuroscience, 14(11)*, 6511-6523.

Oswald, W. & Gunzelmann, T. (1991). Zur Steigerung der geistigen Leistungsfähigkeit durch Übung und Training. In: Oswald, W. & Lehr, U. (Hrsg.). *Altern. Veränderungen und Bewältigung*. Bern, Stuttgart, Toronto: Hans Huber.

Oswald, W. & Roth, E. (1987). *Der Zahlen-Verbindungs-Test*. Göttingen: Hogrefe.

O'Sullivan, M. R. C. P., Jones, D. K., Summers, P. E., Morris, R. G., Williams, S. C. R., & Markus, H. S. (2001). Evidence for cortical "disconnection" as a mechanism of age-related cognitive decline. *Neurology, 57(4)*, 632-638.

Pajonk, F. G., Wobrock, T., Gruber, O., Scherk, H., Berner, D., Kaizl, I., ... & Falkai, P. (2010). Hippocampal plasticity in response to exercise in schizophrenia. *Archives of general psychiatry, 67(2)*, 133-143.

Paus, T. S. (2001). Primate anterior cingulate cortex: where motor control, drive and cognition interface. *Nature Reviews Neuroscience, 2(6)*, 417-424.

Pedersen, B. (2006). The anti-inflammatory effect of exercise: its role in diabetes and cardiovascular disease control. *Essays Biochem, 42*, 105-117.

Pellecchia, G. L. (2005). Dual-task training reduces impact of cognitive task on postural sway. *Journal of motor behavior, 37(3)*, 239-246.

Pereira, A. C., Huddleston, D. E., Brickman, A. M., Sosunov, A. A., Hen, R., McKhann, G. M., ... & Small, S. A. (2007). An in vivo correlate of exercise-induced neurogenesis in the adult dentate gyrus. *Proceedings of the National Academy of Sciences, 104(13)*, 5638-5643.

Perrig-Chiello, P., Perrig, W. J., Ehrsam, R., Staehelin, H. B., & Krings, F. (1998). The effects of resistance training on well-being and memory in elderly volunteers. *Age and ageing, 27(4)*, 469-475.

Picard, N., & Strick, P. L. (2001). Imaging the premotor areas. *Current opinion in neurobiology, 11(6)*, 663-672.

Pickenhain, L (1996). Synergetik in der Sportwissenschaft. In: Janssen, J. P., Carl, K. Schlicht, W. & Wilhelm, A. (Hrsg.). *Synergetik und Systeme im Sport.* Schorndorf: Hofmann.

Prakash, R. S., Voss, M. W., Erickson, K. I., Lewis, J. M., Chaddock, L., Malkowski, E., ... & Kramer, A. F. (2010). Cardiorespiratory fitness and attentional control in the aging brain. *Frontiers in Human Neuroscience, 4, (229)*, 1-12.

Priest, A. W., Salamon, K. B., Hollman, J. H. (2008). Age-related differences in dual task walking: a cross sectional study. *Journal of NeuroEngineering and Rehabilitation 29 (5)*, 1–8.

Rabbitt, P. M., Scott, M., Thacker, N., Lowe, C., Horan, M., Pendleton, N., Hutchinson, D. & Jackson, A. (2006). Balance marks cognitive changes in old age because it reflects global brain atrophy and cerebro-arterial blood-flow. *Neuropsychologia 44*, 1978 – 1983.

Rajagopalan, V., Yue, G. H., & Pioro, E. P. (2014). Do preprocessing algorithms and statistical models influence voxel-based morphometry (VBM) results in amyotrophic lateral sclerosis patients? A systematic comparison of popular VBM analytical methods. *Journal of Magnetic Resonance Imaging, 40(3)*, 662-667.

Raz, N., Gunning-Dixon, F. M., Head, D. P., Dupuis, J. H., & Acker, J. D. (1998). Neuroanatomical correlates of cognitive aging: Evidence from structural MRI. *Neuropsychology, 12*, 95–114.

Raz, N., Lindenberger, U., Rodrigue, K. M., Kennedy, K. M., Head, D., Williamson, A., Dahle, C., Gerstorf, D. & Acker, J. D. (2005). Regional Brain Changes in Aging Healthy Adults: General Trends, Individual Differences and Modifiers. *Cerebral Cortex, 15 (11)*, 1676-1689.

Raz, N., Rodrigue, K. M., Head, D., Kennedy, K. M., & Acker, J. D. (2004). Differential aging of the medial temporal lobe a study of a five-year change. *Neurology, 62(3)*, 433-438.

Rehfeld, K., Hökelmann, A., Lehmann, W. & Blaser, P. (2014). Auswirkungen einer Tanz- und Kraft-Ausdauer-Intervention auf kognitive Fähigkeiten älterer Menschen. *Zeitschrift für Neuropsychologie, 25 (2)*, 99-108.

Reisberg, B. & Saeed, M. U. (2004). *Alzheimer's disease.* 3rd ed. New York City: Norton.

Resnick, S. M., Pham, D. L., Kraut, M. A., Zonderman, A. B. & Davatzikos, C. (2003). Longitudinal magnetic resonance imaging studies of older adults: a shrinking brain. *Journal of Neuroscience, 23 (8)*, 3295-3301.

Reuter-Lorenz, P. A., & Lustig, C. (2005). Brain aging: reorganizing discoveries about the aging mind. *Current opinion in neurobiology, 15(2)*, 245-251.

Rosano, C., Venkatraman, V. K., Guralnik, J., Newman, A. B., Glynn, N. W., Launer, L., ... & Aizenstein, H. (2010). Psychomotor speed and functional brain MRI 2 years after completing a physical activity treatment. The Journals of Gerontology Series A: *Biological Sciences and Medical Sciences*, 38.

Rosen, A. C., Prull, M. W., Gabrieli, J. D., Stoub, T., O'Hara, R., Friedman, L., ... & deToledo-Morrell, L. (2003). Differential associations between entorhinal and hippocampal volumes and memory performance in older adults. *Behavioral neuroscience, 117(6)*, 1150.

Rowe, J. W., & Kahn, R. L. (1997). Successful aging. *The gerontologist, 37(4)*, 433-440.

Ruscheweyh, R., Willemer, C., Krüger, K., Duning, T., Warnecke, T., Sommer, J., ... & Flöel, A. (2011). Physical activity and memory functions: an interventional study. *Neurobiology of aging, 32(7)*, 1304-1319.

Russell, N. A., Horii, A., Smith, P. F., Darlington, C. L., & Bilkey, D. K. (2003). Long-term effects of permanent vestibular lesions on hippocampal spatial firing. *The Journal of neuroscience, 23(16)*, 6490-6498.

Russo-Neustadt, A. A., Beard, R. C., Huang, Y. M., & Cotman, C. W. (2000). Physical activity and antidepressant treatment potentiate the expression of specific brain-derived neurotrophic factor transcripts in the rat hippocampus. *Neuroscience, 101(2)*, 305-312.

Rypma, B., Berger, J. S., & D'esposito, M. (2002). The influence of working-memory demand and subject performance on prefrontal cortical activity. *Journal of cognitive neuroscience, 14(5)*, 721-731.

Salat, D. H., Tuch, D. S., Hevelone, N. D., Fischl, B., Corkin, S., Rosas, H. D., et al. (2005). Age-related changes in prefrontal white matter measured by diff usion tensor imaging. *Annals of the New York Academy of Sciences, 1064*, 37–49.

Salthouse, T. A. (1996). The processing speed theory of adult age differences in cognition. *Psychological Review, 103 (3)*, 403-428.

Scaccianoce, S., Del Bianco, P., Caricasole, A., Nicoletti, F., & Catalani, A. (2003). Relationship between learning, stress and hippocampal brain-derived neurotrophic factor. *Neuroscience, 121(4)*, 825-828.

Scarmeas, N., Zarahn, E., Anderson, K. E., Hilton, J., Flynn, J., Van Heertum, R. L., ... & Stern, Y. (2003). Cognitive reserve modulates functional brain responses during memory tasks: a PET study in healthy young and elderly subjects. *Neuroimage, 19(3)*, 1215-1227.

Schäfers, A. (2015). *Gehirn und Lernen*. Zugriff am 02.09.2015 unter: http://www.gehirnlernen.de.

Schlumprecht, H. (2015). *Statistik-Service Schlumprecht*. Zugriff am 30.03.2015 unter http://www.statistik-service-schlumprecht.de/.

Schmidt, R. F. (Ed.). (2013). *Neuro-und Sinnesphysiologie*. Berlin, Heidelberg: Springer.

Scholz, J., Klein, M. C., Behrens, T. E., & Johansen-Berg, H. (2009). Training induces changes in white-matter architecture. *Nature neuroscience, 12(11)*, 1370-1371.

Segev-Jacubovski, O., Herman, T., Yogev-Seligmann, G., Mirelman, A., Giladi, N., & Hausdorff, J. M. (2011). The interplay between gait, falls and cognition: can cognitive therapy reduce fall risk? *Expert review of neurotherapeutics, 11(7)*, 1057-1075.

Sehm, B., Taubert, M., Conde, V., Weise, D., Classen, J., Dukart, J., Draganski, B., Villringer, A. & Ragert, P. (2014). Structural brain plasticity in Parkinson's disease induced by balance training. *Journal of Gerontology 58 A (2)*, 176–180.

Seidler, R. D. (2010). Neural correlates of motor learning, transfer of learning, and learning to learn. *Exercise and sport sciences reviews, 38(1)*, 3.

Shigematsu, R., Chang, M., Yabushita, N., Sakai, T., Nakagaichi, M. & Nho, H. (2002). Dance-based aerobic exercise may improve indices of falling risk in older women. *Age and Aging, 31 (4)*, 261-266.

Shinkai, S., Konishi, M., & Shephard, R. J. (1996). Aging, exercise, training, and the immune system. *Exercise immunology review*, 3, 68-95.

Shipman, S. L., & Astur, R. S. (2008). Factors affecting the hippocampal BOLD response during spatial memory. *Behavioural Brain Research, 187(2)*, 433-441.

Smiley-Oyen, A. L., Lowry K. A., Francois, S. J., Kohut, M. L. & Ekkekakis, P. (2008). Exercise, fitness, and neurocognitive function in older adults: the "selective improvement" and "cardiovascular fitness" hypotheses. *Ann Behav Med 36*, 280–291.

Smith, C. D., Chebrolu, H., Wekstein, D. R., Schmitt, F. A., & Markesbery, W. R. (2007). Age and gender effects on human brain anatomy: a voxel-based morphometric study in healthy elderly. *Neurobiology of aging, 28(7)*, 1075-1087.

Smith, C. D., Lori, N. F., Akbudak, E., Sorar, E., Gultepe, E., Shimony, J. S., ... & Conturo, T. E. (2009). MRI diffusion tensor tracking of a new amygdalo-fusiform and hippocampo-fusiform pathway system in humans. *Journal of Magnetic Resonance Imaging, 29(6)*, 1248-1261.

Smith, J. C., Nielson, K. A., Woodard, J. L., Seidenberg, M., Durgerian, S., Antuono, P., ... & Rao, S. M. (2011). Interactive effects of physical activity and APOE-ε4 on BOLD semantic memory activation in healthy elders. *Neuroimage, 54(1)*, 635-644.

Smith, J., & Baltes, P. B. (1999). Trends and profiles of psychological functioning in very old age. The Berlin aging study. *Aging from, 70*, 197-226.

Smith, P. J., Blumenthal, J. A., Hoffman, B. M., Cooper, H., Strauman, T. A., Welsh-Bohmer, K., ... & Sherwood, A. (2010). Aerobic exercise and neurocognitive performance: a meta-analytic review of randomized controlled trials. *Psychosomatic medicine, 72(3)*, 239.

Smith, S. M., Jenkinson, M., Johansen-Berg, H., Rueckert, D., Nichols, T. E., Mackay, C. E., ... & Behrens, T. E. (2006). Tract-based spatial statistics: voxelwise analysis of multi-subject diffusion data. *Neuroimage, 31(4)*, 1487-1505.

Sofianidis, G., Hatzitaki, V., Douka, S. & Grouios, G. (2009). Effect of a 10-week traditional dance program on static and dynamic balance control in elderly adults. *Journal of Aging and Physical Activity, 17 (2)*, 167-180.

Spitzer, M. (2002). *Lernen. Gehirnforschung und die Schule des Lebens*. Heidelberg: Spektrum.

Steffen, P. R., Sherwood, A., Gullette, E. C., Georgiades, A., Hinderliter, A., & Blumenthal, J. A. (2001). Effects of exercise and weight loss on blood pressure during daily life. *Medicine and science in sports and exercise, 33(10)*, 1635-1640.

Stemper, Th. (1988). *Gesundheit- Fitness – Freizeitsport*. Köln: Bund.

Sullivan, E. V., Rose, J., Rohlfing, T., Pfefferbaum, A., 2009. Postural swayreduction in aging men and women: Relation to brain structure, cognitivestatus, and stabilizing factors. *Neurobiol. Aging 30*, 793–807.

Swain, R. A., Harris, A. B., Wiener, E. C., Dutka, M. V., Morris, H. D., Theien, B. E., ... & Greenough, W. T. (2003). Prolonged exercise induces angiogenesis and increases cerebral blood volume in primary motor cortex of the rat. *Neuroscience, 117(4)*, 1037-1046.

Szabo, A. N., McAuley, E., Erickson, K. I., Voss, M., Prakash, R. S., Mailey, E. L., ... & Kramer, A. F. (2011). Cardiorespiratory fitness, hippocampal volume, and frequency of forgetting in older adults. *Neuropsychology, 25(5)*, 545.

Takashima, A., Nieuwenhuis, I. L., Jensen, O., Talamini, L. M., Rijpkema, M., & Fernández, G. (2009). Shift from hippocampal to neocortical centered retrieval network with consolidation. *The Journal of Neuroscience, 29(32)*, 10087-10093.

Tang, S. W., Chu, E., Hui, T., Helmeste, D. & Law, C. (2008). Influence of exercise on serum brain-derived neurotrophic factor concentrations in healthy human subjects. *Neuroscience Letters 431*, 62–65.

Taubert, M., Draganski, B., Anwander, A., Müller, K., Horstmann, A., Villringer, A., & Ragert, P. (2010). Dynamic properties of human brain structure: learning-related changes in cortical areas and associated fiber connections. *The Journal of Neuroscience, 30(35)*, 11670-11677.

Tell, G. S., Lefkowitz, D. S., Diehr, P., & Elster, A. D. (1998). Relationship between balance and abnormalities in cerebral magnetic resonance imaging in older adults. *Archives of neurology, 55(1)*, 73-79.

Thomas, A. G., Dennis, A., Bandettini, P. A., & Johansen-Berg, H. (2012). The effects of aerobic activity on brain structure. *Frontiers in psychology, 3*, 1-9

Tisserand, D. J., van Boxtel, M. P., Pruessner, J. C., Hofman, P., Evans, A. C., & Jolles, J. (2004). A voxel-based morphometry study to determine individual differences in gray matter density associated with age and cognitive change over time. *Cerebral cortex, 14(9)*, 966-973.

Toni, I., Rowe, J., Stephan, K. E., & Passingham, R. E. (2002). Changes of cortico-striatal effective connectivity during visuomotor learning. *Cerebral Cortex, 12(10), 1040-1047*.

Trepel, M. (2012). *Neuroanatomie. Struktur und Funktion*. 5. Auflage. München: Urban & Fischer.

Tsanov, M., & Manahan-Vaughan, D. (2008). Synaptic plasticity from visual cortex to hippocampus: systems integration in spatial information processing. *The Neuroscientist, 14*, 584-597.

Van Impe, A., Coxon, J. P., Goble, D. J., Doumas, M., & Swinnen, S. P. (2012). White matter fractional anisotropy predicts balance performance in older adults. *Neurobiology of aging, 33(9)*, 1900-1912.

Van Praag, H., Shubert, T., Zhao, C., & Gage, F. H. (2005). Exercise enhances learning and hippocampal neurogenesis in aged mice. *The Journal of Neuroscience, 25(38)*, 8680-8685.

Vaynman, S., & Gomez-Pinilla, F. (2006). Revenge of the "sit": how lifestyle impacts neuronal and cognitive health through molecular systems that interface energy metabolism with neuronal plasticity. *Journal of neuroscience research, 84(4)*, 699-715.

Venkatraman, J. T., & Fernandes, G. (1997). Exercise, immunity and aging. *Aging Clinical and Experimental Research, 9(1-2)*, 42-56.

Verghese, J. (2006). Cognitive And Mobility Profile Of Older Social Dancers. *Journal of the American Geriatrics Society, 54 (8)*, 1241–1244.

Verrel, J., Lövdén, M., Schellenbach, M., Schaefer, S., & Lindenberger, U. (2009). Interacting effects of cognitive load and adult age on the regularity of whole-body motion during treadmill walking. *Psychology and aging, 24(1)*, 75.

Vitte, E., Derosier, C., Caritu, Y., Berthoz, A., Hasboun, D., & Soulie, D. (1996). Activation of the hippocampal formation by vestibular stimulation: a functional magnetic resonance imaging study. *Experimental Brain Research, 112(3)*, 523-526.

Voelcker-Rehage, C., Godde, B., & Staudinger, U. M. (2010). Physical and motor fitness are both related to cognition in old age. *European Journal of Neuroscience, 31(1)*, 167-176.

Voelcker-Rehage, C., Godde, B., & Staudinger, U. M. (2011). Cardiovascular and coordination training differentially improve cognitive performance and neural processing in older adults. *Frontiers in human Neuroscience, 5(26)*, 1-12.

Voelcker-Rehage, C., & Niemann, C. (2013). Structural and functional brain changes rekated to different types of physical activity across the life span. *Neuroscience and Biobehavioral Reviews 37*, 2268-2295.

Volkow, N. D., Logan, J., Fowler, J. S., Wang, G. J., Gur, R. C., Wong, C., ... & Pappas, N. (2000). Association between age-related decline in brain dopamine activity and impairment in frontal and cingulate metabolism. *American Journal of Psychiatry, 157(1)*, 75-80.

Voss, M. W., Heo, S., Prakash, R. S., Erickson, K. I., Alves, H., Chaddock, L., ... & Kramer, A. F. (2013). The influence of aerobic fitness on cerebral white matter integrity and cognitive function in older adults: Results of a one-year exercise intervention. *Human brain mapping, 34(11)*, 2972-2985.

Wagner, A. D., Maril, A., Bjork, R. A., & Schacter, D. L. (2001). Prefrontal contributions to executive control: fMRI evidence for functional distinctions within lateral prefrontal cortex. *Neuroimage, 14(6)*, 1337-1347.

Weeks, D. L., Forget, R., Mouchnino, L., Gravel, D., & Bourbonnais, D. (2002). Interaction between attention demanding motor and cognitive tasks and static postural stability. *Gerontology, 49(4)*, 225-232.

Weinstein, A. M., Voss, M. W., Prakash, R. S., Chaddock, L., Szabo, A., White, S. M., ... & Erickson, K. I. (2012). The association between aerobic fitness and executive function is mediated by prefrontal cortex volume. *Brain, behavior, and immunity, 26(5)*, 811-819.

Wernicke, T. F., Linden, M., Gilberg, R. & Helmchen, H. (2000). Ranges of Psy-chiatric morbidity in the old and the very old: Results from the Berlin Aging Study (BASE). *European Archives of Psychiatry and Clinical Neuroscience, 250*, 111-119.

Whitman, G. T., Tang, T., Lin, A., & Baloh, R. W. (2001). A prospective study of cerebral white matter abnormalities in older people with gait dysfunction. *Neurology, 57(6)*, 990-994

Williamson, J. D., Espeland, M., Kritchevsky, S. B., Newman, A. B., King, A. C., Pahor, M., ... & Miller, M. E. (2009). Changes in cognitive function in a randomized trial of physical activity: results of the lifestyle interventions and independence for elders pilot study. The Journals of Gerontology Series A: *Biological Sciences and Medical Sciences, 14*, 1-7.

Woo, N. H., & Lu, B. (2009). BDNF in synaptic plasticity and memory. *Intracellular Communication In The Nervous System*, 135-143.

Woollacott, M., & Shumway-Cook, A. (2002). Attention and the control of posture and gait: a review of an emerging area of research. *Gait & posture, 16(1)*, 1-14.

Xiong, J., Ma, L., Wang, B., Narayana, S., Duff, E. P., Egan, G. F., & Fox, P. T. (2009). Long-term motor training induced changes in regional cerebral blood flow in both task and resting states. *Neuroimage, 45(1)*, 75-82.

Yogev-Seligmann, G., Giladi, N., Gruendlinger, L., & Hausdorff, J. M. (2013). The contribution of postural control and bilateral coordination to the impact of dual tasking on gait. *Experimental brain research, 226(1)*, 81-93.

Yogev-Seligmann, G., Hausdorff, J. M., & Giladi, N. (2008). The role of executive function and attention in gait. *Movement disorders, 23(3)*, 329-342.

Yogev-Seligmann, G., Rotem-Galili, Y., Mirelman, A., Dickstein, R., Giladi, N., & Hausdorff, J. M. (2010). How does explicit prioritization alter walking during dual-task performance? Effects of age and sex on gait speed and variability. *Physical Therapy, 90(2)*, 177-186.

Zahr, N. M., Rohlfing, T., Pfefferbaum, A., & Sullivan, E. V. (2009). Problem solving, working memory, and motor correlates of association and commissural fiber bundles in normal aging: a quantitative fiber tracking study. *Neuroimage, 44(3)*, 1050-1062.

Ziegner, J. (2013). *Aktuelle Erkenntnisse der Hirnforschung und Implikationonen für die Werbegestaltung.* Bachelorarbeit. Westsächsische Hochschule Zwickau: GRIN.

Zimmermann, P. & Fimm, B. (2009). *Testbatterie zur Aufmerksamkeitsprüfung (TAP), Version 2.2, Handbuch.* Würselen: Psytest.

Anhang

Prüfung auf Normalverteilung aller Variablen

Tab. 1: Darstellung der Normalverteilung der grauen Substanz, der weißen Substanz, der CSF.

	Tanzgruppe					Sportgruppe				
	Kennwert	df	p-Wert	Schiefe	Kurtosis	Kennwert	df	p-Wert	Schiefe	Kurtosis
Graue Sub. prä	596	19	0,2			612	18	0,2		
Graue Sub. post	589	19	0,19			604	18	0,02		
Weiße Sub. prä	442	19	0,2			451	18	0,17		
Weiße Sub. post	443	19	0,2			452	18	0,20		
CSF prä	415	19	0,2			443	18	0,20		
CSF post	415	19	0,2			444	18	0,20		

Tab. 2: Darstellung der Normalverteilung des Plasma-, Serum- und Vollblut-BDNF.

	Tanzgruppe					Sportgruppe				
	Kennwert	df	p-Wert	Schiefe	Kurtosis	Kennwert	df	p-Wert	Schiefe	Kurtosis
Plasma prä	0,144	22	0,2	,537	-,504	,161	19	0,2	,880	,038
Plasma post	0,129	22	0,2	-,069	-,538	,104	19	0,2	,459	,049
Serum prä	0,109	22	0,2	-,119	-,670	,179	19	0,11	,721	-,623
Serum post	0,116	22	0,2	-,196	-,168	,204	19	0,04	,895	,221
Vollblut prä	0,104	22	0,2	-,044	-,555	,187	19	0,08	,859	-,511
Vollblut post	0,092	22	0,2	,144	-,398	,147	19	0,2	,775	-,282

Anmerkung: Prüfung auf Normalverteilung mit Kolmogorov-Smirnov-Test

Tab. 3: Darstellung der Normalverteilung der Variablen des VLMT.

	Tanzgruppe					Sportgruppe				
	Kennwert	df	p-Wert	Schiefe	Kurtosis	Kennwert	df	p-Wert	Schiefe	Kurtosis
DG1-DG5 prä	,133	23	0,2	-,214	,290	,162	21	0,153	,296	-,234
DG1-DG5 post	,112	23	0,2	-,276	-,401	,101	21	0,2	-,380	-,338
DG6 prä	,245	23	0,001	-1,237	1,452	,168	21	0,126	,394	-,791
DG6 post	,158	23	0,141	,121	-,557	,145	21	0,2	0,10	-1,322
DG7 prä	,193	23	0,026	-,551	,168	,147	21	0,2	-,285	-,478
DG7 post	,136	23	0,2	-,328	1,099	,120	21	0,2	-,349	-,403
DG5-DG6 prä	,196	23	0,023	1,116	2,701	,175	21	0,092	-,447	2,48
DG5-DG6 post	,133	23	0,2	,201	-,319	,220	21	0,009	,796	-,334
DG5-DG7 prä	,294	23	0,000	-,937	1,519	,199	21	0,030	,518	-,321
DG5-DG7 post	,129	23	0,2	,005	-,374	,214	21	0,013	,424	-,705
WE prä	,298	23	0,000	-2,897	10,410	,277	21	0,000	-,801	-,890
WE post	,278	23	0,000	-1,818	4,026	,187	21	0,052	-,637	-,296
WE-F prä	,162	23	0,119	-1,177	,981	,213	21	0,014	-,1997	4,744
WE-F post	,230	23	0,003	-1,101	,651	,129	21	0,2	-,941	1,163

Anmerkung: Prüfung auf Normalverteilung mit Kolmogorov-Smirnov-Test.

Tab. 4: Darstellung der Normalverteilung der Variablen des ROCFT.

	Tanzgruppe					Sportgruppe				
	Kenn-wert	df	p-Wert	Schiefe	Kurtosis	z-Wert	df	p-Wert	Schiefe	Kurtosis
Kopie prä	,169	22	0,101	-1,495	2,727	,16	20	,187	-1,228	2,174
Kopie post	,215	22	0,009	-2,371	7,177	,203	20	,030	,826	,712
Abruf (3 Min.) prä	,109	22	0,200	-,238	-,663	,117	20	,200	-,353	1,388
Abruf (3 Min.) post	,195	22	0,029	-,562	-1,179	,192	20	,052	-,983	,526
VA (30 Min.) prä	,110	22	0,200	-,332	,189	,136	20	,200	-,556	2,194
VA (30 Min.) post	,157	22	0,170	-,472	-,988	,229	20	,007	-,925	-,218

Anmerkung: Prüfung auf Normalverteilung mit Kolmogorov-Smirnov-Test.

Tab. 5: Darstellung der Normalverteilung der Variablen der Zahlenspanne vorwärts und rückwärts.

	Tanzgruppe					Sportgruppe				
	z-Wert	df	p-Wert	Schiefe	Kurtosis	z-Wert	df	p-Wert	Schiefe	Kurtosis
ZSP vw prä	,196	22	,027	,075	-,678	,217	16	,042	,260	-,335
ZSP vw post	,133	22	,200	,113	-,851	,202	16	,079	-,337	-,014
ZSP rw prä	,240	22	,002	,918	2,309	,135	16	,200	-,172	-,167
ZSP rw post	,215	22	,009	,316	1,047	,182	16	,160	-,146	-,487

Anmerkung: Prüfung auf Normalverteilung mit Kolmogorov-Smirnov-Test. ZSP vw = Zahlenspanne vorwärts [Punkte], ZSP rw = Zahlenspanne rückwärts [Punkte].

Tab. 6: Darstellung der Normalverteilung der Variablen des RWT.

	Tanzgruppe					Sportgruppe				
	Kennwert	df	p-Wert	Schiefe	Kurtosis	Kennwert	df	p-Wert	Schiefe	Kurtosis
M-Wörter prä	,153	23	,176	-	-	,164	20	,161	-	-
M-Wörter post	,152	23	,183	-	-	,092	20	,200	-	-
G-R prä	,153	23	,173	-	-	,131	20	,200	-	-
G-R post	,154	23	,170	-	-	,123	20	,200	-	-
Tiere prä	,144	23	,200	-	-	,102	20	,200	-	-
Tiere Post	,165	23	,106	-	-	,153	20	,200	-	-
K-B prä	,127	23	,200	-	-	,185	20	,070	-	-
K-B post	,148	23	,200	-	-	,131	20	,200	-	-

Anmerkung: Prüfung auf Normalverteilung mit Kolmogorov-Smirnov-Test. M-Wörter = Formallexikalische Wortflüssigkeit [Punkte], G-R (Wechsel zw. G-G Wörter) = Formallexikalischer Kategorienwechsel [Punkte], Tiere = Semantisch-kategorielle Flüssigkeit [Punkte], K-B (Wechsel zw. Kleidungsstücke-Blumen) = Semantischer Kategorienwechsel [Punkte].

Tab. 7: Darstellung der Normalverteilung der Variablen des TAP.

	Tanzgruppe					Sportgruppe				
	Kenn-wert	df	p-Wert	Schiefe	Kurtosis	Kennwert	df	p-Wert	Schiefe	Kurtosis
Alert-oT prä	,182	23	,048	2,357	7,664	,129	20	.200	,450	,131
Alert-oT post	,133	23	,200	1,178	2,110	,214	20	.017	1,545	2,341
Alert-mT prä	,258	23	,000	1,734	2,291	,209	20	.022	,622	1,020
Alert-mT post	,084	23	,200	,330	,119	,179	20	.094	1,220	2,710
GoNo-RZ prä	,132	23	,200	-,144	,113	,091	20	.200	-,135	-,931
GoNo-RZ post	,103	23	,200	-,510	-,149	,123	20	.200	-,406	-,425
GoNo-F prä	,213	23	,008	,293	-1,167	,336	20	.000	1,969	4,523
GoNo-F post	,257	23	,000	1,192	2,395	,241	20	.003	,548	-,670
GoNo-AG prä	,394	23	,000	3,655	14,857	,499	20	.000	2,745	7,401
GoNo-AG post	,532	23	,000	3,140	8,605	,499	20	.000	2,745	7,401
geAuf-vis prä	,122	23	,200	,614	1,237	,122	20	.200	,258	-1,136
geAuf-vis post	,094	23	,200	,415	-,427	,079	20	.200	-,079	-,279
geAuf-aud prä	,104	23	,200	,040	-,833	,145	20	.000	-,033	-,525
geAuf-aud post	,124	23	,200	,356	,253	,140	20	.200	-,896	1,535
geAuf-AGa prä	,415	23	,000	,684	-1,687	,438	20	.011	,945	-1,242
geAuf-AGapost	,372	23	,000	1,992	3,606	,487	20	.000	1,624	,699
geAuf-AG prä	,295	23	,000	2,553	7,975	,222	20	.014	1,402	2,044
geAuf-AG post	,266	23	,000	,975	-,141	,255	20	.001	,801	,253
geAuf-F prä	,256	23	,000	,832	-,104	,218	20	.200	,208	-,633
geAuf-F post	,241	23	,001	1,855	3,298	,270	20	.000	1,732	2,740
Flex-RZ prä	,111	23	,200	,488	-,574	,104	20	.003	,097	-,442
Flex-RZ post	,120	23	,200	1,373	3,075	,132	20	.200	,430	-,574
Flex-F prä	,305	23	,000	3,540	14,053	,241	20	.017	1,097	-,084
Flex-F post	,290	23	,000	2,510	6,660	,324	20	.000	1,756	2,141

Anmerkung: Prüfung auf Normalverteilung mit Kolmogorov-Smirnov-Test. Alert-oT = Alertness ohne Ton [Reaktionszeit/ms], Alert-mT = Alertness mit Ton [Reaktionszeit/ms], GoNo-RZ=Go/Nogo-Diskriminierungsleistung [Reaktionszeit/ms], GoNo-F = Go/Nogo-Diskriminierungsleistung [Fehler/Punkte], GoNo-AG = Go/Nogo-Diskriminierungsleistung [Ausgelassen/Punkte], geAuf-vis = geteilte Aufmerksamkeit visuell [Reaktionszeit/ms], geAuf-aud = geteilte Aufmerksamkeit auditiv [Reaktionszeit/ms], geAuf-AGaud = geteilte Aufmerksamkeit auditiv [Ausgelassen/Punkte], geAuf-AG = geteilte Aufmerksamkeit [Ausgelassen/Punkte], Flex-RZ = Flexibilität [Reaktionszeit/ms], Flex-F = Flexibilität [Fehler/Punkte].

Tab. 8: Darstellung der Normalverteilung der Variablen der CANTAB.

	Tanzgruppe					Sportgruppe				
	Kennwert	df	p-Wert	Schiefe	Kurtosis	Kennwert	df	p-Wert	Schiefe	Kurtosis
MTSv prä	,245	22	.001	-1,404	1,845	,206	19	.034	-1,466	3,734
MTSv post	,175	22	.079	-1,369	2,523	,192	19	.064	-,312	-1,563
MTSu prä	,481	22	.000	4,540	21,237	,206	19	.033	-1,466	3,731
MTSu post	,175	22	.079	-1,369	2,524	,192	19	.065	-,311	-1,563
DMTSv prä	,162	22	.136	-,503	-,519	,173	19	.139	-1,234	3,033
DMSv post	,182	22	.057	-,748	-,320	,154	19	.200	-,364	-,451
DMSu prä	,266	22	.000	-1,848	4,155	,325	19	.000	-,808	-,367
DMSu post	,319	22	.000	-1,335	1,457	,383	19	.000	-1,205	,328
PAL prä	,261	22	.000	2,426	5,517	,225	19	.012	1,550	2,101
PAL post	,290	22	.000	3,535	14,490	,279	19	.000	2,791	9,028
PAL 6F prä	,200	22	.022	1,827	3,297	,243	19	.004	1,504	2,100
PAL 6F post	,209	22	.013	2,431	7,529	,145	19	.200	,616	-,231
SSP prä	,297	22	.000	,428	,314	,486	19	.000	4,320	18,761
SSP post	,318	22	23.000	1,584	4,286	,242	19	.005	,075	1,622

Anmerkung: Prüfung auf Normalverteilung mit Kolmogorov-Smirnov-Test. MTS = Matching to sample (Aufmerksamkeit) [verzögert in Punkte; unmittelbar in %], DMS = Delayed matching to sample (visuelles Gedächtnis), PAL = Paired associates learning (visuelles Gedächtnis) [Punkte], SSP = Spatial span (Arbeitsgedächtnis, exekutive Funktion) [Punkte].

Tab. 9: Darstellung der Normalverteilung der Variablen des SOT.

	Tanzgruppe					Sportgruppe				
	Kennwert	*df*	*p-Wert*	*Schiefe*	*Kurtosis*	*Kennwert*	*df*	*p-Wert*	*Schiefe*	*Kurtosis*
SOM prä	,133	21	,200	-1,404	2,729	,215	19	,021	-,749	-,834
SOM post	,144	21	,200	-,891	2,267	,110	19	,200	-,616	,730
VIS prä	,165	21	,125	-2,059	6,174	,168	19	,163	-,599	-,828
VIS post	,203	21	,019	-2,385	7,578	,206	19	,033	-2,422	7,036
VES prä	,158	21	,159	-,565	,266	,165	19	,183	,451	-,717
VES post	,087	21	,200	-,091	,086	,163	19	,200	-,594	1,420
PREF prä	,141	21	,200	-,498	-,581	,107	19	,200	-,161	-,861
PREF post	,086	21	,200	-,229	-,542	,101	19	,200	-,012	-,401
GG prä	,208	21	,014	-1,041	-,191	,101	19	,200	-,167	-,244
GG post	,157	21	,167	-,789	,528	,105	19	,200	-,357	-,147

Anmerkung: Prüfung auf Normalverteilung mit Kolmogorov-Smirnov-Test. SOM = Somatosensorischer Anteil [%], VIS = visueller Anteil [%], VES= vestibulärer Anteil [%], PREF = präferierter visueller Anteil [%], GG = Gleichgewicht gesamt [%].

Tab. 10: Darstellung der Normalverteilung der Variablen des LOS-Reaktionsgeschwindigkeit.

	Tanzgruppe					Sportgruppe				
	Kennwert	*df*	*p-Wert*	*Schiefe*	*Kurtosis*	*Kennwert*	*df*	*p-Wert*	*Schiefe*	*Kurtosis*
RZ ges prä	,171	22	,092	1,306	1,638	,180	19	,108	,290	-1,490
RZ ges post	,187	22	,200	,616	-,923	,105	19	,200	-,070	-,523
RZ vw prä	,103	22	,200	-,123	-,210	,109	19	,200	-,207	-1,043
RZ vw post	,129	22	,044	,940	,841	,103	19	,200	,033	-,231
RZ rw prä	,146	22	,200	,712	,879	,176	19	,122	1,380	2,710
RZ rw post	,089	22	,200	,286	-,075	,155	19	,200	,482	-,654
RZ re prä	,129	22	,200	,195	-1,103	,203	19	,038	-,358	-1,044
RZ re post	,225	22	,200	,885	-,156	,150	19	,200	,825	,399
RZ li prä	,128	22	,005	,753	,975	,091	19	,200	-,142	-,357
RZ li post	,134	22	,200	,617	,041	,214	19	,022	,948	-,199

Anmerkung: Prüfung auf Normalverteilung mit Kolmogorov-Smirnov-Test. RZ = Reaktionsgeschwindigkeit [s].

Tab. 11: Darstellung der Normalverteilung der Variablen des LOS-Bewegungsgeschwindigkeit.

	Tanzgruppe					Sportgruppe				
	Kennwert	*df*	*p-Wert*	*Schiefe*	*Kurtosis*	*Kennwert*	*df*	*p-Wert*	*Schiefe*	*Kurtosis*
MVL ges prä	,171	22	,095	1.033	,841	,088	19	,200	,344	-,066
MVL ges post	,231	22	,003	2,150	6,090	,486	19	,000	4,327	18,807
MVL vw prä	,126	22	,200	1,674	4,283	,148	19	,200	,681	-,061
MVL vw post	,215	22	,009	2,063	5,989	,150	19	,200	1,366	2,289
MVL rw prä	,217	22	,008	1,671	3,848	,134	19	,200	,544	-,232
MVL rw post	,274	22	,000	1,593	3,452	,195	19	,057	,433	-1,040
MVL re prä	,121	22	,200	,375	,458	,226	19	,012	1,00	-,281
MVL re post	,183	22	,053	1,732	3,118	,185	19	,086	1,566	4,377
MVL i prä	,180	22	,061	,955	1,838	,141	19	,200	,901	,676
MVL li post	,155	22	,186	1,725	5,134	,152	19	,200	1,011	,302

Anmerkung: Prüfung auf Normalverteilung mit Kolmogorov-Smirnov-Test. MVL = Bewegungsgeschwindigkeit [°/s].

Tab. 12: Darstellung der Normalverteilung der Variablen des LOS-Endpunktauslenkung.

	Tanzgruppe					Sportgruppe				
	Kenn-wert	df	p-Wert	Schiefe	Kurtosis	Kennwert	df	p-Wert	Schiefe	Kurtosis
EPE ges prä	,111	22	,200	,238	-,731	,176	19	,123	-,026	-1,046
EPE ges post	,137	22	,200	-,162	-,876	,154	19	,200	,437	-,098
EPE vw prä	,159	22	,152	1,311	1,515	,110	19	,200	,698	,252
EPE vw post	,113	22	,200	-,076	-,464	,182	19	,098	,978	1,391
EPE rw prä	,112	22	,200	-,542	-6,34	,125	19	,200	,101	-1,126
EPE rw post	,211	22	,012	1,962	4,280	,132	19	,200	,145	-1,271
EPE re prä	,178	22	,069	-,178	1,669	,106	19	,200	,672	,950
EPE re post	,101	22	,200	-,322	-,034	,167	19	,174	,618	-,183
EPE li prä	,105	22	,200	,291	,416	,127	19	,200	,360	-,810
EPE li post	,116	22	,200	-050	,068	,141	19	,200	,004	,222

Anmerkung: Prüfung auf Normalverteilung mit Kolmogorov-Smirnov-Test. EPE = Endpunktauslenkung [%].

Tab. 13: Darstellung der Normalverteilung der Variablen des LOS-Maximale Auslenkung.

	Tanzgruppe					Sportgruppe				
	Kenn-wert	df	p-Wert	Schiefe	Kurtosis	Kennwert	df	p-Wert	Schiefe	Kurtosis
MXE ges prä	,083	22	,200	-,149	-,774	,203	19	,038	-,814	,050
MXE ges post	,097	22	,200	,131	-,755	,095	19	,200	-,050	-,550
MXE vw prä	,171	22	,094	,522	-1,198	,103	19	,200	,583	,763
MXE vw post	,162	22	,137	-,627	-,066	,127	19	,200	,377	,002
MXE rw prä	,102	22	,200	-,179	-1,032	,136	19	,200	-,451	-,595
MXE rw post	,205	22	,017	,753	-,013	,117	19	,200	,544	,456
MXE re prä	,153	22	,195	-,683	-,501	,178	19	,116	-,475	1,542
MXE re post	,105	22	,200	-,652	,512	,154	19	,200	,900	1,064
MXE li prä	,108	22	,200	,687	1,858	,191	19	,066	-,886	,507
MXE li post	,120	22	,200	-,799	,597	,261	19	,001	-,780	-1,007

Anmerkung: Prüfung auf Normalverteilung mit Kolmogorov-Smirnov-Test. MXE = Maximale Auslenkung [%].

Tab. 14: Darstellung der Normalverteilung der Variablen des LOS-Richtungskontrolle.

	Tanzgruppe					Sportgruppe				
	Kennwert	df	p-Wert	Schiefe	Kurtosis	Kennwert	df	p-Wert	Schiefe	Kurtosis
DC ges prä	,173	22	,084	-1,209	1,099	,123	19	,200	-,893	1,029
DC ges post	,199	22	,023	-,954	,298	,224	19	,013	-1,557	2,191
DC vw prä	,127	22	,200	-,894	,968	,205	19	,034	-1,639	2,775
DC vw post	,128	22	,200	-,233	-,958	,232	19	,008	-2,130	5,833
DC rw prä	,223	22	,006	-1,395	1,085	,178	19	,117	-,946	1,157
DC rw post	,218	22	,008	-1,474	1,819	,301	19	,000	-2,341	6,623
DC re prä	,149	22	,200	-,938	,516	,334	19	,000	-3,607	14,615
DC re post	,137	22	,200	-,881	1,064	,177	19	,122	-,760	-,307
DC li prä	,191	22	,036	-1,386	1,562	,141	19	,200	-1,493	3,838
DC li post	,159	22	,155	-1,575	2,391	,209	19	,028	-1,661	3,190

Anmerkung: Prüfung auf Normalverteilung mit Kolmogorov-Smirnov-Test. DC = Richtungskontrolle [%].

Tab. 15: Darstellung der Normalverteilung der Variablen des Steppbrett-Messverfahrens.

	Tanzgruppe					Sportgruppe				
	Kenn-wert	df	p-Wert	Schiefe	Kurtosis	Kenn-wert	df	p-Wert	Schiefe	Kurtosis
Sys.BD_vorBel.prä	,212	22	,011	,633	-,901	,149	18	,200	,409	-,402
ys.BD_vorBel.pos	,185	22	,048	1,040	3,378	,186	18	,102	,978	,635
Dia.BD_vorBel. prä	,170	22	,099	,476	,126	,222	18	,020	-,548	-1,081
Dia.BD_vorBel.pos	,215	22	,009	1,610	5,359	,090	18	,200	-,040	-,587
Puls_vorBel. prä	,101	22	,200	,282	-,204	,122	18	,200	-,131	-,905
Puls_vorBel. post	,163	22	,134	-,944	1,292	,117	18	,200	,392	-,525
1.Bel.puls prä	,163	22	,131	-1,110	2,318	,204	18	,046	,030	2,594
1.Bel.puls post	,124	22	,200	-,664	,584	,205	18	,045	-1,927	5,248
1.Erh.puls prä	,087	22	,200	-,098	-,650	,266	18	,708	-2,747	9,781
1.Erh.puls post	,103	22	,200	,166	,030	,093	18	,200	,154	-,507
2.Bel.puls prä	,183	22	,053	-1,618	3,085	,159	18	,200	,008	,919
2.Bel.puls post	,134	22	,200	-1,062	,964	,089	18	,200	-,245	,262
2.Erh.puls prä	,180	22	,200	-,101	-,400	,106	18	,200	-1,048	1,870
2.Erh.puls post	,151	22	,200	,013	-,067	,200	18	,056	1,237	4,467
3.Bel.puls prä	,205	22	,017	-2,205	6,727	,153	18	,200	,187	1,218
3.Bel.puls post	,115	22	,200	-,462	,423	,126	18	,200	,210	,827
3.Erh.puls prä	,149	22	,200	-1,390	4,105	,171	18	,200	-,289	-,346
3.Erh.puls post	,121	22	,200	-,132	,595	,100	18	,200	,374	1,113
Sys.BD_3.min. prä	,154	22	,187	,427	-,804	,167	18	,200	,315	,376
Sys.BD_3.min.post	,205	22	,017	,308	1,258	,137	18	,200	,307	-,620
Dia.BD_3.min. prä	,098	22	,200	-,737	1,260	,094	18	,200	,125	,216
Dia.BD_3.min. post	,160	22	,148	1,551	4,977	,128	18	,200	,251	-,960
Puls_3.min. prä	,124	22	,200	,464	-,463	,175	18	,148	1,147	2,112
Puls_3.min. post	,150	22	,200	-,959	2,709	,126	18	,200	,111	-,455
Sys.BD_5.min. prä	,133	22	,200	,334	-,834	,148	18	,200	-,309	1,093
Sys.BD_5.min.post	,129	22	,200	,631	,892	,169	18	,189	-,483	-,377
Dia.BD_5.min. prä	,129	22	,200	-,315	,956	,105	18	,200	-,149	-,800
Dia.BD_5.min. post	,202	22	,020	1,424	5,634	,183	18	,115	-,471	-,570
Puls_5.min. prä	,095	22	,200	,135	-,745	,117	18	,200	-,328	-,285
Puls_5.min. post	,156	22	,175	-,836	1,934	,116	18	,200	-,623	1,038

Anmerkung: Prüfung auf Normalverteilung mit Kolmogorov-Smirnov-Test. Sys.Blutdruck_vorBel. = Systolischer Blutdruck vor Belastung [mmHg], Dia.Blutdruck_vorBel. = Diastolischer Blutdruck vor Belastung [mmHg], Puls_vorBel. = Puls vor Belastung [Schläge pro Minute], 1.,2.,3. Belastungspuls [Schläge pro Minute], 1.,2.3. Erholungspuls [Schläge pro Minute], Sys.Blutdruck_3./5.min. = Systolischer Blutdruck [mmHg] nach der 3./5. Minute nach Belastungsende, Dia.Blutdruck_3./5.min. = Diastolischer Blutdruck [mmHg] nach der 3./5. Minute nach Belastungsende, Puls_3./5.min. = Puls [Schläge pro Minute] nach der 3./5. Minute nach Belastungsende.

Danksagung

Ausdauer, Kraft und unbedingter Wille sind nicht nur diejenigen Eigenschaften, die im Sport zur Erreichung sehr guter Leistungen bedeutsam, sondern auch für die Fertigstellung einer Dissertation erforderlich sind. Dabei erreicht man dieses Ziel wie im Leistungssport nicht allein, sondern nur mit der Unterstützung von Betreuern, Kollegen, Freunden und der Familie. Aus diesem Grund möchte ich mich an dieser Stelle besonders bei meiner Doktormutter und Betreuerin Prof. Dr. Anita Hökelmann vom Institut für Sportwissenschaft (ISPW) bedanken. Sie hat mir die Möglichkeit zur Promotion eröffnet und mich bei der Umsetzung maßgeblich unterstützt. Durch die Teilnahme an zahlreichen nationalen und internationalen Konferenzen gab sie mir die Chance, mich in meiner Persönlichkeit und im wissenschaftlichen Arbeiten weiterzuentwickeln und die Welt zu entdecken. Zum anderen möchte ich mich bei meinem zweiten Betreuer Prof. Dr. Notger Müller vom Deutschen Zentrum für Neurodegenerative Erkrankungen e. V. (DZNE) für sein Vertrauen und die hilfreichen Diskussionen bedanken. Durch die Kooperation mit Prof. Müller war es erst möglich, eine große Bildgebungsstudie durchzuführen. Die gute Zusammenarbeit war bestimmt durch die uneingeschränkte Bereitstellung von Testmaterialen und Personal. Deshalb gilt mein Dank an dieser Stelle Christin Russ, Franziska Schulze, Anica Weber und Urte Schneider vom DZNE für die Unterstützung bei der Testorganisation und der Testdurchführung. Auf der anderen Seite möchte ich mich bei allen Studenten des Instituts für Sportwissenschaft bedanken, die bei der Durchführung der motorischen Tests und der Umsetzung des Tanz- und Sporttrainings geholfen haben. Ganz besonders möchte ich dabei den Einsatz meiner Freundin Yvi Krause hervorheben. Als externe Trainerin hat sie ohne jegliche Aufwandsentschädigung das Beweglichkeitstraining mit unseren Senioren durchgeführt. Meinen herzlichen Dank möchte ich auch Dr. Joern Kaufmann von der medizinischen Fakultät der Otto-von-Guericke-Universität Magdeburg aussprechen. Er hat mich bei meiner Herausforderung, der Auswertung von Bildgebungsdaten, Schritt für Schritt mit viel Kaffee und aufmunternden Worten in unzähligen Stunden begleitet. Bei Prof. Peter Blaser möchte ich mich für die anregenden Gespräche und die statistischen Hinweise bedanken, die zur Verbesserung der Arbeit beigetragen haben. Ein großes Dankeschön ist an alle Seniorinnen und Senioren der Studie gerichtet, die zusammen mit mir den Weg gegangen sind. Ohne deren Teilnahme wäre die Umsetzung dieser Arbeit nicht möglich gewesen. Ich möchte mich auch bei meinen Freunden und Kollegen bedanken, die oft meine schlechte Laune und meinen Zeitmangel hinnehmen mussten. Schön, dass es Euch gibt und danke, dass Ihr geblieben seid! Meinen Eltern, Angelika und Jürgen Rehfeld, sowie meinem Bruder Andreas gilt mein besonderer Dank und das Versprechen, zukünftig öfter nach Hause zu kommen. Es ist von unschätzbarem Wert, Euch als Familie zu haben und all meine Sorgen mit Euch teilen zu können- Danke für Eure Liebe!

www.ingramcontent.com/pod-product-compliance
Lightning Source LLC
Chambersburg PA
CBHW082357270326
41935CB00013B/1654